베이징 컨센서스

THE BEIJING CONSENSUS
Copyright ⓒ 2010 by Stefan Halper
Korean Translation Copyright ⓒ 2011 by Book21 Publishing Group

All rights reserved.
First published in the United States by Basic Books, a member of the Perseus Books Group.
This Korean edition is published by arrangement with the Perseus Books Group,
Boston, MA, through Duran Kim Agency, Seoul.

이 책의 한국어판 저작권은 듀란킴 에이전시를 통한
Perseus Books Group과의 독점계약으로 (주)북이십일에 있습니다.
저작권법에 의하여 한국 내에서 보호를 받는 저작물이므로
무단전재와 무단복제를 금합니다.

중국의 경제모델은 21세기 세계를 어떻게 지배할 것인가?
베이징 컨센서스

스테판 할퍼 지음 | **권영근** 옮김

21세기북스

서문 · 6
들어가며_ 새로운 중국은 어떤 모습인가? · 11

CHAPTER 01 중국과 세계적인 권력이동 · 21
서구의 게임에서 서구사회를 공격하다

'중국 위협'의 신화와 실상 | 새로운 부와 아이디어 | 중국의 완벽한 타이밍 | 중국 효과 | 중국: 세대의 도전 | 책임 있는 이해당사국에 관한 신화 | 세계적인 권력이동

CHAPTER 02 워싱턴 컨센서스의 부상과 몰락 · 65
자유에 관한 미국의 실험은 왜 실패했나?

밀턴 프리드먼 중심의 새로운 학파 | 경제적 자유와 정치적 자유: 진정 서구적인 동반자 | 이론에서 새로운 서구식 브랜드로 | 구조조정 프로그램의 문제점 | 경제적 실패로 인한 서구 브랜드의 정치적 패배 | 미국의 또 다른 관점 | 역사의 종말과 회귀 | 비자유주의적인 자본주의와 그 변종

CHAPTER 03 중국 효과 · 93
중국 외교정책의 실상과 그 특징

중국식 출구옵션 | 중국의 불공정 게임과 아프리카

CHAPTER 04 국가 주도형 자본주의의 경쟁 이점 · 123
왜 그들은 중국에 매료되었나?

외교적 지원책인 통상관계 | 타이완을 고립시키려는 노력 | 숫자로 대결하자 | 중국식 경제발전 모델의 위력 | 중심 세력 | 우리에게 맞는가?

CHAPTER 05 통하지 않는 필연성의 신화 · 159
내부의 불안정과 경제성장의 역학관계

중국의 성장 함정 | 톈안먼사태와 소련 붕괴의 교훈 | 서구사회의 평화적인 진화 전략을 지양하다 | 공자가 말하기를, 인터넷을 뒤져라 | 사회적 변화와 '개인 행복의 사회화' | 민족주의라는 양날의 칼 | 도넛의 정중앙에 생긴 구멍 | 사회적 계층화 | 부정부패의 물리적 및 정치적 영향 | 내부 문제와 그것이 해외에 미치는 영향

CHAPTER 06 미국의 문제 · 201
중국 논쟁의 '패거리들'과 거대 시나리오

매파 집단 | 중국의 군사력 발전상 개관 | 무역 관측통, 제1부 | 강대국 관측통 | 무역 관측통, 제2부 | 통상 관련자들 | 중국: 워싱턴 엘리트들의 나쁜 습관의 축소판 | 미국의 외교정책 논쟁의 거대한 주기

CHAPTER 07 결론 · 237
모순투성이 중국에 대처하는 미국의 자세

혼돈에 대한 중국의 두려움 | 서구사회에 대한 중국의 도전 | 워싱턴 컨센서스의 문제점 | G20과 새로운 지정학적 판도 | G2는 없다 | 쇠락과 단극체제 사이 | 세상은 평평하지 않다: 피라미드다 | 지나치게 막강한 미국 국력의 패러독스 | 도움 확보 | 동반자 관계의 검증 사례: 기후변화와 에너지 | 중국의 체면과 비난에 대한 두려움 | 아직 미국은 영향력이 있다 | 자신이 만든 악령에 쫓기는 미국 | 개발도상국에서의 경쟁: 지금 총독은 누구인가? | 구체적 대응 방안 | 본토에서 중국의 도전에 대처하기 | 지구의 장기판 | 중국이 가장 두려워하는 부분: 미국의 개념 | 공자 대 토머스 제퍼슨: 마지막 생각

감사의 글 · 291
주 · 294

서문

거의 모든 면에서 중국은 캠 강이 내려다보이는 케임브리지 대학교 모들린 칼리지의 한구석에 위치해 있는 조용한 스위트룸과 결코 같지 않았다. 연구와 저술 활동을 하면서 필자는 창가에 새벽 서리가 생겼다 사라지는 모습을 3년 동안이나 지켜보았다. 이들 서리는 하이테이블 디너(high table-dinner, 기숙사에서 모든 사생들이 정장을 입고 모여서 식사를 하는 행사_옮긴이)를 위해 지핀 따스한 불과 같았다. 캠 강 제방에 늘어서 있는 버드나무와 모들린 칼리지의 퍼스트 코트(First Court)에 있는 화단은 매년 봄 만개하여 캠브리지라는 중세 도시에 부활과 발견의 느낌을 안겨주었다.

   부활을 느낀 이유는 두 해 전에 시작된 경기침체가 2009년 6월을 기점으로 끝나가는 것처럼 보였기 때문이다. 발견을 느낀 이유는 국제사회의 금융체제를 붕괴 직전까지 몰고 갔던 역학을 이해하려면 당시의 사건들을 초월해 변화하는 국제체제를 살펴볼 필요가 있는 것처럼 보였기 때문이다. 중국과 미국이 이 사건들과 관련이 있었다. 그러나 이 책의 관심사는 중국의 부상과 세계적인 문제들에서 중국의 역할, 중국의 시장 권위주의적 사례, 워싱턴 컨센서스의 실패, 그리고 미국적 가치의 매력 감소라는 부분이다.

이 책에서는 미중관계가 정상적인 상태에 있다는 통념을 거부한다. 이와 같은 통념은 사실이 아니다. 또한 시장경제가 필연적으로 민주주의 정부를 출연시킨다는 신화를 부정한다.

거의 50년 동안 지속된 소련과의 냉전이 종식된 이후 중국은 미국에 가장 심각한 문제가 되고 있다. 놀랍게도 버락 오바마 행정부는 물론이고 이전의 조지 부시 행정부 역시 중국이 미국과 대립하고자 하는 측면(혹자는 경제 또는 군사적 측면에서 중국의 위협을 거론한다. 저자는 그것은 위협의 본질이 아니라고 주장한다_옮긴이)뿐만 아니라 문제의 본질조차 제대로 이해하지 못했다. 시장 권위주의적 모델로 인해 중국인들은 신속한 성장, 안정 그리고 보다 나은 삶을 누리고 있다. 그런데 반드시 있어야 한다고 생각되는 자유, 즉 언론, 집회, 신념 및 반대의 자유라는 개념은 여기서 보이지 않는다.

개발도상국과 몇몇 중위권 국가들에서는 미국의 시장 민주주의 모델보다 중국의 시장 권위주의 모델이 호소력이 있는데, 바로 이 부분이 우려스럽다. 높은 성장률과 안정성, 생활수준의 향상에 도움을 주지만 표현에 제한이 따르는 시장 권위주의 모델과, 자유가 보장된 시장 민주주의 모델 가운데 하나를 선택하라면 대부분의 개발도상국과 많은 중위권 비서구 국가들은 시장 권위주의 모델을 선호한다.

이는 전략적으로 일종의 도전이다. 향후 10년 이내에 이 문제에 대처하지 않으면 미국은 지난 200여 년 동안 서구식 발전을 이끌어온 민주적 가치와 원칙에 공감하지 않는 세상의 한가운데에 서게 될 것이다. 이와 같은 도전이 미국에게, 서구의 다른 국가들에게, 그리고 베이징의 정책에 영향을 받은 제3세계 국가의 수백만 국민들에게 주는 의미는 무엇인가? 미국은 어떻게 이와 같은 처지가 되었는가?

이 책을 쓴 과정은 여행에 비유할 수 있을 것이다. 처음 저술할 당시의 논거는 초안 수준을 넘지 못했다. 처음에는 중국에서 부상 중인 새로운 소비 집단에 관해, 이와 같은 집단이 부상함으로써 집권당의 영향력이 잠식되는 과정에 관해 저술할 예정이었다. 케임브리지 대학교의 고상한 강의실에서 이 문제를 바라보면 정적이고 암울하며 지적으로 시대에 뒤처진 중국공산당이 더 이상 중국사회에서 최첨단 집단이 아니라는 대담한 생각이 사실인 듯 보였다.

그러나 교환교수 자격으로 런던과 워싱턴에서 그리고 마지막으로, 지난 30년 동안 20여 차례 방문했던 중국에서 연구하면서 필자는 새로운 실상을 확인했다. 얼마 지나지 않아 이 책의 내용은 인류의 완전성에 관한 낙관적인 추측에서 중국에 관한 일련의 진지한 인식으로 전환되었다.

이 책의 주제는 세계무대에서 진정 지킬 박사와 하이드 씨에 해당하는 중국과 중국의 국제관계이다. 중국 대사를 지낸 제임스 릴리가 정신분열증이라고 불렀던 중국의 이중성은 오늘날의 서구 문명을 있게 한 서구식 거버넌스와 가치에 대한 심각한 도전의 원천일 뿐만 아니라 중국 내부의 안정 유지의 원천이다.

필자는 이 책에서 변화된 중국의 국제적 위상과 중국이 개발도상국에 끼치는 영향을 살펴보려 한다. 한편 중국의 정책으로 인해 가난한 국가들에서 체제 억압이 가능해졌고, 국제체제의 주요 가치가 서서히 손상되고 있다. 이와 같은 중국이 어떻게 세계은행(World Bank, IBRD) 총재인 로버트 졸릭이 주장하는 '책임 있는 이해 당사자'가 될 수 있을지 묻고자 한다.

아프리카와 라틴아메리카의 많은 국가들이 중국과 관계를 맺고 있는 오늘날, 우리는 베이징의 경제발전 사례가 서구의 경제발전 사례 주변에서 어떤 방식으로 기능하는지를 살펴볼 수 있을 것이다. 중국의 경제발전 사례로 인해 서구의 사례는 오늘날 세계에서 점차 그 의미를 상실하고 있다. 그 결과 중국이 서구를 위축시키고 있다.

놀라운 사실은 워싱턴이 이와 관련해 언급한 적이 거의 없었다는 것이다. 무엇 때문인가? 오늘날 미국은 '채무의 덫'에 발이 묶여 있다. 미국에 금융위기가 닥치자 중국이 오늘날 미중관계의 조건을 결정하고 있다. 결과적으로 경제 분야에서의 지속적인 협조를 조건으로 인권과 티베트 문제를 비롯한 다양한 사안과 관련해 미국의 발언권은 약화되었다.

리처드 닉슨과 헨리 키신저가 중국의 문을 열었던 1972년 당시 미국의 대중국 정책은 훌륭했다. 그러나 일관성이 있던 정책은 오늘날 타협을 중시하는 정책으로 바뀌었다.

소련이 방대한 군사력이라는 무딘 수단을 구사하던 냉전 당시와 달리, 오늘날 중국은 펜의 힘, 즉 고속 성장과 안정, 안보를 보장하는 통치 이념의 위력을 이용하고 있다. 그러나 광장의 자유는 허용하지 않고 있다. 이것이 의미하는 바는 무엇이며 어떤 가치가 있는가? 그리고 이와 관련해 할 수 있는 일은 무엇인가?

대체로 원칙보다 측정 수단에 매료되어 있었던 미국은 성공 여부를 무역수지 개선의 관점에서, 혹은 중국의 지속적인 미국국채 매입과 중국군 발전의 제한 정도의 관점에서 측정하려는 경향이 있었다. 이 분야의 정책에서는 기껏 해야 불확실한 진전이 있었을 뿐이다. 미국의 가장 중요한 자산은 세계적 수준의 도덕과 통치 원칙의 문제에 관한 일성(一聲)인데, 중국과 관련해서는 침묵으로 일관하고 있다.

　이제 미국은 중요한 시점에 도달했다. 중국의 도전에 대응하지 않으면 향후 수십 년 동안 세계적인 문제들의 본질과 성격이 달라질 것이다. 국가의 가치와 브랜드가 다시 혁신과 발전, 페어플레이라는 말과 동일시되려면 미국은 미국의 이야기를 부활시켜야 한다. 가장 중요하게는 민주적 자유를 획득하고 보존하고자 하는 다른 국가들의 열망을 다시 북돋아주어야 한다. "파괴할 괴물을 찾아 외국으로 가지 맙시다"라고 한 존 퀸시 애덤스 대통령의 경구와 지난 10년간의 교훈을 상기하여 미국은 모범적인 행동을 통해 본보기가 되어야 한다. 그렇게 하지 못한다면 200여 년 동안 미국의 매력을 한층 높여준 도덕적 권위와 서양의 유산을 잃게 될 것이다.

들어가며

새로운 중국은 어떤 모습인가?

힐러리 클린턴이 미국 국무장관에 취임한 뒤 몇 주가 지나지 않은 2009년 어느 날, 중국을 방문했다. 이는 미국이 두 나라 사이의 상호협조를 중요시하고 있음을 보여준 사건이다.[1] 경제와 같은 세계적인 사안에서는 미국과 중국의 협력이 '필수적'[2]이라고 말하면서 힐러리는 '보다 깊고', '보다 포괄적인' 미중협력을 촉구했다. 힐러리 직전에 중국을 방문했던 지미 카터 전 대통령에게 중국의 원자바오 총리는 중국과 미국이 선택할 수 있는 유일한 길은 "상호 신뢰와 협조를 강화하고 함께 난관을 극복하는 것이다"[3]라고 말했다. 그런데 힐러리의 발언도 그와 다름이 없었다.

원자바오의 발언은 지난 10년 동안 세계무대에서 부상하고 있던 이른바 새로운 중국을 완벽하게 표현한 것이었다. 1960년대의 이념 차원의 투쟁, 즉 마오쩌둥 사상을 아프리카로, 공산주의 혁명을 동남아시아로 전파하고, 서구 열강의 전복을 추구하던 이념적인 성전은 이미 오랜 과거의 일이 되었다. 그와 반대로 이제는 자본주의가 세계적인 현상이 되었으며, 중국은 최대 승자 가운데 하나가 되었다. 이처럼 새로운 중국은 자본주의의 길을 적극 수용하면서 경제성장 측면에서 국제시장, 세계적인 제도 그리고 자유무역에 의존했다. 결과적으로 중국인들의 생활수준이 높아지고, 중국의 국내정치가 안정되었다. 그 과정에서 중국은 한때 자신이 경멸했던 국제사회 공동체와 점차 접촉을 늘리면서 다수의 주요 사안과 관련해 협조할 의향이 있음을 천명하기도 했다. 그러면서 중국의 지도자들은 역사적으로 부상하는 세력들이 보여왔던 모습을 지양하는 등 지구상에서 새로운 모습을 보이고자 적극 노력했다.

  이러한 모습이 진실이었으면 좋았을 것이다. 그러나 이는 진실이 아니었다. 아래의 논의에서는 세계적 차원에서 오늘날 중국의 모습의 저변에 미국과 서구에 대한 심각한 도전이 숨겨져 있다는 주장을 전개할 것이다. 이러한 위협은 부분적으로는 실용주의적이고도 교묘한 중국의 외교정책으로 인해 겉으로 드러나지 않고 있다. 결과적으로 한때 중국은 주요 경제적 난제, 핵무기 비확산 관련 목표와 재난구호, 평화유지활동, 해적행위 반대 등에서 협조했다. 이 모든 것이 중국이 세계적인 선(善)을 지원하고 있음을 보여준다. 그 과정에서 중국은 위기를 회피하는 등 미국에 직접 도전이 되는 일은 피하고자 노력했다.

  그러나 중국의 지도자들은 자유주의적 세계질서를 점차 포용하는 한편, 이와 같은 질서를 심각한 수준에서 앞장서 공격하고 있다. 이어서 살펴보겠지만 중국은 21세기 현대성의 두 가지 유형과 가치 및 거버넌스들 사이에서 일어난 충돌의 주역이다. 그 한편에는 21세기의 세계시장을 창안한 서구 자유주의자들이 자리 잡고 있다. 이들은 1945년 이후 자신들이 건설한 세계에서 경제적 정치적 우위를 당연시 하고 있다. 또 다른 한편에는 아시아에서 라틴아메리카에 이르는 새로운 유형의 비서구적인 시장 전향자들이 위치해 있다. 이들은 시장자본주의와 일당 정부 양쪽에서 최상의 것을 추출하는 방법을 터득함으로써 자본주의가 민주주의를 초래한다는 환상을 깨고 있다.

그럼으로써 개발도상국에 자리 잡은 새로운 부의 중심들이 서구 경제력의 전통적인 영향력과 주요 역할을 약화시키고 있으며, 한편으로 오늘날의 신흥 시장들은 점차 '국가 관리형 자본주의'라는 새롭고도 매혹적인 교리에 빠져들고 있다. 이들은 전통적인 독재 내지는 독재와 다름이 없는 정치와 시장경제를 결합해 사용하는 방법을 터득했다. 그리고 서구사회의 시장경제 모델을 교묘히 거부했다. 이들의 교리에 따르면 정부는 부분적으로 자유화된 경제를 통제하는 한편 국민들은 매우 비서구적인 삶을 수용하고 있다. 국민들은 경제적 자유와 삶의 질 향상을 조건으로 공공장소에서 정치적 억압과 탄압을 받아들이고 있다. 이와 같은 경향을 강력하게 선도하는 국가가 중국이다.

더욱이 중국은 비교적 서구적이지 않으며 자유스럽지 않은 형태의 자본주의 개념이나 관리 관련 전문 지식을 선도하고 있으며, 보다 규모가 작은 국가들이 금융상의 자율성을 유지하도록 하는 주요 근원이 되었다. 이런 경향을 종합해보면 중국은 여타 국가와 비교해 향후 20년 동안 세계적으로 보다 큰 영향을 끼칠 것으로 보인다.[4]

결국 이러한 발전상으로 인해 세계무대에서 서구의, 특히 미국의 영향력이 줄어들고 있는데, 경제적 관념적 측면에서 모두 그러한 실정이다. 이 책에서 필자가 추구하는 바는 이와 같은 도전에 관한 서구사회의 이해를 재구성하는 것이다. 왜냐하면 전략적 측면에서 이것이 대단히 중요한 의미가 있기 때문이다. 또한 오늘날 미국에 대한 중국의 군사적 경제적 위협이라는 전술적 위협과 비교해 이것이 훨씬 큰 영향을 끼칠 것이기 때문이다.

두 가지 신화: 세계화의 종말과 중국 거품의 붕괴

마지막으로 최근 경제위기와 관련해 두 가지 인기 있는 개념이 출현했다. 첫째는 세계적인 불경기로 인해 세계화의 속도가 늦추어졌을 가능성이 있다는 것이며, 둘째는 동일 현상으로 인해 중국의 부상이라는 거품이 터졌다는 것이다. 그러나 모두 사실이 아니다.

지난 수십 년 동안 세계적으로 경제 통합이 지속되고 있다. 불경기로 인해 세계화의 속도가 어느 정도 영향을 받은 것은 사실이지만 세계화가 좌초된 것은 아니다. 예를 들면 세계경제체제의 상호 연계 정도가 너무나 깊어 워싱턴도 베이징도 철저한 보호주의 경제로 되돌아갈 수 없게 되었다. 이와 같은 인식은 양국 정부가 보호주의 타파를 반복적으로 촉구했던 2008년 하반기에 분명히 확인되었다. 2009년 초반에 스위스에서 열린 세계경제포럼(WEF, World Economic Forum)에 참석한 원자바오 총리는 연설에서 '개방과 상호협조 정책 고수'[5]의 필요성을 워싱턴과 베이징에 강조했다. 몇 주 뒤 오바마 행정부는 국내경기촉진 법안에서 의원들이 제기한 '미국 상품 구매' 정책 관련 문구를 삭제했다. 오바마가 언론인들에게 말했듯이 "미국은 보호주의 메시지를 전달할 여력이 없다."[6]

그 후 몇 달 동안 몇몇 G20 국가들에서 미묘한 형태의 보호주의가 목격되었다. 2009년 2월 세계은행은 2008년 11월부터 2009년 2월까지 '타국에 피해를 주는 형태로 무역을 규제하는' 47개 조치를 식별했다고 선언했다. 여기에는 중국산 일부 장난감에 대한 인도의 수입금지 조치, 벨기에산 초콜릿에 대한 중국의 관세부과가 포함되어 있었다.[7] 불황이 절정에 달한 2009년 중반에는 중국이 수출을 장려하고 수입을 억제하는 정책을 은밀히 채택했다는 내용의 글이 〈뉴욕타임스〉의 일면을 장식했다. 〈뉴욕타임스〉에 따르면 중국당국은 수출업자들에게 세금을 대거 감면해주고 국영은행을 통해 저리에 융자해주었던 반면 지역 차원에서 대체 품목이 없는 경우에만 지역 정부에 수입품 구매를 허용했다고 한다.[8] 이처럼 위반 사례가 있었음에도 불구하고 국제자유무역이 폭넓게 지지를 얻고 있었는데, 이와 같은 지지는 대공황과 같은 이전의 경제위기 때는 볼 수 없었던 현상이다. 심각하고 지속적인 보호주의에 대한 공통의 우려는 2009년 4월의 런던 G20 정상회담 이후 분명해졌다. 당시에는 이와 같은 보호주의 정책을 막겠다는 새로운 결의가 목격되었다.[9]

  2008년에는 세계무역의 감소와 식량 및 연료의 가격 하락으로 중국, 러시아, 인도와 같은 국가에서 진행되고 있던 세계적인 수출 호조 분위기가 꺾였을 가능성도 있다. 그러나 2009년의 대차대조표를 제외하고 세계경제는 변함없이 보다 폭넓게 전환되고 있었다. 구소련 지역, 인도, 중국 그리고 여타 지역들이 자본주의에 합류하면서 세계 노동시장의 규모가 30억 명 이상이 되었다. 20세기 말에는 서구사회와 상호 경쟁할 수 있는 대상이 지구상에 거의 존재하지 않았다. 그러나 이제는 서구사회의 경쟁 대상이 없는 세상에서 생활할 가능성은 거의 없어졌다.[10] 최근의 경기후퇴에서 목격된 사실과 수치를 넘어선 새로운 경제 질서가 광범위하게 지속적으로 부상하고 있다. 이와 같은 질서에서는 미국과 같은 경제대국들이 향후에도 엄청난 영향력을 행사하겠지만 중국과 같은 새로운 경제대국들이 보다 많은 발언권을 요구할 수도 있다.

원자바오 총리는 경제위기를 새로운 세계질서의 필요성에 관해 논의할 기회로 이용했을 것이다.[11] 모스크바를 향해 가던 2008년 11월 원자바오는 상하이협력기구처럼 중국, 러시아 등 몇몇 국가들이 금융과 산업 분야에서 새로운 수준에서 상호 협조하는 방식으로 새로운 국제 금융질서를 구축하는 것의 중요성에 관해 언급했다. 또한 원자바오는 국제통화기금(IMF, International Monetary Fund)과 같은 세계적 기구에서 개발도상국이 보다 많은 발언권을 행사하도록 할 필요가 있음을 강조했다. 이는 기축통화를 유지하고 있는 미국이라는 국가의 금융기관을 국제사회가 규제하고 감독하는 과정에서 이들 개발도상국이 보다 많은 영향력을 행사하도록 하기 위해서였다.[12]

중국의 부상은 좌절되었나?

어떤 해설에서는 중국의 부상이 세계적인 불경기로 인해 좌절되었으며 경제적 정치적으로 중국이 붕괴될 가능성이 있다[13]고 암시했다. 미래학에서는 중국이 붕괴될 것이라는 예측에서 중국의 민주화가 필연적이라는 입장에 이르기까지 다양한 시각이 있다. 중국의 미래에 관해서는 약 30년 동안 정치적 통제력을 상실하지 않은 채 놀라운 경제성장을 이루었다는 사실을 언급하는 것만으로도 충분할 것이다. 최근의 경제위기에도 불구하고 경제적 자유화와 정치적 억압의 교묘한 결합에는 전혀 변함이 없었다.

실업자가 늘어나고, 공장이 문을 닫고, 수출이 줄고 있다는 사실은 중국에 보다 어려운 시절이 다가올 것임을 예고하고 있다. 매년 국내총생산(GDP)의 80퍼센트 정도를 해외무역에 의존하는 중국 입장에서 보면 이는 분명히 문제다.[14] 그러나 오늘날의 경기침체에 관한 주요 세부 내용을 보며 중국의 지휘부는 체제유지를 낙관하고 있다.

예를 들면 G8 국가들이 겪고 있는 수준의 경기침체가 지구상에서 가장 빠른 속도로 발전하는 경제권에서는 목격되지 않았다. 2000년부터 2007년까지의 기간과 비교하면 저조하겠지만, 방대한 규모의 중국과 인도의 경제는 향후 2년 동안에도 높은 수준의 한 자릿수 성장이 예상된다.[15] 또한 브라질과 중국, 인도와 같은 국가들은 방대한 외환보유고가 도움이 되었다. 외환보유고 덕분에 이들 국가는 경기하강 조절을 위해 공공지출을 크게 늘릴 수 있었다.

2011년과 2012년 사이에 세계적인 경기침체가 종료된다면 중국, 브라질, 러시아, 인도의 경제는 가속적으로 성장할 것이다.[16] 계획경제에 가까운 중국은 기반시설에 대한 국가의 투자에 힘입어 세계 소비시장의 회복을 기다리며 별다른 무리 없이 7퍼센트 이상의 성장을 유지할 수 있을 것이다. 물론 중국은 그렇게 할 것이다.

정치적 측면에서 보면 경기침체로 인해 중국공산당 내부에서 심각한 우려가 제기되기는 했지만, 이는 인플레와 경제적 궁핍, 정치적 억압에 반발한 학생과 노동자들이 톈안먼 광장에서 대규모 시위를 벌였던 1989년 당시와 비교할 만한 수준이 아니다. 중국공산당 입장에서 시련기이지만 상황은 베이징에 유리하게 돌아가고 있다. 오늘날 많은 중국인들은 무수히 많은 사람들을 빈곤에서 벗어나게 해주고, 많은 도시에 현대화의 쾌감과 안락을 안겨준 경제개혁에 감사하고 있다. 예전에 베이징이 경험한 것과 비교하면 최근의 시위는 규모가 작다. 이들 시위는 조직화되어 있지 않은데, 이는 중국처럼 방대하고 정치적 조직화가 어려운 국가에서 매우 중요한 부분이다.[17]

새롭게 부상한 중산층 입장에서 보면 개혁 개방 이후의 새로운 중국에는 또한 사회정치적 경제적으로 보다 많은 역할이 요구되고 있다. 지난 20년 전의 중국과 오늘날의 중국은 이와 같은 차이가 있다. 오늘날 중국의 중산층은 능력을 중시하고 개인주의적이며, 소비문화에 매료되어 있지만 교육과 근검절약을 중시한다.[18] 오늘날의 경기침체로 미래에 대한 중국 중산층의 전망이 근본적으로 바뀔 것 같지는 않다. 중국의 중산층들은 새로운 위상에 잘 적응하고 있으며, 브루스 스프링스틴(Bruce Springsteen)의 음악에 맞추어 광장으로 달려 나가고, 자유를 추구하기보다는 식생활 비용을 절약하여 자식들을 사립학교에 보내는 문제에 더 관심이 있다. 보다 장기적으로 보면 최근의 세계적인 경기침체는 중국공산당에 진정 자신감을 안겨다줄 것이다. 본격적으로 외부 세계에 눈을 돌린 지 30년이 지난 이 순간 중국 정부는, 상당한 수준으로 조직화된 시위를 겪지 않았으며 중국공산당이 혼란을 견뎌내고 강력하고 지속 가능한 체제를 관리할 능력이 있음을 보여주고 있는데, 이는 경이적인 현상이다.

그러한 과정에서 내일의 세계경제 구조가 조용히 구축되고 있다. 경제적 격동을 겪은 세계 자본주의는 더 이상 틀에 박힌 서구의 공식에 의해 움직이지 않을 것이다. 빌 클린턴 행정부 당시 미국 상무성에 근무했던 데이비드 로스코프(David Rothkopf)는 "세력 균형은 위기의 순간에 조용히 변화한다"[19]라고 말했다. 경제적 측면에서 서구의 우위가 서구 외 지역의 새로운 규범과 네트워크에 의해 점차 약화되고 있다. 즉 세계적으로 자유시장(Free Market, 시장 활동에 대한 국가의 간섭이 배제된, 즉 개인의 경제활동이 최대한 보장된 시장. 자유시장에서 가격은 수요와 공급이 일치하는 지점에서 결정된다_옮긴이)이라는 '보이지 않는 손'이 중앙집권적인 거버넌스라는 보다 '가시적인 손'에 의해 견제를 받고 있다.[20] 다음 장에서는 미래에 중국이 담당할 중추적인 역할에 대해 살펴보기로 하자.

CHAPTER 01

중국과 세계적인 권력이동

서구의 게임에서 서구사회를 공격하다

Beijing Consensus

2009년 1월, 미국과 영국의 상원의원과 하원의원들은 방대한 규모의 경기촉진 자금을 마련하기 위해 고심하고 있었다. 당시 중국 정부는 '대외선전'[1] 목적의 소요자금이 68억 달러에 달하는 야심찬 계획을 발표했다. 〈사우스 차이나 모닝포스트(South China Morning Post)〉는 이것을 오늘날의 중국을 지구의 모든 국가에 알려줄 해외 네트워크 구축 계획을 포함하는 '세계적인 홍보 노력'이라고 말했다. 제안서에는 보다 국제적인 독자층을 고려한 중국 신문의 영자판과 알자지라 방송에 버금가는 24시간 방영되는 아시아판 TV 네트워크가 포함되어 있었다.[2]

단번에 시선을 사로잡은 엄청난 예산의 이면에는 그에 못지않은 웅대한 발상이 숨어 있었다. 중국의 공식 언론매체는 최근의 경제위기를 초래한 고삐 풀린 자본주의에 대한 완벽한 해결책인 '중국식 경제발전 모델'을 세상에 알릴 시점이 되었음을 시사했다.[3] 중국 정부의 기관지인 신화통신이 보도했듯이 자유시장 근본주의(경제적 사회적 문제를 자유방임 또는 자유시장의 경제적 관점이나 정책으로 해결할 수 있다는 강한 신념을 의미_옮긴이)의 과용과 실패가 후진타오 주석의 '과학적 발전 이론'에 따라 일을 처리하는 중국식 경제발전 방식의 우수성을 돋보이게 했다. 그런데 이는 중앙 정부의 엄격한 통제 아래 국민의 복지를 촉진하는 중국공산당 정책의 공식 명칭이었다.[4] 달리 말하면 '국가 자본주의'였다.

중국 정부의 홍보수석인 리장춘(李長春)은 세계적인 정보 공간이 21세기의 세력 다툼에서 매우 중요한 전장이 되었다는 자국 정부의 관점을 설명했다. 리장춘은 CCTV 임원들에게 비슷한 말을 했다. "통신 능력이 국가의 영향력을 결정한다. …… 통신 능력이 가장 막강한 국가의 문화와 핵심 가치가 가장 멀리, 가장 넓게 전파된다. …… 지구상에서 가장 막강한 영향력을 갖게 된다." 그는 중국의 사례를 국제사회에 알리고자 했던 이전의 모든 시도가 제한적으로 성공했을 뿐임을 인정했다. 즉 그러한 시도는 2008년의 티베트 및 베이징 올림픽 성화와 관련해 시위가 발생했을 때 중국 정부에 대한 서구의 비난에 대항하기에 충분치 않았다. 리장춘은 새로운 계획을 통해 중국이 "서구 언론매체와 동일한 방식으로 뉴스를 생산할 것이다"라며 서구식 게임에서 서구사회를 이길 것이라고 말했다.[5]

리장춘은 중요한 주제를 강조했다. 미국과 서구가 동구권으로부터 심각한 도전을 받고 있는데, 이 도전은 중국의 위협에 관한 전통적인 정의에 근거를 두고 있지 않다. 정도의 차이는 있지만 지난 20년 동안 미국의 분석가들은 중국의 행위를 타이완해협과 남중국해, 또는 중국의 미국국채 매입이나 매우 불만족스러운 무역수지의 관점에서 바라보았다. 거의 매주 미국의 언론매체 또는 저명한 연구소에서는 중국이 이와 같은 영역에서 부상함으로써 드러나는 위협을 거론하고 있는 듯 보인다. 그러나 이 책에서는 색다른 주장을 전개하고자 한다. 이 책에서는 타이완해협, 중국의 미국국채 매입, 부상하는 중국의 군사력의 문제는 매우 중요하지만 관리 가능한 수준이라고 주장할 것이다.

중국이 분명하게 집중적으로 워싱턴을 위협하고 있는데, 이것의 성격에 관해 일반 국민과 정책 집단이 제대로 알지 못하는 실정이다. 미국과의 정면 대결을 피하면서 중국은 다른 영역에서 진정한 도전을 일으키고 있다. 이른바 국제사회 공동체에서 중국식 개념을 부상시키고 중국식 자본주의 측면에서 변혁적이고도 선도적인 역할을 한다는 것인데, 이런 개념은 모두 서구의 해석과 커다란 차이가 있을 뿐만 아니라 정반대이다. 국제사회의 미래에 대한 서로 다른 전망과 자본주의에 대한 서로 다른 해석들 간에 전개되는 세계적인 투쟁에서 중국은 선두에 서 있다. 쉽게 쓸 수 있는 중국의 자본으로 인해 서구세력의 전통적인 중심인 국제통화기금과 세계은행이 행동에 제약받고 있을 뿐만 아니라 제대로 능력을 발휘하지 못하고 있다. 이와 같은 상황에서 자유시장에 등장한 새로운 비서구 국가들이 서구식 게임에서 서구사회를 마구 공격하고 있다.

'중국 위협'의 신화와 실상

먼저 '중국 위협'에 관한 가장 일반적인 인식을 살펴보고, 이러한 위협이 미국에 문제가 되는 부분과 그렇지 않은 부분을 분명히 해둘 필요가 있다.

군사적 위협

국가안보 분야에 종사하는 요원들을 비롯해 많은 사람들이 지난 20년 동안 지속적으로 강화된 중국의 군사력을 우려하고 있다. 이들은 서태평양을 비롯한 도처에서 중국군이 미군을 따라잡는 속도가 미국의 군사적 우위를 즉각 위협할 정도라고 경고하고 있다.

중국의 군사적 위협에 대해서는 워싱턴의 최고위급 인사들이 진지하고도 지속적으로 관심을 기울여야 할 것이다. 중국군 현대화의 속도와 수준은 세계적인 경제대국으로 부상하는 정도에 비례해왔다. 신속한 경제성장으로 인해 중국 정부는 국가 재정에 별다른 무리 없이 다양한 계획과 연구개발에 보다 많은 자원을 투입할 수 있었다.

예를 들면 인민해방군의 전체 예산은 2000년의 279억 달러에서 2008년에는 601억 달러로 급증했다.[6] 1990년대 초반부터 시작해 약 20년 동안 중국의 국방예산은 매년 10퍼센트 이상 급증했다. 마찬가지로 1995년 이후에는 중국의 연구개발비 지출이 매년 19퍼센트 정도 늘어났다. 2005년에는 이것이 매년 300억 달러 규모에 달했는데, 이는 세계에서 여섯 번째 규모다. 더욱이 미국 국방성은 2008년의 중국의 국방비가 실제로는 1050억 달러에서 1500억 달러에 달한 것으로 추정했다.[7]

중국이 군 현대화의 문제를 매우 진지하게 생각하고 있음은 분명하다. 중국군의 모든 부문이 신속하게 발전하고 있다. 전쟁 억지력 측면에서 보면 중국은 서구 열강들이 1960년대에 이룬 것만큼 발전하고자 열심히 노력하고 있다. 이는 상대방의 공격에 취약한 지상 발사 대륙간탄도탄에서 잠수함 발사 탄도탄에 이르기까지 다양하다. 중국은 탄도미사일을 탑재한 헌터 킬러 유형의 핵추진 잠수함에 상당한 예산을 투자했다. 킬로급 디젤

잠수함은 러시아에서 도입했고, 상급 핵추진잠수함은 자체 개발하고 있다.[8] 또한 잠수함 운용 경험에 관한 자료들이 러시아에서 중국으로 유출되었는데, 잠수함의 해저 기동 당시 발생하는 소음 측면에서 단연 독보적인 위치에 있었던 구소련 잠수함 부서에서 일했던 이들이 유출했을 것으로 보인다.

이처럼 러시아가 중국에 넘겨준 군사 자료에는 자국의 제트기, 정밀무기, 구축함용 대공미사일 체계를 비롯한 다수의 항공우주 무기에 관한 것이 포함되어 있다. 그 밖에도 중국은 미국과 몇몇 나토 동맹국들이 개발하고 있는 F-35 전투기에 필적할 만한 다목적 전투기를 개발하고 있다.[9]

중국은 빠른 속도로 발전하고 있는 사이버 전장에도 많은 관심을 기울이고 있다. 중국의 사이버전 능력은 망명 중인 티베트 지도자인 달라이 라마를 겨냥해 최근 사용된 첨단 정탐 프로그램에서 살펴볼 수 있다. 2009년 초반 사이버 공간 분석을 전문으로 하는 캐나다 연구소인 '정보전 모니터(Information Warfare Monitor)'는 티베트의 기관을 겨냥한 중국의 사이버 스파이에 관해 10개월 동안 조사한 결과를 발표했다. 정보전 모니터는 103개국에 걸쳐 있는 1295대의 오염된 컴퓨터들로 구성된 네트워크를 이용해 전파로 티베트의 활동을 방해하는 광범위한 시스템을 발견했다. 이들 시스템이 겨냥한 표적의 3분의 1은 '매우 의미 있는' 수준이었다. '오염된' 컴퓨터들은 이란, 방글라데시, 라트비아, 인도네시아, 필리핀, 브루나이, 부탄, 바베이도스의 정부의 장관실에서, 그리고 인도, 대한민국, 인도네시아, 루마니아, 사이프러스, 몰타, 태국, 타이완, 폴란드, 독일과 파키스탄의 대사관 관저에서 발견되었다. 또한 중국의 사이버 공간 정탐 네트워크는 신진 조직들과 나토 본부의 컴퓨터, 그 밖에도 아세안(ASEAN) 사무국, 남아시아지역

협력연합, 아시아개발은행의 컴퓨터에 침투했다. 중국의 신세대 사이버 해커들은 컴퓨터를 완벽하게 통제할 능력이 있었다. 이들은 컴퓨터에 내장되어 있는 문서를 탐색하고 해킹할 수 있었다. 또한 은밀한 방식으로 웹 카메라를 통제하고 오디오를 작동시킬 능력이 있었다.[10]

당시의 조사에서는 중국이 중국군 현대화의 일환으로 1990년대 말 이후 자국의 사이버전 능력을 개발하기 시작했다고 결론지었다.[11] 이는 유럽과 북아메리카, 아시아의 컴퓨터 시스템에 대한 중국 해커들의 고차원적인 침투가 급증했다는 최근 주장과 일치한다.[12] 이 해커들은 미국, 영국, 프랑스, 독일, 대한민국과 타이완 정부의 컴퓨터에 침투했다. 이들은 기업체와 금융기관의 데이터를 해킹했다. 미국 국방성은 "중국의 해커들에게 지속적으로 공격을 받았는데, 특히 국방성을 비롯한 국방 기관을 겨냥한 '타이탄 레인(Titan Rain)'으로 알려져 있는 2003년 이후의 일련의 공격을 통해"[13] 이처럼 공격을 받았다고 보도했다.

6장에서 살펴보겠지만 이러한 사실이나 수치는 태평양 이외의 지역에서까지 미국의 군사력을 위협하기 위해 세계적으로 영향력을 확대하고 있는 중국군의 발전에 관한 암울한 모습일 수 있다. 중국군의 발전에 다른 논리가 있는 것이 아니라면 이것은 사실일 것이다.

사실 중국의 지도자들은 재정적인 어려움을 초래하거나 미국과의 군비 경쟁을 초래할 가능성이 있는 등 많은 비용이 소요되는 상황을 원치 않는다. 미국과 중국의 국방비가 지속적으로 엄청난 격차를 보이는 이유에는 이와 같은 측면이 있다. 중국군의 발전에 관한 통계수치가 인상적으로 들릴 수 있을 것이다. 그러나 이들은 미군의 경우와 비교가 되지 않는다. 2009년 미국 국방성의 공식 예산은 5154억 달러인데, 이는 2001년 이후 74퍼센트가 증가한 수치다. 이것 외에 '2009년까지 수행될 테러와의 전쟁 관련 활동'을 지원하기 위한 '비상 자금'으로 700억 달러가 배정되어 있다.[14]

중국군의 발전은 미국의 전장 공간에 흠집을 내기 위한 맞춤형 능력의 구비라는 시각이 보다 정확할 것이다. 중국은 미국의 취약부위, 특히 통신과 정보기술에 의존하는 취약부위를 공격하기 위해 첨단 단거리무기를 개발함으로써 미군의 하드웨어 장벽을 뛰어넘고자 노력했다. 이러한 무기를 개발하는 까닭은 새로운 하드웨어를 수백만 톤씩 구입하지 않고도 전력투사 측면에서 미군과 대등한 수준이 되기 위해 중국 본토와 타이완 주변에 '접근 거부' 지역을 확보하려는 것이다. 2008년 중국군 해군소장 양이(楊毅)는 다음과 같이 말했다. "중국해군은 정보기술 상황의 지역 차원의 해전에서 전투력을 높이기 위해 신무기를 연구, 개발하고자 적극 노력할 것이다."[15]

미국 국무부 미중관계 담당 부장관을 지낸 수전 셔크(Susan Shirk)는 지난 10년 동안의 중국군 발전상을 보면 미국이 항상 우수한 화력을 보유하게 될 것이라는 사실을 잘 알 수 있다고 말한다. 중국 정부는 국경 주변의 전장에서 '골리앗' 미국의 공세적 능력을 교묘히 이용하기 위해 정보전 분야의 비대칭 능력에 초점을 맞춰왔는데, 이것을 '암살자의 철퇴(Assassin's mace)'라고 지칭했다.[16] 여기서 중국이 중점을 둔 부분은 필수 전투공간에서 미국의 '지휘통제 정보 정찰 및 감시(C4ISR)' 능력을 와해시키는 것이다. 이와 같은 이유로 미국 국방장관 로버트 게이츠(Robert Gates)는 중국의 군사력 발전이 타이완해협에 대한 미국의 이익과 관련해서는 우려스럽지만 중국의 세력 확장 야욕은 우려할 수준이 아니라고 말했다.[17]

군사력을 발전시키려는 중국의 노력에 중요한 의미가 있는 것은 사실이다. 그러나 이 모든 것은 전술적 수준의 도전에 불과하다. 중국은 인도 국경, 남중국해, 동해 부근에 있는 영토나 영해와 관련해 권리를 주장하고 있는데, 모두 주로 광물과 천연가스 매장 지역이다. 중국은 또한 타이완의 동부지역으로 자국의 방어권을 확대하고자 하고 있다. 이와 같은 사실로 인해 미국 국방성은 중국의 전력투사에 대처할 목적으로 첨단 대응책과 정보 능력을 발전시켰다.

그 대응책은 감지기, 계전기(Relay), 해저 발사용 미사일, 잠수함 발사용 미사일과 같은 해저 전쟁 대응책을 비롯한 대잠전 성격의 것이다. 우주에 기반을 둔 중국의 레이저 기술, 지뢰, 전장관리체계에 대항한 조치도 강구되었다. 미국 국방성은 또한 미국의 정보체계, 특히 국방이나 정보 관련 시설에 침투하려는 중국의 사이버전 노력에 대응해 이들 시설의 보호를 위한 대비책을 마련했다. 또한 공중급유 분야에서 중국 공군의 발전상을 면밀히 주시하고 있다. 미군이 시도하는 또 다른 대응책에는 원거리 전력투사 능력 그리고 무인 항공기와 같은 무인 이동 수단이 있다.

한편 미국 국방 계획가들은 중국이 공격해올 경우 미국 7함대가 타이완을 지원할 능력이 있다고 확신하고 있다. 또한 해상 병참선을 유지하고, 필리핀과 베트남, 말레이시아, 싱가포르 같은 국가들이 자국 주변의 도서 또는 해안에 대한 중국의 영유권 주장에 대항할 수 있도록 서태평양의 모든 지역으로 결정적인 군사력을 투사할 능력이 있다고 보고 있다. 또한 미국이 서태평양과 인도양에서 세력균형을 유지하려면 일본, 싱가포르, 오스트레일리아, 인도와 긴밀한 군사적 협조가 필요할 것으로 생각하고 있다.[18]

특히 미국은 인도와 보다 강력한 관계를 구축하는 데 관심이 많다. 이와 같은 관심은 최근 몇 년 동안 급증했다.[19] 미국의 전략기획가들이 인도양에서 아프가니스탄에 이르는 지역에서 중국에 대한 미국과 인도의 이익이 일치하고 있음을 인지했기 때문이다. 최근 얼마 동안 미국과 인도는 중국이 파키스탄에서 말라카해협에 이르는 인도양 주변에 해군기지를 건설하고 있다는 사실에 주목했다. 2009년 가을부터 인도는 중국의 강력한 정치 군사 정책의 실상뿐만 아니라 미국과 보다 강력한 관계를 구축하는 것이 자국에 이익이 될 것임을 점차 인지했다.

2009년 10월 인도의 언론매체는 중국이 인도 북부 지역에 있는 아루나찰프라데시 주가 자국 영토라고 주장했으며, 최근 선거 당시 그곳에서 유세하지 말라며 인도 수상인 만모한 싱(Manmohan Singh)에게 경고를 했었고, 예정되어 있던 달라이 라마의 방문을 취소하라고 요구했다는 기사와 잠무와 카시미르 주가 인도 영토가 아님을 보여주는 중국의 지도와 관련한 기사를 일면에 보도했다. 뉴스 편집자들은 가끔 이런 이야기를 인도양에서 진행된 미국과 인도의 합동 해상훈련과 미국의 특수전력이 인도 육군에게 제공하는 '탐색 및 복구' 훈련 기사의 옆면에 소개했다. 많은 판매 부수를 자랑하는 〈힌두(Hindu)〉와 〈데칸 크로니클(Deccan Chronicle)〉에서는 새로운 라이선스와 판매, 운용유지 관련 협정을 통해 미국 방위산업체들이 오랜 기간 유지해온 인도와 러시아의 관계를 대체하기 시작했다는 기사를 게재했다.[20]

중국은 모호한 모습으로 자신의 목표를 매우 잘 위장하고 있다. 그러나 최근에는 인도를 불안케 했으며, 외교와 군사, 민간 산업 부문에서 미국과 인도가 긴밀해지도록 하는 계기를 만들었다. 미국과 인도의 이와 같은 노력으로 1962년의 인도-중국 국경 분쟁에서 패배하여 고통받고 있던 인도가 자신감을 가질 수 있게 되었다. 더욱이 미국뿐만 아니라 앞에서 언급한 서태평양 지역 해양 국가들이 인도와 협력하여 그 지역에서 중국의 노력을 견제하고, 해상 병참선에 지장을 초래하지 않도록 하는 데 도움이 되고 있다.

타이완에 대한 중국의 위협

여기서 우리는 '중국 위협'의 또 다른 측면을 살펴볼 것이다. 아시아의 여러 지역들처럼 타이완해협은 우려스러운 지역이다. 이곳에는 강대국들 간에 분쟁을 초래할 수 있는 모든 전통적인 특성이 목격된다. 1950년 이후 50년 동안에는 타이완 문제와 관련해 미중 간에 분쟁이 일어날 가능성이 매우 높았다. 그러나 중국 본토가 마오쩌둥 이념에서 시장 권위주의로 전환된 오늘날에는 이와 같은 가능성이 많이 약화되었다.

주기적으로 외교적 마찰을 겪었던 시절을 뒤로하고 지난 10년 동안에는 타이완과 중국 간의 경제적 관계가 무르익었다. 중국은 타이완의 최대 교역국가가 되었고 타이완은 중국에 가장 많이 투자하는 국가 중 하나가 되었다. 중국 본토와 타이완의 무역규모는 2007년 1023억 달러였는데, 이는 전년도와 비교해 16.1퍼센트가 늘어난 수치다. 2007년 타이완은 중국에 742억 8000만 달러를 수출했는데, 이는 전년도와 비교해 17.3퍼센트가 늘어난 수치다. 결과적으로 이는 지난 3년 동안 가장 높은 증가세였다.[21] 따라서 전쟁이 양국 경제에 끼치는 영향은 일대 재앙 수준일 것이다.

사회적으로도 유사한 경향이 목격된다. 100만 명 이상의 타이완인들이 오늘날 중국 본토에서 생활하고 있다. 오늘날 타이완 기업들은 중국에서 별다른 어려움 없이 비즈니스를 시작하거나 매입을 하고 농지를 포함한 고정 자산에 투자하고 있다. 또한 중국 당국은 별다른 차별 없이 이들을 대우한다. 이와 같은 현상을 설명하면서 많은 사람들은 '상하이 열풍'을 거론한다. 자신의 누이가 상해 인근 지역에서 양조장을 운영하는 타이완 육군의 퇴역 대령은 이에 대해 어느 정도 놀라운 심경을 밝혔다. 누이의 배경과 누이가 하는 일은 그 성격상 지역 당국의 관심을 끄는 일이었고, 갈취 등의 불이익을 받을 수도 있었다. 그러나 지난 14년 동안 그런 일이 전혀 없었다. 이와 같은 타이완과 중국의 관계는 일련의 과정을 통해 오늘날 우편물과 전세 항공기가 직접 오갈 정도로 발전했다.

2008년의 타이완 선거에서는 중국 본토와의 관계개선을 역설했던 마잉주(馬英九)가 이끄는 국민당이 일대 승리를 거두었는데, 이는 양안관계가 해빙기에 접어들었음을 보여준 분명한 사례다. 조지 부시 대통령과 제럴드 포드 대통령 당시 국가안보보좌관을 지냈던 퇴역 미국 공군대장 브렌트 스코크로프트(Brent Scowcroft)가 타이완 경제와 중국 경제가 보다 많이 통합되고 교류가 빈번해지면서 이들의 관계에서 진행 중인 역사적 진전에 관해 자신의 관점을 설명한 적이 있다. 이는 워싱턴의 많은 인사들의 생각을 대변한 것이었다.[22]

그러나 종종 양안 문제와 타이완 문제로 인해 워싱턴과 베이징, 타이베이에서 민감한 부분이 노출되고 있다. 주권 또는 자긍심을 과시하는 등 이들 중 어느 국가라도 실수를 할 경우 험악한 표현이 오가고 양국 국민들은 격한 반응을 보이게 된다. 결과적으로 이들 국가의 여러 지도자들이 나름의 압력을 받게 된다. 경제적 상호의존성이 높아진다고 해서 전쟁이 불가능해지는 것은 아니다.[23]

그러나 문제는 오늘날 양안관계의 안정이 보다 미묘한 상황에 의존하고 있다는 사실이다. 미국과 중국, 타이완은 30여 년 동안 성공적으로 합의를 유지해준 모호성이라는 교묘한 외교에 입각한 협정에 발이 묶여 있다. 즉 미국은 타이완의 방어에 필요한 무기와 지원을 약속했다. 또한 미국과 중국은 타이완을 강압적인 수단을 통해 통일하지 않을 것이라는 사실과 '하나의 중국'[24]만 존재한다는 사실에 동의했다. 이러한 협정으로 인해 중국은 국가통일을 주장할 수 있게 되었을 뿐만 아니라 타이완이 독립을 추구할 경우 군사적 개입을 위협할 수 있게 되었다. 또한 미국은 민주주의 동맹국인 타이완과 기존의 동맹관계를 고수하고, 지역에서 신뢰성을 유지할 수 있게 되었다. 마지막으로 타이완은 사실상 독립을 유지할 수 있게 되었다.

이와 같은 관계가 지속될 것임을 오바마 행정부가 확인했다. 대통령에 취임한 2009년 1월 이후 오바마 행정부는 기존 정책을 지지하며, 모호성의 가치를 이해하고 있음을 곧바로 천명했다. 또한 예기치 못한 상황을 방지하며, 양안관계와 관련해 '언행 자제'의 접근법을 추구할 것임을 천명했다.[25] 양안관계가 점차 개선되고 있음은 같은 달에 중국 정부가 발표한 국방정책 문서에서 보다 분명히 확인된다. 문서에서 중국은 타이완 분리주의자들의 의도가 좌절되었으며, 양안관계가 역사적으로 의미가 있을 정도로 '상당히 긍정적인 방향'으로 접어들었다고 주장했다.[26]

경제적 위협

미국은 방대한 규모의 미국국채를 중국이 보유하고 있다는 사실과 더불어 미국 경제에 대한 중국의 직접투자를 점차 우려하고 있다. 분명히 말하지만 경제적 측면에서의 미중관계는 다양한 중국 위협 논리에서 가장 복잡한 부분이다. 더욱이 미중 경제관계를 예상외로 간단히 생각하거나 오해할 소지도 없지 않다.

미국에 대한 중국의 투자는 2000억 달러 규모의 국부펀드, 중국투자공사, 중국해양석유총공사와 같은 중국의 정부 기관을 비롯한 공적, 사적인 형태로 다수 진행되고 있다. 한편 2005년 중국해양석유총공사는 미국의 석유회사인 유노컬(Unocal)을 인수하고자 노력했지만 미국 의회의 방해로 무산되었다. 중국이 미국의 주요 자산을 소유하면 국가안보 차원에서 심각한 위험이 따를 수 있다고 비평가들은 주장했다. 그것은 사실이지만, 그러나 이는 석유 산업에 대한 중국의 이와 같은 투자가 끼칠 효과와 투자의 범위에 따라 달라질 문제다(6장에서 중국이 국가안보에 끼칠 위협에 대해 더 논의할 것이다). 미국 경제와 관련해 중국이 행사할 수 있는 또 다른 암울한 영향력은 중국의 달러 보유고가 급증했으며, 이것을 중국이 미국국채에 재투자하고 있다는 사실이다.

미국이 중국에서 많은 물품을 수입하게 되자 중국은 양국 간의 교역을 통해 얻은 이익금의 상당 부분을 미국의 채권과 주식에 투자했다. 그 결과 경제적 측면에서 중국의 위협과 관련해 일반적인 주제가 등장했다. 즉 중국이 미국국채의 매입을 지연하여 달러의 권위를 실추시키거나 미국의 유가증권을 매각하는 방식으로 워싱턴에 엄청난 상처를 입힐 수 있을 것이라는 주제다. 중국이 이 중 어떤 조치를 취하더라도 금리, 즉 주택담보대출 금리, 신용카드 금리와 대부 금리가 급등하고 달러의 가치는 하락하게 될 것이다.

미국 입장에서 이는 상당한 약점이다. 그러나 미국의 채권국이라는 중국의 입지는 간단치 않으며, 알고 보면 비교적 심각하지 않다. 중국은 미국에 엄청난 자금을 대부해주었는데, 이것이 또한 중국 입장에서 심각한 약점으로 작용하고 있다.

경제적 측면에서 미국과 중국의 관계는 비교적 안정적인데 이는 미중 간에 목격되는 이들 약점과 약점의 관계를 통해 살펴볼 수 있다. 즉 미국에 대한 중국의 '위협'은 중국에 대한 미국의 '위협'으로 인해 완화되었다. 미국만큼이나 중국은 미국 경제와 달러의 안정 유지에 관심이 많다. 중국 정부가 미국의 국채를 매입하는 것은 중국인들이 의존하고 있는 거시경제 동력의 유지라는 단순한 이유 때문이다. 채권과 주택담보대출에 기반을 둔 유가증권과 같은 미국의 자산에 대한 중국의 투자가 미국의 저금리 유지에 도움이 되며, 미국인들이 보다 쉽게 신용 대부를 받을 수 있고, 미국이 지속적으로 중국의 소비재를 구입할 수 있게 하고 있다.

저금리는 또한 미국 비즈니스의 확장을 가능케 하는 주요 부분이다. 주택담보대출 금리를 낮추면 주택 거래를 보다 활성화하고 부동산의 가치를 높이는 데도 도움이 된다. 주택 가격이 높아지면 소비자들은 주택에 대한 이권 증대를 담보로 자금을 빌릴 수 있게 된다.[27] 방대한 외국자금이 유입되면 미국 정부는 엄청난 적자를 감수하면서도 미국 경제를 부양할 수 있었다. 결과적으로 정부지출을 통해 세금을 줄이고 보다 많은 일자리를 창출할 수 있었다.

중국이 미국에 자금을 빌려주는 것이 미국을 곤혹스럽게 만들거나 미국의 일을 방해하고자 하기 때문은 아니다. 이는 수출 주도의 중국 경제 입장에서 미국이 가장 방대한 해외시장이기 때문이다.[28] 중국 경제의 입장에서 보면 미국의 소비자는 생명줄과 다름이 없다. 미국 기업은 중국이 해외에서 직접 투자하는 가장 중요한 대상 중 하나다. 중국은 달러의 가치를 보존하기 위해 미국의 자산을 구입한다. 이런 일들로 인해 미국 채권의 투자가치가 유지되고, 미국인들이 보다 저렴하고 쉽게 중국 물건을 구입할 수 있게 된다. 베이징 또한 자국의 환율안정 차원에서 채권과 같은 미국의 자산을 구입한다. 느슨한 형태이지만 위안화 환율은 달러의 가치와 연계되어 있다.[29] 이 책을 저술할 당시에는 중국의 방대한 외환보유고 가운데 70퍼센트 정도가 채권과 같은 미국의 유동성자산에 묶여 있었다. 달러의 가치가 위안화와 비교해 두드러지게 하락할 경우 중국이 보유한 달러의 가치는 수십억 달러 줄어들 것이다.[30]

이러한 문제와 관련해 중국이 느끼는 불안은 예를 들면 미국의 경기침체가 악화된 2009년 3월에 분명히 목격되었다. 당시 원자바오 총리는 자국이 보유한 미국국채에 대해 우려하면서 자신들의 투자에 안정성을 보장해달라고 미국에 촉구했다.[31] 중국은 자국이 보유한 8000억 달러 규모의 미국국채가 미국이 경기부양과 구제금융 차원에서 빌린 엄청난 자금으로 인해 위협받는 것을 두려워하고 있었다. 이처럼 방대한 자금을 빌릴 경우 인플레를 자극하여 자국이 보유하고 있는 1조 6000억 달러 규모의 달러 가치를 저하시킬 수 있다고 보았던 것이다.

이와 같은 불안은 중국 인민은행 총재인 저우샤오촨(周小川)이 새로운 기축통화를 촉구할 당시에도 목격되었다. 2009년 저우는 '국제 금융체제 개혁의 바람직한 목표'는 '개별 국가와 무관하게 움직이는 국제 기축통화'를 만드는 일이 되어야 한다고 말했다.[32] 그의 말을 들은 미국인들은 중국이 달러를 대신할 새로운 화폐를 지지하고자 노력할 수도 있다는 생각에 즉각 요동을 쳤다.

그러나 여기서 저우가 의도했던 바는 경제적 성격이라기보다는 정치적 성격의 것이었다. 그가 목표한 것은 세계 경기침체의 주역이 미국임을 지적하는 일이었다. 저우는 오바마 행정부가 처한 경제적 어려움을 이용하고자 했을까? 물론이다. 저우가 달러의 불안정을 추구했을까? 앞에서 언급한 이유로 인해 이는 사실이 아닐 것이다. 그러나 그는 미국의 정책입안자들에게 일종의 경고로 작용하게 될 논의의 포문을 열었다. 즉 중국은 자국이 보유한 달러의 가치 손실을 묵인하지 않을 것이며, 일부 기축통화의 특성을 지닌 국제통화기금의 특별인출권(SDR)의 사용을 확대하는 것이 문제의 해결안은 아니지만 어느 정도 안정성이 있는 국제 기축통화 또는 몇몇 통화가 적어도 고려할 만한 가치가 있는 방향임을 시사했다.

마찬가지로 저우의 발언에는 강점보다는 약점이 노출되어 있다. 그 이유는 국제통화기금 특별인출권의 상세 성격과 관련이 있다.[33] 간략히 말하면 특별인출권은 국제통화기금이 1960년대에 고안한 것이다. 이것을 고안한 주요 이유는 채권국 화폐가 의미 있게 변동할 때 채무국을 보호하기 위함이었다. 예를 들면 A 국가가 국제통화기금에서 자금을 빌렸다면, 달러와 A 국가 화폐의 환율이 크게 달라질 경우 채무의 가치가 요동칠 수 있다. 결과적으로 채무불이행 사태 등 금융 측면에서 보다 많은 문제가 초래될 수 있다. 특별인출권은 달러화, 파운드화, 엔화, 유로화를 비롯한 몇몇 통화를 지정하는 방식으로 문제를 해결하려는 것이었다. 이는 특별인출권을 이용한 거래가 달러만을 이용한 거래와 비교해 외환시장의 변동에 비교적 영향을 받지 않는다는 의미였다. 그러나 이는 특별인출권이 화폐 가치의 기준점을 제시하기는 했지만 그것 자체가 화폐가 아님을 의미한다. 특별인출권은 수입 대금을 지불할 목적으로 사용될 수 없다. 말하자면 화폐가 아니다.[34]

결과적으로 저우의 발언은 달러의 가치 하락을 원하고 있다기보다는 달러의 가치 하락에 대한 고조되는 불안을 보여준 것이다.[35] 저우는 미국 정부의 재정 적자로 인한 중국의 취약성을 줄일 수 있도록 중국은행(中國銀行)이 보유한 달러 중 일부를 국제통화기금의 특별인출권으로 교환하자는 기술적인 제안을 한 것이다. 이는 달러에 대한 공격이 아니고 달러의 순환을 초래하는 성격이었다. 〈뉴스위크〉의 바넷 셰리던(Barrett Sheridan)이 말했듯이 저우의 발언은 또한 금융 상호의존성의 역학에 관한 것이었다. 중국에 10억 달러를 빚지고 있다면 중국이 여러분을 소유하는 형국이지만 1조 달러를 빚지고 있다면 여러분이 중국을 소유하는 형국이다.[36]

따라서 미국 경제와 중국 경제는 상호의존도가 매우 높다. 미국은 중국이 빌려주는 자금에 점차 중독되었다. 마찬가지로 중국은 미국의 소비에 중독되었다. 이와 같은 상호의존성으로 인해 상호확증파괴(MAD)의 경제적 형태를 통해 미중관계가 안정되고 있다. 케임브리지 대학교의 제임스 메이올(James Mayall)이 표현했듯이 "중국 경제와 미국 경제는 상대방의 몸에 자신을 기대고 서 있는 두 명의 술 취한 노인의 모습이다. 이 중 한 명이 넘어지면 모두 넘어지게 된다."[37] 냉전 종식 이후 이는 특이한 의존 관계다.

중국이 경제적 영역에서 행사할 수 있는 중요한 수단이 있는가? 물론이다. 그러나 미국은 여기에 대항할 수 있는 수단이 있다. 이는 중국이 영향력을 행사하면 필요한 경우 미국이 대응할 수 있으며, 이와 같은 영향력을 적절히 관리할 수 있다는 의미다. 중국이 미국 경제와 미국의 소비자들에게 악영향을 줄 수 있는가? 물론이다. 그러나 이처럼 하면 중국 또한 적지 않은 피해를 입게 된다. 여기서의 중요한 부분은 중국이 소유한 미국국채가 중국이 미국시장에 의존하고 있기 때문에 관리도 가능하고, 적절히 대응도 할 수 있다는 점이다.

미국채권의 소유나 미국에 대한 경제적 공격보다 심각한 사항은 안정성이 이와 같은 상호의존에 기반을 둔 까닭에 국제사회에서 미국의 발언권이 약화되고 있다는 사실이다. 힐러리 클린턴은 국무장관에 취임한 직후 중국을 방문했다. 방문 당시 힐러리는 세계적인 경기침체에 대처하기 위한 방법에서 중국과의 의견수렴의 필요성만 강조하지는 않았다. 힐러리는 또한 티베트나 인권과 같은 여타 사안들과 관련한 중국에 대한 압박으로 인해 "세계경제 위기가 보다 어려워지면 곤란하다"[38]라고 중국의 공산당 관리와 언론인들에게 말했다. 이는 미중 상호협조 관계의 불편한 진실을 보여준다. 경제적 상호의존성으로 인해 미국 주도의 국제사회 자유주의 질서의 근간에 해당하는 사안들, 즉 인권, 법의 지배, 자유언론을 전 세계 도처에서 진전시키려는 미국의 영향력이 지장을 받고 있다.[39]

국제사회의 경제적 통합과 줄어든 미국의 국력 간의 관계를 살피려면 다음과 같은 이 책의 주요 주제로 되돌아가야 한다. 즉 중국은 서방세계에 심각하고도 장기적인 위협이 되고 있다. 그러나 이는 우주 또는 해저에서 중국의 군사력 때문도, 중국 인민은행에 보관되어 있는 달러 때문도 아니다. 그것들은 오히려 위협의 정도를 약화시키는 단서조항과 제한사항을 갖고 있다. 그와 달리 이 책에서는 중국이 보다 심오하고 광범위한 과정을 촉진하는 주요 행위자라고 말한다. 즉 세계화가 세계를 좁히고 있는 것과 마찬가지로 중국이 서구를 왜소하게 만들고 있다는 사실이다. 중국은 은밀하게 국제사회의 발전과 경제, 공동체의, 나아가서는 정치의 재구성을 추구하고 있다. 가장 중요한 부분은 그 과정에서 중국이 서구사회의 영향력과 가치가 나토(NATO) 이외의 지역으로 투사되는 정도를 점차 제한하고 있다는 점이다.

새로운 부와 아이디어

이 모든 문제가 20여 년 전에 시작된 경향에서 비롯되었다. 1989년 이후 많은 저명 학자들은 자유시장 민주주의에 관한 서구의 모델을 중심으로 세계가 수렴해갈 것으로 예견했다. 그러나 이와 같은 새로운 세상은 실현되지 않았다. 세상은 서구사회의 많은 사람들, 특히 미국의 많은 사람들이 상상한 것과 비교해 보다 다양한 모습의 정치적 질서로 진화해가고 있다.

그렇다고 동구권이 붕괴된 1989년 이후 자본주의가 새로운 단계에 도달했다는 사실을 부인하는 것은 아니다. 그 형태에 차이는 있지만 오늘날 세계의 주요 열강들은 모두 성장, 생활수준 향상, 정치적 안정 측면에서 자유시장과 자유무역에 의존하고 있다. 힐러리의 주장을 일축했던 사람들의 주장과 달리 경제적 통합과, 과학기술과 세계적 운송망의 발전으로 인해 새로운 '지구촌'이 출현했다. 오늘날 우리는 국가 간의 교역활동을 방해하는 요소였던 거리와 시간의 의미가 반감되고, 컴퓨터 자판기를 누르면 전 세계 어느 곳이든 순식간에 자본이 이동하는 보다 작아진 지구촌에서 생활하고 있다. 오늘날에는 기술이 가장 우수한 사람이 있는 곳으로 재정 인센티브가 가장 많은 곳으로 흘러들고 있다. 제조업은 노동력이 가장 저렴하고 화폐 가치가 가장 저평가되어 있는 곳으로 이동하고 있다. 콜 센터의 가상세계와 해외 고객들과 거래하는 가상세계에서 소비자들은 지리의 한계를 전혀 느끼지 못한다.[40]

그러나 경제통합과 그 효과에 관한 우리의 이해 정도가 또한 달라지고 있다. 20여 년 전에는 미국 브랜드가 세계적으로 부상했다. 세계화는 미국의 자본주의와 두 가지 건국이념, 즉 정부가 아니고 시장이 성장을 주도하며, 민주주의가 사회를 조직하는 최상의 방안이라는 건국이념에 의해 주도되었다.

오늘날 서구사회 이외의 지역에서는 이와 같은 확신이 점차 줄어들고 있다. 2장에서 보다 자세히 설명하겠지만 많은 미국인들과 서구의 동료들은 탈냉전 시대 이후 세계경제로 전환함으로써 세계가 서구 자유주의 질서로 수렴해갈 것이라고 생각했다. 결과적으로 이와 같은 전환으로 인해 국제관계에서 두 가지가 새롭게 발전했는데, 이는 서구사회 이외의 지역에 새로운 부의 출처가 출현했다는 사실과 민주주의가 배제된 자본주의에 관한 새로운 개념이 출현했다는 사실이었다.

자본주의가 진정 세계적인 현상이 되면서 보다 규모가 작고 가난한 국가들이 천연자원, 저렴하고 풍부한 노동력, 수출산업, 아웃소싱을 통해 부유해졌다. 이 국가들이 부유해짐으로써 서구세력의 전통적인 구조를 점차 우회하는 새로운 관계가 출현했다. 개발도상국들은 상호간에 유대관계를 공고히 하고 있다. 많은 경우 이들은 지도자 격인 브라질, 러시아, 중국과 우호관계를 유지했다. 결과적으로 2001년 골드먼삭스는 이 집단을 브릭스(BRICs)라고 명명했다.[41]

신흥 시장들은 보다 부유해지면서 종종 세계경제와 통합되기도 했다. 그러나 이것이 서구세계와의 보다 큰 통합을 의미하는 것은 아니었다. 사실 개발도상국 간의 상호작용의 수준이 점차 이들 국가와 서구 국가들 간의 상호작용의 수준을 능가하고 있다. 신흥 시장들은 이전에 서구 국가와 했던 비즈니스를 자신들끼리 하고자 노력하고 있다.[42] 예를 들면 2005년 중국과 아세안은 대략 18억 명에 달하는 거대한 시장을 조성했으며, 2020년까지 아세안을 염두에 둔 유럽연합(EU) 형태의 공동체 설립을 약속하는 합

의문에도 서명했다. 이로 인해 중국은 매우 중요한 의미가 있는 해상 교통로를 보다 쉽게 확보하고 원자재에 보다 쉽게 접근할 수 있었다. 또한 미국과 미국의 주요 동맹국들이 배제된 지역 차원의 주요 독립체가 형성되었다.[43]

이는 또 다른 현실을 보여준다. 즉 개발도상국 시장이 새로운 경제력의 중심지가 되면서 새롭게 자신감을 갖고, 초국가적 이슈와 제도의 관리 측면에서 보다 많은 발언권을 요구하게 되었다. 이러한 정서는 러시아, 중국, 인도, 브라질, 카자흐스탄, 타지키스탄, 키르기스스탄, 우즈베키스탄의 지도자들이 러시아의 예카테린부르크에서 회동한 2009년 6월의 브릭스 정상회담에서 노골적으로 표출되었다. 이 회합의 주요 목표는 미국을 배제한 형태로 교역하고 지원하는 방법을 논의하는 것이었다.[44]

러시아 대통령인 드미트리 메드베데프(Dmitry Anatolyevich Medvedev)는 당시의 회합을 이들 국가가 "점차 다극화된 세계질서를 구축"하기 위한 기회로 삼기 위한, 그리고 "늘어나는 부채를 담보로 한 단일의 거대한 소비 중심 지역, 강력한 단일의 기축통화, 자산과 위기평가에 관한 주도적인 단일 체제"에 의해 "인위적으로 유지되는 단극체제"[45]를 뛰어넘기 위한 것이라고 설명했다. 또한 메드베데프는 "특정 정치적 사안과 동기, 특정 국가가 주도하지 않는 전혀 새로운 유형의 금융제도"[46]를 촉구했다. 새로 구성된 오바마 행정부의 관리들이 옵서버 자격으로 참여를 요청했지만 받아들여지지 않았다.

'신흥 시장'이라는 용어를 만든 세계적인 투자 전문가인 앙트완 반 아그마엘(Antoine van Agtmael)은 세계적으로 또 다른 거대 다국적 기업이 될 가능성이 가장 높은 25개 회사로 브라질, 멕시코, 대한민국, 타이완에서 4개

회사, 인도에서 3개 회사, 중국에서 2개 회사, 아르헨티나와 칠레, 말레이시아, 남아프리카공화국에서 각각 1개 회사가 포함될 것이라고 예견했다.[47] 골드먼삭스는 "2027년까지 중국이 미국을 추월할 수 있을 것이며, 브릭스 국가들을 합하면 2032년까지 G7 국가들을 능가할 것이다"[48]라고 예견했다. 세계화 분야 전문가인 나즈닌 바르마(Naazneen Barma)와 같은 사람들은 이와 같은 경향이 서구세계와의 대립도 동화도 아니라는 사실에 주목했다. 대신에 이는 서구의 영향력을 보다 약화시키려는 것이었다.[49] 비서구 국가의 부와 상호관계 측면에서 이들 새로운 발전의 저변에 자리 잡고 있는 것은 간단히 말해 '신베스트팔렌 협정'이다. 이 협정에 따르면 주권국가들은 자국 내부에서 정부와 국민 간의 조건을 결정할 권한이 있다. 국제사회에서 이들은 엄격한 시장 조건에서 거래하며, 합의한 계약의 이행 외에 어떠한 실질적인 책임이나 권리를 인정하지 않는다.[50]

한편 이와 같은 발전과 더불어, 점차 많아진 비서구 국가의 정부들은 미국 브랜드의 기본적인 주장인 자유주의 경제가 제대로 기능하려면 자유주의 정치와 최소의 국가 역할이 요구된다는 주장을 비웃으며, 자유시장 민주주의에 관한 서구식 발전 모델을 비웃으며 부를 축적했다. 많은 개발도상국의 지도자들은 오늘날 다음과 같은 두 가지 특성이 있는 새로운 자본주의를 찬양, 모방하고 있다. 첫째는 국가의 강력한 통제에도 불구하고 투자 유치를 위해 자국 경제를 개방하며 민간 부문의 발전을 허용하는 자유주의 경제정책이다. 둘째는 집권당이 정부와 법원, 군대, 정보유통을 완벽히 통제할 수 있도록 해주는 권위주의적인 정책의 유지다.[51]

이처럼 서구사회 이외의 지역에 경제적 자율성이 있는 새로운 중심이 출현하고 비민주적 자본주의의 매력이 커진다는 두 가지 국면으로 인해 서구사회에서 여타 지역으로 세력의 확산이 가속화되었다. 이들은 또한 세계적인 중국의 부상에서 크게 힘을 얻었다.

중국은 작은 국가들에게 재정을 지원해주고 경제발전 자금을 제공할 수 있을 정도로 부유해졌다. 결과적으로 그 국가들은 서구사회의 전통적인 자금 출처인 국제통화기금이나 세계은행과 같은 곳에 금융지원을 요청하지 않아도 되었다. 중국과 서구사회가 제공하는 재정지원의 주요 차이는 중국의 경우 서구가 강요하는 형태의 조건을 제시하지 않는다는 점이다. 서구적 의미의 시민사회를 조성해야 한다는 책임도 없으며, 국제사회의 표준 내지는 법적인 기준을 준수해야 한다는 요구도 없었다. 분명히 말하지만 수혜국의 내정에 간섭하려 하지도 않았다. 중국과 중국 국영기업, 중국의 기업주들은 경제발전을 위한 대안을 제시했다. 사실상 이는 굿 거버넌스(Good Governance), 인권, 투명성, 친서구적 정치, 시장개혁 같은 영역에서 세계은행이나 국제통화기금과 같은 세계적인 금융기관들의 종종 거슬리는 요구에서 벗어나도록 해주는 '출구 대안'에 다름이 없다.

이와 같은 측면에서 중국의 세계적인 위상은 지난 200여 년 동안 서구사회의 발전을 이끌어온 계몽주의적 가치와 원칙에 근본적으로 문제가 되고 있다. 여타 정책 영역에서와 마찬가지로 중국은 2조 달러 이상의 외환보유고를 전략적인 수단으로 이용하고 있다. 중국의 세계적인 교역망으로 인해 냉전 시대와 같은 유형은 아니지만 중국에 감사하고 맹종하는 집단이 빠른 속도로 늘어나고 있다. 우리는 블록의 지도자에게서 매일 지시를 받는 유엔 또는 여타 세계기구의 투표 블록에 관해 말하는 것이 아니다(물론 중국은 타이완, 티베트의 주권 그리고 인권 문제에 관한 지지를 기대하고 있다). 그와는 달리 우리는 중국에 대한 숭앙, 국제시장에서 이득을 보고자 하는 열망, 세계 시민문화와 민주주의 개발경제에 관한 서구의 개념에서 어느 정도 자유로워지고자 하는 열망으로 상호 연결되어 있는 개발도상국들의 수가 늘어나고 있음을 주목하고자 한다.

로버트 무가베(Robert Gabriel Mugabe)와 같은 사람들에게는 다행스러운 일이지만 중국은 주권이 존중되어야 한다고 믿는다. 궁극적으로 이러한 관점은 중국 정부가 국내에서 느끼는 불안감과 민주화 논리를 억압해야 할 필요성에 기인한다. 이는 19세기 당시 중국이 유럽 열강에게 굴욕을 당했다는 기억에서 수사적인 힘을 얻고 있다. 이와 같은 우려는 서구사회가 타이완을 인정하거나 티베트의 독립을 부추기는 방식으로 중국의 분열을 획책하고 있다는 주장으로 인해 20세기에 힘을 얻었다. 오늘날 이러한 논지는 중국이 여타 국가의 내정에 대한 외세의 간섭을 지속적으로 거부하고 있다는 사실에서 드러난다. 자연히 이는 외국에 수출할 수 있는 천연자원을 보유하고 있거나 중국 물건을 구입할 자금이 있는 독재자, 핵무기 확산자, 충동적인 인사, 제왕적인 인물에게 대단히 매력적인 요소이다.

반면에 중국의 부상은 또한 역사적으로 친숙한 주제, 즉 개념이 교역과 권력의 유통 경로를 따라 전달된다는 사실을 환기시킨다.[52] 오늘날의 세계 시장은 이처럼 문제가 있는 수출 품목인 중국식 경제발전 모델을 무심코 촉진시키는 유통 경로, 즉 수단이 되고 있다.

중국식 경제발전 모델에 관해 말하려면 우리는 지난 30년 동안 중국에서 이루어진 복잡한 개발과 개혁에 관해 언급해야 한다. 그러한 개혁이 성공했던 것은 중국의 문화, 인구 분포, 지리, 통치 철학이라는 고유 변수 때문이었다. 이와 같은 의미에서 보면 내놓고 말할 수 있는 모델, 즉 라틴아메리카나 아프리카와 같은 지역에서 모방하거나 그 지역으로 수출할 수 있는 중국식 모델은 없었다.

그러나 관념적인 측면에서 중국은 보다 간단하지만 파괴력이 있는 그 무엇을 수출하고 있다. 이것이 지난 30년 동안 중국에서 엄청난 변혁의 결과로 얻은 물질적 산물보다도 서구의 우위를 훨씬 심각하게 위협하고 있다. 중국이 수출하는 것은 바로 시장 권위주의에 관한 기본 개념이다. 세계에 내다파는 모든 것을 초월해 이는 "자본주의의 길을 가면서 독재체제를 유지하도록" 해주는 새로운 대안에 관한 세계적으로 가장 폭넓은 선전이라고 할 수 있다.

중국은 자유주의 정치체제를 택하지 않고 경제적으로 자유화를 추구하는 방법을 세계적으로 가장 설득력 있게 신속히 보여주었다. 북아메리카와 유럽 이외의 지구상의 모든 곳, 즉 동남아시아, 중동, 중앙아시아, 사하라사막 이남 지역 및 라틴아메리카의 관리와 지도자들이 오늘날 중국을 방문하여 경제적 자유와 정치적 자유를 분리하는 방법에 관해 배우고자 노력하고 있다(이에 관해서는 3장과 4장에서 보다 자세히 설명할 것이다).[53] 물론 중국은 연설, 컨퍼런스, 정상회담을 통해, 또한 교역관계의 일상적인 부분을 보완하는 교환프로그램을 통해서도 자신의 경제발전 모델을 널리 전파하고 있다.

중국의 완벽한 타이밍

고대 중국의 천문학자들은 달력을 통해 시간 감각과 정확성을 발전시킨 선구자였다.[54] 오늘날 중국의 지도자들은 시간 감각이 매우 탁월한 것으로 보인다. 세계무대에서 중국이 부상한 시점은 미국 브랜드를 대변하는 자유시장 자본주의와 서구 민주주의가 일시적이나마 세계적인 조롱에서 벗어나고자 몸부림쳤던 순간과 일치한다. 개발도상국의 모든 여론 집단이 미국을 조롱했다. 문제를 보다 복잡하게 만드는 부분은 당시 미국이 위선적이며 무능력하다는 비난을 받았다는 사실이다. 또한 이라크와 아프가니스탄에서 있었던 8년간의 전쟁으로 인해 역사적으로 미국의 외교정책에 대한 지지율이 가장 낮은 시점에 있었다는 사실이다.

전통적으로 개념은 서구사회의 가장 중요한 수출품목이었다. 2008년의 미국 대통령 선거 직전에 발간된 〈뉴스위크〉에서 프랜시스 후쿠야마(Francis Fukuyama)가 개탄했듯이 이전에 미국의 세력과 영향력은 통상 탱크와 달러 그 이상의 것에 의존했다. 또한 지구상의 많은 사람들이 미국의 정부 형태를 우러러보고, 자국 사회를 유사한 방식으로 조성하고자 노력하는 경향이 있다는 사실에 의존했다.[55] 하버드 대학교 교수인 조지프 나이(Joseph Nye)는 이것을 '소프트파워', 즉 "당근과 채찍 같은 강압적인 수단보다는 매력을 통해 얻고자 하는 부분을 얻는"[56] 능력이라고 지칭했다. 이는 모범적인 행동을 통한 선도이며, 자신이 원하는 부분을 상대방이 자발적으로 하도록 하는 것이다.

20세기 대부분의 기간 미국의 외교정책은 자신의 이상(理想)을 추구하며 해외로 전력을 투사하는 방법에 관한 것이었다. 1940년대에 미국은 마셜 플랜을 통해 유럽의 많은 지역을 재건시켰으며, 세계질서를 안정시키고 전쟁으로 치닫기 이전에 분쟁을 해결하기 위해 국제기구를 창설했다. 이러한 노력으로 인해 미국의 세력은 보다 넓은 지역에서 인기가 있었으며, 미국 브랜드가 지구의 가장 외진 곳까지 전파되었다. 미국 입장에서 보면 소련의 붕괴는 정치적 경제적 승리였다. 미국의 가치와 서구식 개념이라는 측면에서 보면 이는 또한 이념 차원의 승리였다. 이는 미국의 민주주의와 자본주의 가치관의 도덕적 우위가 '새로운 소비에트 인간'[57]에 대한 약속에 대항해 승리를 거두었음을 보여주는 명백한 증거로 보였다. 우리 시대의 대표적인 현실주의자인 헨리 키신저 박사 또한 20세기 미국 외교정책의 주요 요소가 도덕적 목적이라는 사실을 인정했다.

군사적으로 보면 아직도 미국은 타의추종을 불허하는 초강대국이며, 향후 수십 년 동안 세계에서 가장 막강한 단일 국가로 남을 것임이 분명하다. 그러나 이와 같은 군사적 우위에도 불구하고 또 다른 중요한 축을 따라 세력분포가 미국 주도에서 여타 국가로 이전되고 있다. 사회문화적 측면에서뿐만 아니라 경제적 측면에서조차 그러한 실정이다.[58] 미국 브랜드는 시장 메커니즘과 민주적 다원주의라는 전제에 근거했는데, 두 개념은 지난 10년 동안 심각한 손상을 입었다.

이라크와 아프가니스탄이 다국적 국가재건 팀들을 극적이고도 철저히 거부하자 민주적 다원주의가 보편적으로 적용 가능하다는 주장과 서구사회의 도덕적 권위가 모두 상처를 입었다. 이라크 침공을 정당화할 목적으로 부시 행정부가 사용한 논거가 지속적으로 바뀌면서 많은 사람들이 '민주화'가 내정간섭과 정권교체의 약어에 다름이 없다고 결론지었다.[59] 미국의 가치는 아부그라이브(Abu Ghraib)에서 벌어진 사건, 미국 정보기관의 '놀라운 행위'와 미국 내부에서 있었던 부적절한 감청 행위로 인해 더욱 비난을 받았다.

그 후 유사한 차원에서 2008년 월가의 위기가 들이닥쳤다. 부동산가격의 폭락으로 세계 주식시장이 붕괴되었다. 취리히(Zurich)의 금융회사들과 더불어 〈포춘〉 선정 세계적 기업 500위에 포함될 정도로 실적이 좋았던 월가와 플리트가의 100여 년 역사의 금융회사들이 도미노처럼 붕괴되었다. 위기의 시점에 시장이 한 일은 무엇인가? 미국, 영국, 유럽, 동아시아에서 시장은 저자세로 국가에 도움을 청했다. 중국의 어느 관리가 말했듯이 "국제사회의 선생님들에게 이제 문제가 생긴 것이다."[60] 2009년 5월에는 미국의 가장 큰 은행인 '뱅크 오브 아메리카'가 도산을 막기 위해 중국 건설은행의 지분 9퍼센트에 해당하는 금액을 매각해야만 하는 수모가 더해졌다. 금융 담당 기자인 피터 굿먼(Peter Goodman)이 말했듯이 이 주식은 중국을 겨냥한 해외투자 열풍이 불기 몇 년 전에 30억 달러를 들여 구입한 것이었다. 당시에는 월가의 우수한 자금 관리 능력을 보여주는 신호로 생각되었다.[61]

〈타임〉의 마이클 엘리엇(Michael Elliott)이 주장했듯이 케인스 학파에서 말하는 경기부양책이나 공공기관이 은행주를 잠시나마 소유하는 현상과, 국가가 경제를 계획할 수 있으며 계획해야 한다는 가정 간에는 지적으로 명백한 차이가 있었다.[62] 자본주의가 재앙을 맞이했다고는 어느 누구도 말하지 않았다. 문제는 스타트렉(Star Trek)의 스폭(Spock)이 말했듯이 "자본주의지만 우리가 알고 있는 자본주의가 아니었다"라는 사실에 있었다.

경제적 관리에 관한 서구의 개념과 제도가 세계적으로 자신감의 위기를 경험했다. 칠레의 미첼 바첼렛(Michelle Bachelet) 대통령이 이런 정서를 가장 잘 표현했다. 신용위기에 관한 가장 암울한 순간에 그녀는 다음과 같이 말했다. "우리 입장에서 보면 이번 경제위기는 놀라운 일이 아닙니다. 우리는 강력한 시장을 원합니다. 그러나 시장 혼자서는 할 수 없습니다. 이 위기는 전반적으로 금융시장과 경제를 감독하는 과정에서 국가가 수행할 필요가 있는 역할이 무엇인지를 보여주고 있습니다." 그녀는 또한 서구 이외의 지역에서는 "브레턴우즈 체제를 감시하고 운영하기 위한 기구인 국제통화기금과 세계은행의 구조조정 필요성"에 관해 점차 의견이 수렴되고 있음을 강조했다. 이들 기구는 "오늘날과 다른 상황에서" 만들어졌으며, "단순한 신규 자금 유입만이 아니고 주요 고객인 개발도상국에 보다 많은 대표성을 부여하는 등 거버넌스 측면에서 개혁과 새로운 전략이 필요하다"라고 그녀는 말했다. 또한 "우리는 워싱턴 컨센서스의 과오를 재현할 수 없다"[63]라고 말했다.

여기서 칠레 대통령은 중국의 부상에 관한 이야기에서 반복적으로 등장하는 주제를 언급했다. 중국은 서구식 개발경제의 교리와 이것의 상징인 워싱턴 컨센서스의 명성이 훼손된 순간에 활동을 시작했다. 자유주의적 거버넌스 입장에서 보면 거의 한 일이 없지만 중국의 투자 및 프로젝트 관리로 인해 개발도상국 곳곳에서 도로, 교량, 장거리 통신망, 운송수단과 같은 기반시설 계획이 연이어 성공을 거두었다. 그런 사업은 중국의 금융지원과 노하우가 없이는 불가능했을 것이다.

다음 장에서 설명하겠지만 예산과 일정에 맞추어 대형 프로젝트를 성공적으로 끝내는 중국의 경제발전 모델은 아르헨티나, 볼리비아, 멕시코, 말리, 모잠비크, 캄보디아에서 역풍을 맞은 천편일률적인 서구식의 금융 및 개발 종합계획과 매우 잘 비교되고 있다. 중국은 수혜국가의 내정에 간섭하지 않는다는 또 다른 철학을 갖고서 당당히 세계 무대에 등장했다.

이 모두가 미국의 이야기가 잘못 구상된 8년간의 정책으로 짙은 먹구름에 가려 있던 시점에 이루어졌다. 미국 재무성과 아시아개발은행의 자문위원이었던 힐턴 루트(Hilton Root)는 미국이 자유와 민주주의에 관한 핵심

가치에 역행하는 등 권위주의적인 정권을 지지하는 비생산적인 행태를 따랐음을 지적하였다.[64] 예를 들면, 미국은 에너지 부국이지만 정치적으로 억압적인 정권인 사우디아라비아와 같은 국가들과 우호적인 관계를 유지했는데, 이는 "미국이 비난하는 중국의 행태와 다를 바가 없다."

거의 모든 관계를 안보적 시각에서 바라보는 경향이 있었던 부시 행정부는 이른바 '테러와의 전쟁'에 도움이 된다는 단순한 이유로 독재국가들과 곧바로 강력한 관계를 맺었다. 루트에 따르면 1990년대 미국 하원과 국무성은 민주주의 과정을 약화시키는 정권과 인권 침해 국가들에 미국의 자금이 흘러들어가지 않도록 예산 과정을 통해 감독을 강화하고자 했다. 그러나 이성이 아닌 감성으로 국가를 이끈 것으로 보이는 부시 휘하의 백악관은 2001년 9월 12일 이 모든 조건을 철회했다. 인권 침해를 이유로 미국의 지원을 받을 수 없었던 국가들이 '테러의 근절'[65]에 도움을 줄 것이라는 간단한 약속으로 갑자기 지원받을 자격을 갖추었다.

우즈베키스탄이 대표적인 경우다. 9·11 테러 이전 이곳은 미국의 우방국이라기보다는 잔혹한 방식으로 정적을 처형하는 국가로 미국인들에게 알려져 있었다. 그러다가 9·11 공격 이후 갑자기 아시아에서 부시 행정부의 가장 좋은 친구가 되었다(이 부분에 관해서는 3장에서 보다 상세히 다룰 예정이다). 파키스탄은 보다 대담한 경우다. 9·11 이후에는 파키스탄에 거의 무조건적으로 미국의 원조 지원금이 흘러들어갔다. 따라서 이들 자금은 워싱턴이 주장했던 논리에 어긋날 뿐만 아니라 결과적으로는 미국의 국익을 해치는 방식으로 사용되었다. 이러한 자금은 대부분 인도와의 전쟁 대비와 고위급 장교들의 호화건물 건설에 사용되었다. 지원이 절실히 요구되었으며 지원할 경우 미국의 위상에도 도움이 되었을 교육, 낙후 지역 의료시설, 농업 및 기반시설과 같은 부분은 간과되었다. 오늘날 파키스탄 국민들은 가난에 허덕이고 있다. 결과적으로 이슬라마바드의 반탈레반 및 친미 정책에 대항해 파키스탄 사회의 곳곳에서 저항이 가속화되었다.[66]

  세계 유일의 초강대국인 미국은 종종 자신의 가치관에 반하는 정책을 따르지 않을 수 없다. 이는 어찌할 수 없지만 마음이 편치 않은 부분이다. 사우디아라비아와 같은 주요 석유 국가들과의 선린관계 유지는 대표적인 사례다. 그러나 우즈베키스탄이나 파키스탄과 같은 국가의 독재자에 대한 거의 무조건적인 지원 또는 '잔혹한 심문'과 임의적인 구금은 이득보다는 손실이 훨씬 많았다. 지난 10년 동안에는 외부로 표방한 신념과 실제 행동 간의 차이를 보인 경우가 너무나 많았다. 그리고 중국은 도덕적 중립이라는 자국의 교리를 발전시킬 목적으로 이와 같은 미국의 모순을 곧바로 이용했다. 이른바 미국의 정당 지도자들이 자신이 설교한 것을 행동으로 옮기지 않는다면 미국인들은 누구를 심판해야 할 것인가?

중국 효과

따라서 중국의 세계적 부상은 평화로운 것일 수도 있다. 그러나 중국의 통상관계가 세계적으로 확대되면서 미국과 브뤼셀은 보다 가난한 국가들과의 조건부 접촉을 통해 자신들이 누렸던 영향력과 1989년 이후 전 세계로 확산될 것으로 기대했던 시장 민주주의 모델이라는 두 가지의 주요 부분 측면에서 그 입지를 상실했다. 이러한 사항이 결합되면서, 적절한 용어가 없어 필자가 고안해낸 '중국 효과'라는 현상이 초래되었다. 2장에서 보다 상세히 논의하겠지만 워싱턴 컨센서스는 개발도상국들에서 별다른 효과가 없었다. 중국 효과란 이 순간 중국이 비즈니스를 통해 세계적으로 경제적 관계망을 간단히 구축했으며, 이와 같은 네트워크가 워싱턴 컨센서스를 통해 미국과 서구 국가가 누렸던 영향력뿐만 아니라 이들 국가의 자유주의 의제를 서서히 침식하고 있다는 의미다.

이것을 보여주는 증거는 많다. 이란의 경우를 보면 중국 효과로 인해 중동 지역에서 핵확산 방지 노력이 지장을 받았다.[67] 앙골라, 캄보디아, 미얀마와 같은 국가에서는 거버넌스, 투명성, 인권, 경제발전을 증진할 수도 있었을 개혁이 지장을 받았다.[68] 베네수엘라와 같은 곳에서는 지역 차원의 정치를 선동했던 우고 차베스(Hugo Rafael Chavez Frias) 대통령을 저지하려는 움직임이 약화되었다.[69] 중앙아시아에서는 대량살상을 쉽게 위장할 수 있었으며, 아프리카에서는 점차 인종살상 모습을 보인 격렬한 폭력이 지속될 수 있었다.[70] 다자주의 측면에서 보면 중국은 경제적 압박을 가하여 자국의 수출업자들이 행하는 덤핑 방지 조항 위배와 엄청난 수출 단가 위배를 막고자 하는 유럽연합(EU) 집행위원회 산하 통상총국과 유엔인권위원회의 주요 선거결과에 영향력을 행사했다.[71] 아프리카에서는 보다 훌륭한 정부와 갈등해소에 관해 지역 차원에서 검토한 내용을 개발지원과 연계하려는 서구사회의 노력을 방해했다.[72]

중국: 세대의 도전

미국 브랜드의 측면에서 보면 모두가 나쁜 소식은 아니었다. 오바마가 출마한 2008년 11월의 대통령 선거로 인해 미국의 소프트파워가 하룻밤 사이에 강화되었으며, 미국의 개념이 다시 신뢰를 얻었다. 타임스퀘어에서 파리와 나이로비에 이르는 거리가 파티로 넘쳐났다. 〈뉴욕타임스〉 칼럼니스트인 니콜라스 크리스토프(Nicholas Kristof)가 주목했듯이 최종 결과가 나오기 이전에도 오바마에 관한 이야기와 오바마의 개성으로 인해 미국에 대한 세계인의 인식이 변했으며, 부드러워지기 시작했다. 결과적으로 미국 브랜드가 '관타나모에 대해서는 적게 평등에 대해서는 많이'라는 관점에서 새롭게 정의되었다. 마셜플랜이 제2차 세계대전 이후 시점의 미국을 유럽인들에게 정의해주었다면 1960년대 초반에는 케네디(John Kennedy) 대통령이 그처럼 정의해주었다. 마찬가지로 이처럼 변화된 인식은 미국의 정치적 자산과 도덕적 생존력을 복원시켰다.[73]

그러나 《미국 브랜드의 복원(Rebuilding Brand America)》의 저자 딕 마틴(Dick Martin)이 주장했듯이 세계적으로 미국의 입지를 새롭게 강화하는 문제는 부시 행정부의 잘못을 시정하는 일 이상이다. 이는 인기 있는 대통령 후보가 당선되는 것 이상이 요구되는 일이다. 이는 '한 세대의 과제'[74]이다. 오바마는 미국의 정체성에 즉각 변화의 느낌을 주었다. 그러나 움직이기 어려운 세계질서를 변화시키는 보다 큰 세력들이 있다.

미국 리더십의 마력이 사라지고 있다면 이와 같은 사실을 입증하는 물적인 현실이 있다. 프랑스의 외교장관인 베르나르 쿠시네(Bernard Kouchner)는 다음과 같이 말했다. "현대화된 운송체계를 경험해보려면 프랑스 또는 일본의 것을 승차해보면 된다. 새로운 공항을 보려면 아시아 지역 도시 절반을 방문해보면 된다." 비슷한 논조로 〈타임〉의 집필자인 마이클 엘리엇은 다음과 같이 탄식했다. "1945년 당시 미국의 정책입안자였다면 세계적인 리더십을 주장할 필요가 거의 없었다. 이는 매우 간단한 일이었다.

1945년 이후의 미국의 리더십은 물적으로 분명한 현실이었다. 미국을 제외한 대부분의 지역이 폐허였다. 독일과 일본이 파괴되었으며 영국이 탈진 상태에 있었다. 프랑스가 굴욕을 당했으며 러시아가 너무나 많은 피를 흘렸다. 전후 중국에서는 4년 동안 전쟁이 지속되었다. 산업화된 민주국가 가운데에는 미국, 캐나다, 오스트레일리아의 국토만이 파괴되지 않았다."[75] 1945년에는 미국 경제가 전 세계 총 생산량의 거의 50퍼센트를 차지하고 있었다. 그 후 미국은 이와 같은 수준에 결코 도달해본 적이 없다.[76]

심각한 수준의 전쟁 또는 재앙으로 인한 위기를 겪지 않는다면 21세기 중반에는 중국과 인도가 세계에서 가장 막강한 경제력을 갖게 될 것이다. 이들 국가의 시장 규모, 끊임없이 제공되는 저렴한 노동력, 다수의 숙련된 반면 저렴한 전문가들의 독특한 결합, 정부가 제공하는 투자 인센티브로 인해 제1세계 국가(냉전 당시 미국 중심의 민주국가들을 지칭. 소련 중심 공산국가들의 제2세계, 미국 및 소련과 비동맹관계이던 제3세계와 구분됨_옮긴이)들의 보다 많은 자산이 이 지역들에 투자될 수밖에 없을 것이다.[77]

미국에서는 제조업의 중심이 다른 국가로 옮겨가면서 연구개발 중심지도 이전을 시작했다. 연구개발 중심지가 발전과 생산의 새로운 중심지로 몰린 것은 당연한 현상이었기 때문이다. 예를 들면 애플의 아이폰을 살펴보자. 이는 오늘날 변화하는 기술 산업의 판도를 보여주는 지도와 같다. 애플은 명목상으로는 미국 회사다. 그러나 휘황찬란한 미국 브랜드인 애플은 마치 국제사회의 마이크로코즘(microcosm, 세포 원형질 안에 있는 미세한 알갱이를 통틀어 지칭하는 용어_옮긴이)처럼 색다른 실상을 감추고 있다. 아이폰의 부품 중에서 미국에서 생산되는 것은 전혀 없다. 아이폰의 거의 모든 부품은 아시아에서 만든 것이다. 스크린은 일본에서, 플래시메모리는 대한민국에서 만들고 조립은 중국에서 한다. 어느 기술 보고서는 다음과 같이 언급했다. "아이폰에서 목격되는 현상이 전반적인 기술 산업에서 진행되고 있다."[78]

경제협력개발기구(OECD)의 전문가가 2008년에 말했듯이 새롭게 발전하는 아시아 국가들이 미국이나 일본과 같은 기술 분야의 전통적인 강국들을 대체하고 있다. 가장 규모가 큰 기술 회사는 아직도 기술적으로는 서구사회가 소유하고 있다. 그러나 아시아의 기업들이 혁신과 생산 기술 측면에서 이들에 도전하고 있다. 즉각 주목되는 현상으로 미국과 유럽의 연구개발비는 2001년부터 2006년의 기간 매년 1~2퍼센트 정도 증가한 반면, 중국의 경우는 매년 26퍼센트 정도 증가했다. 1996년 이후 컴퓨터와 사무용품에 대한 미국의 전반적인 연구개발비는 3분의 1 이상 줄어든 반면 중국은 47퍼센트 정도 늘어났다.[79]

인터넷 사용자들의 국적 변화를 보면 서구사회 이외의 지역이 서구사회를 빠른 속도로 따라잡고 있음을 알게 된다. 인터넷 연구회사인 텔레지오그라피(TeleGeography)는 인터넷 사용자의 변화에 관한 보고서에서 다음과 같이 말했다. "인터넷이 비미국적인 것이 되고 있다." 소련이 붕괴된 시점에는 아시아에서 나온 국제 인터넷통신망의 91퍼센트가, 아프리카에서 나온 통신망의 70퍼센트가 미국으로 연결되었다. 그 후 17년 뒤인 2008년에는 아시아 국가들에서 시작해 미국을 경유하는 국제 인터넷 통신 규모가 54퍼센트로 줄어들었다. 더욱이 켈리 텔(Kelly Teal) 보고서에 따르면 아프리카 지역에서 미국으로 연결되는 통신망의 폭이 6퍼센트 이하로 급속히 감소했다. 결과적으로 유럽이 '인터넷의 주요 중심'[80]이 되었다. 우연히도 그 해 미국은 인터넷상에서 가장 방대한 국가라는 입지를 상실했다. 왜냐하면 인터넷 사용자가 약 3억 명에 이른 중국이 최초로 미국의 인터넷 사용자 규모를 추월했기 때문이다.[81]

책임 있는 이해당사국에 관한 신화

정치경제적으로 중국이 미국 브랜드에 끼치는 영향에 관해 크게 걱정하지 않는 사람도 없지 않다. 중국과 관련해 지금까지 이 책에서 언급한 내용의 많은 부분에 대해 반론을 제기하는 낙관주의적인 학파가 미국에서 확고한 입지를 구축하고 있다. 이들은 탈냉전 시대 이후 미국이 선택해야 할 방향과 관련해 다음과 같이 생각하고 있다. "국가가 보다 부유해지면 늘어난 중산층들이 민주적 변화를 강력히 원할 것이다(이 부분에 관한 보다 깊이 있는 논의를 보려면 2장과 3장을 참조하라). 이와 같은 관점에서 보면 자본주의를 수용함에 따라 중국이 점차 미국과 같아질 것이다. 중국 경제가 방대해지고 중국인들이 부유해질수록 경제성장, 높아진 생활수준, 정치적 안정을 지속적으로 유지하려면 국제시장과 세계무역에 보다 많이 의존하게 된다." 논거는 다음과 같이 지속된다. "중국이 세계경제로 통합되면서 중국의 지도자들이 점차 미국 주도 체제에서 목격되는 규칙과 규범을 수용하고 준수하게 될 것이다."

달리 말하면 서구 열강과의 접촉으로 인해 결과적으로 중국이 서구 열강처럼 말하고 행동하게 될 것이라는 주장이다. 많은 기업인들, 저명 컨설턴트들, 미국의 저명 연구소뿐만 아니라 지난 여섯 명의 미국 대통령 가운데 다섯 명(레이건 대통령은 예외)이 이처럼 생각했다.[82]

5장에서 언급하겠지만, 그러나 이와 같은 낙관론을 크게 신뢰해서는 안 된다. 그 이유는 중국에 있다. 기적적인 경제발전으로 인해 집권당인 공산당이 생존할 수 있었다. 그러나 이는 중국이 공산주의 이념을 경제성장, 다시 점화된 민족주의 그리고 일정 수준의 실용주의적인 융통성으로 대체했기 때문이다. 따라서 중국공산당의 정당성과 합법성은 중국 경제가 지속적으로 고속 성장할 수 있는지에 달려 있다. 그러나 기적과 같은 경제성장으로 인해 부작용도 생겼는데, 만성적인 부패, 환경오염, 극심한 빈부격차와 지역 이동, 극심한 가난, 도시와 시골의 격차, 인플레이션, 민족주의 성향의 성난 젊은이, 산업재해, 언론매체에 대한 과도한 규제가 바로 그것이다.

따라서 중국의 지도자들은 악마에게도 영혼을 팔아먹는 파우스트식 거래에 사로잡혀 있다. 경제 규모가 커질수록 중국은 기적과 같은 경제성장으로 인해 보다 많은 부작용을 노출하고 있다. 중국의 지도자들은 규제와 개혁 차원의 노력에도 불구하고 이러한 부작용이 전반적인 사회적 불안으로 전환되는 것을 막는 유일한 방안이 지속적인 고속 성장임을 알았다.

이와 같은 사실이 중국 외교정책의 우선순위와 외교정책 수행에 직접 영향을 주고 있다. 현재 속도로 경제를 성장시키려 한다면, 중국은 개발도상국들과 지속적으로 관계를 유지해야 할 것이다. 이들 국가의 통치 유형에 무관하게, 즉 자국 국민들의 인권, 환경, 기본 자유에 관한 이들 국가의 정책과 무관하게 말이다.

거대 기업, 균형 잡힌 예산, 시장 인센티브, 해외직접투자(FDI), 세계무역기구(WTO)의 협조, 기업의 사회적 책임에 관한 언질을 미국의 낙관주의자들은 서구식 자본주의를 수용하게 될 징조로 생각하고 있다. 사실은 중국공산당은 중국 내부에서 적지 않은 압력을 받고 있다. 또한 중국공산당은 지속적으로 고속 성장해야만 하는 입장이다. 이와 같은 점에서 보면 국제사회에서 중국이 서구의 기준과 규범에 맞추어 행동하도록 할 수 있는 정도에도 한계가 있다.

경제와 정치 분야어서 자유주의적인 교류에 관한 서구식 법칙을 따른다면, 중국은 즉각 개발도상국들의 또 다른 개발 모델로서 매력을 상실하게 될 것이다. 서구식 법칙을 따르면 외국의 자원과 시장에 접근하기가 보다 어려워질 것이며, 티베트, 타이완, 인권 등의 사안과 관련해 최근 확보한 정치적 영향력이 반감될 것이다. 그런데 이는 중국공산당 지도자들에게 가장 중요한 부분이다.

예를 들면 2008년 독재국가들은 중국의 지속 성장에 필요한 에너지의 주요 공급처였다. 2007년부터 2008년 사이 중국은 아프리카에서 260억 달러 규모의 연료를 수입했다. 또한 수입 광물의 24퍼센트를 아프리카에서 들여왔다. 이들 자원을 가장 많이 공급해준 국가는 앙골라, 수단, 콩고, 적도기니였다. 동일 기간 중국은 수입 원유의 3분의 1을 이란에서 들여왔다.[83]

불량국가와 문제 국가들을 굿 거버넌스에 관한 서구사회의 기준에 맞추어 바꾸는 일은 중국의 이익에 부합하지 않는다. 윤리적으로 동의할 수 없다는 이유로 서구 기업과 정부가 거부해온 그러한 국가들과 중국은 보다 편안한 마음에서 상대할 수 있는 입장이다. 예를 들면 [표 1.1]에는 2004년부터 2007년 사이 중국에 자원을 제공해준 아프리카의 상위 5개 국가가 열거되어 있다. 그런데 이 중 4개 국가는 최악의 인권 침해 국가들이다. 마찬가지로 [표 1.2]는 중국의 금융 및 원조 관련 주요 프로젝트를 보여주는데, 2007년부터 2008년 사이 프로젝트가 진행된 국가에는 진정한 의미에서의 5개 불량국가가 포함되어 있었다.

따라서 중국의 미래를 낙관하는 사람들은 중국이 점차 자유주의 세계질서와 접촉하고 있다고 말하는데, 이는 옳은 말이다. 그러나 미국과 대결하지 않고 있다는 사실이 미국 주도의 체제를 중국이 수용하거나 이 체제에 점차 통합되고 있음을 의미한다는 이들의 생각은 잘못된 것이다. 이는 사실이 아니다.[84]

오늘날의 중국 정권이 유지되는 한 중국은 '책임 있는 이해당사국'의 역할 수행 측면에서 어느 정도 한계가 있을 것이다. 중상주의 정책으로 인해 중국은 자국의 경제성장에 필요한 광물과 천연자원을 개발도상국들에서 온갖 수단을 동원해 수입해야 할 것이다. 자신의 행위가 서구의 윤리적 기준과 이와 같은 윤리적 기준을 담은 거버넌스에 부합하거나 미달하는지와 무관하게 그리고 세계적인 규범에서 이탈하는지와 무관하게 중국은 그렇게 할 수밖에 없는 입장이다.

[표 1.1] 중국에 자원을 수출하는 아프리카의 상위 5개국

(단위: 100만 달러)

	2004	2005	2006	2007	2006-2007 변화율(퍼센트)
아프리카 전체	15,641	21,114	28,768	36,330	25.9
앙골라	4,718	6,581	10,931	2,885	17.9
남아프리카공화국	2,955	3,444	4,095	6,608	61.4
수단	1,706	2,615	1,941	4,114	111.9
콩고	1,569	2,278	2,785	2,828	1.6
적도 기니	995	1,486	2,538	1,697	-33.1

출처: Wayne M. Morrison, "China's Economic Conditions," Congressional Research Service, March 5, 2009, 21. http://www.fas.org/sgp/crs/row/RL33534.pdf

[표 1.2] 5개 불량국가들에 대한 2007~2008년 당시
중국의 주요 재정지원과 경제원조

국가	총액 (10억 달러)	주요 프로젝트 형태	재정지원
베네수엘라	16.4	석유/가스 탐사 및 생산, 운송, 장거리통신, 경공업	투자
앙골라	7.4	기반시설(철도)	차관, 신용한도 (credit line, 信用限度)
콩고	5.0	기반시설(광산)	차관
수단	4.2	정유, 기반시설, 수력발전, 인도적 지원	차관, 무상원조
버마	3.1	수력발전, 니켈 등	투자, 차관

출처: "China's Foreign Aid Activities in Africa, Latin America and South East Asia," Congressional Research Service, February 25, 2009, 13, 15, 17. http://www.fas.org/sgp/crs/row/R40361.pdf

세계적인 권력이동

역사적으로 권력이동은 친숙한 주제다. 결국 100년이 지나지 않아 대서양 너머로 또 다른 거대한 이동이 진행되고 있다. 종종 역사가들은 1919년을 국제체제의 세력분포 측면에서 전환기로 생각한다. 1919년은 미국이 채무국에서 채권국으로 전환된 시점인 것이다. 이와 같은 전환 이후 몇 년 동안 미국은 고립주의와 보호주의 정책을 채택했다. 그러나 이와 같은 정책의 채택은 국제문제에 관한 새로운 수준의 참여를 의미했다. 결과적으로 미국은 세계에서 가장 막강한 국가가 되었다. 그 후 약 100년이 지난 시점에는 국제사회에서 중국이 주요 채권국이 되었다. 우리는 권력이 팍스아

메리카나에서 이탈하여 부상하는 아시아의 경제대국들로 이동해가는 모습을 지켜보고 있다. 미국이 정치경제적 진화의 보편적인 종착점이라고 주장해온 시장 민주주의 모델이 무절제한 방종과 수년에 걸친 경기침체를 조장했다는 이유로 세계적으로 비난을 받고 있다. 물론 이와 같은 비난은 사실일 수도 있지만 아닐 수도 있을 것이다.

자본주의가 오늘날의 국제교역에서 생명줄인 것은 사실이다. 그러나 오늘날에는 하나 이상의 자본주의가 있다. 우려와 탐욕의 본산으로 널리 알려진 월가에 대항해 중국, 러시아, 싱가포르와 같은 비민주주의 국가 국민들의 지원을 받는 새로운 유형의 시장 권위주의 모델이 도전하고 있다. 세계적인 경영전략 전문가인 레스터 서로(Lester Thurow)는 베를린장벽이 붕괴되기 이전 자본주의 세계는 공산주의에 대한 두려움 때문에 결집되어 있었다고 말했다. 그 후부터 중국이 부상하기 전까지는 자본주의가 홀로 서는 법을 터득했다. 결과적으로 세계경제의 일부에서는 민주주의가 자신의 적과 보다 비슷한 모습이 되었다.[85]

20세기에 서구사회와 이념적으로 대립했던 국가들이 오늘날 자본주의 시장에 합류했지만 미국이 기대한 결과는 나오지 않았다. 대신에 이들은 새롭고도 색다른 방식으로 자본주의 시장에 합류했다. 어떤 경우에는 자본주의라는 서구사회의 게임을 보다 성공적인 방식으로 수행했다. 이 과정을 분석하고자 한다면 우리는 먼저 자유주의와 자유시장 근본주의에 관한 서구사회의 브랜드가 개발도상국들의 경제적 성공을 염두에 둔 주요 모델이 되었다가 인기가 없어지게 된 배경을 이해해야 할 것이다. 이것이 바로 2장의 주제이다.

워싱턴 컨센서스의 부상과 몰락

자유에 관한 미국의 실험은 왜 실패했나?

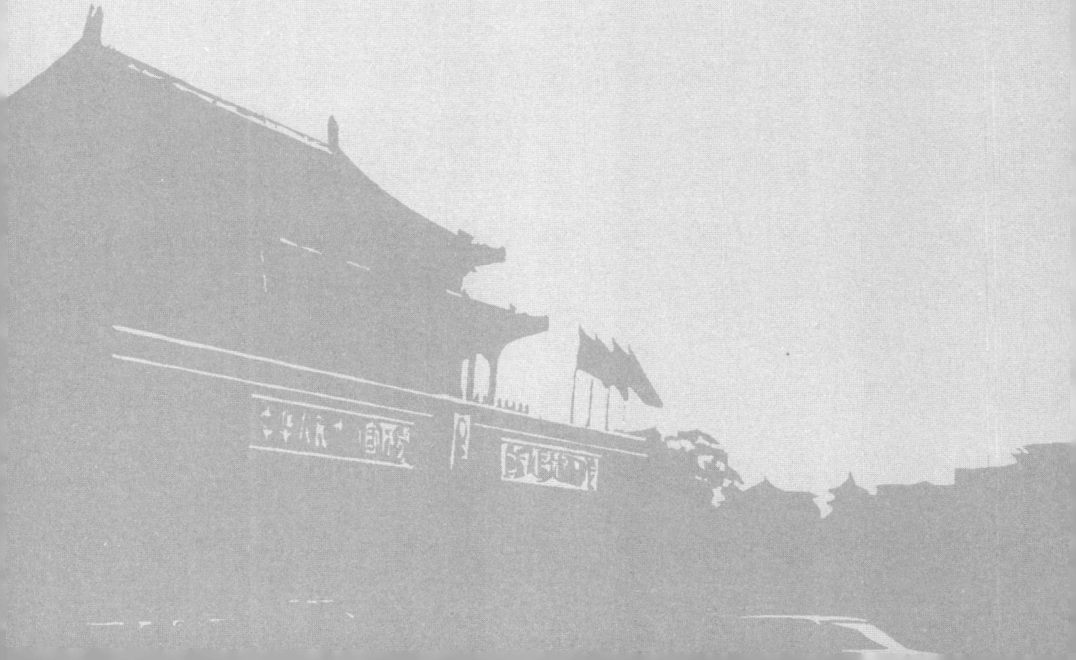

Beijing Consensus

중국의 소프트파워와 경제발전 모델이 제3세계 국가에서 점차 인기를 얻고 있다. 그 이유를 알려면 이들 국가에서 서구식 개발경제학이 점차 매력을 상실하고 있다는 역사적 정황에 대한 이해가 필수적이다. 다수의 흥미로운 이야기와 마찬가지로 이 이야기의 발단은 케임브리지 대학교다.

존 케인스(John Maynard Keynes)는 일생 동안 주목할 만한 점이 별로 없을 것으로 생각되었던 인물이다. 케임브리지 대학교를 졸업한 케인스가 원했던 것은 철도 운행이었다. 일이 매우 쉬워 보였기 때문이었다. 철도를 운행할 수 없게 되자 케인스는 공무원 시험에 응시했다. 역사적으로 종종 간과되는 사실이지만 케인스는 경제학 시험에서 가장 낮은 점수를 받았다.[1]

곧바로 케인스는 인도로 발령을 받았다. 먼지와 잡일(케인스는 당시 자신이 달성한 최대 업적은 순종 황소를 봄베이로 수출한 일이었다고 말한 바 있다)로 넘쳐나는 인도에 도착한 지 얼마 지나지 않아 그는 사직서를 제출했다. 영국으로

02 워싱턴 컨센서스의 부상과 몰락 **67**

돌아온 후 케임브리지 대학교의 저널에 글을 발표하고, 버지니아 울프, 리턴 스트레이치, E. M. 포스터와 같은 수필가와 소설가, 루퍼트 브룩과 같은 시인으로 이루어진 블룸스베리 그룹(20세기 초반에 영국의 블룸스베리에 모인 문학가와 지식인 집단을 지칭_옮긴이)이라는 서클의 일원으로 런던의 파티 서킷(party circuit, 최신 음악, 앨범 등을 다루는 공식 모임_옮긴이)에 활력을 불어넣었다. 오스트리아 대공(大公)의 피살 사건을 계기로 유럽에서 제1차 세계대전이 일어나자 케인스는 영국 재무부로 소환되었다. 경제학자로서 케인스의 재능을 사람들이 인식한 것은 그가 재무부에 근무하던 시절이었다.[2]

공직자로서 케인스는 고속 승진했다. 1918년경 그는 베르사유에서 열린 파리평화회의에 참석했지만 침묵으로 일관했다. 하지만 귀국 직후 전승국들이 독일에 요구한 가혹할 수준의 전쟁배상비가 결과적으로 유럽을 불안정으로 몰고 갈 잘못된 결정임을 설명하는 《평화의 경제적 결과(The Economic Consequence of the Peace)》라는 제목의 책을 저술한다. 이 책이 베스트셀러가 되면서 케인스는 저명인사가 되었다.[3] 제2차 세계대전에서 독일이 패배하고 전후 질서에 관해 협의하기 위해 열강들이 다시 모였을 때 케인스는 담론의 핵심 인물이었다. 케인스는 그 유명한 1944년의 브레턴우즈 회의에 영국 사절단의 단장으로 참석했다. 브레턴우즈는 제2차 세계대전의 승전국들이 전후 무역과 경제 발전을 위한 국제체제 정립을 위해 회동했던 미국 뉴햄프셔 주의 소도시 이름이다.

그 후 30여 년 동안 서구 정책입안자들의 컨센서스는 뉴햄프셔에서 제시된 일반적인 지침을 따랐다.[4] 브레턴우즈 회의의 기본 철학은 경기후퇴와 불경기가 자연히 회복되는 것은 아니라는 케인스의 개념이었다.[5] 케인스는 고전경제학이 수요와 공급에 관한 자연법칙으로 완전고용이 가능해진다는 잘못된 가정에 근거하고 있다고 주장했다. 경기후퇴 당시 종종 개인과 기업이 저축을 보다 많이 하고 투자는 보다 적게 한다는 사실에 케인스는 주목했다. 결과적으로 많은 자금이 시중에 유통되지 않은 채 금고에 쌓여 있어 충분한 수준의 성장과 고용이 어려워진다는 것이었다.

따라서 케인스는 1930년대와 같은 대공황과 사회적 불안, 정치적 극단주의를 피하려면 자본주의에는 국가적 차원의 개입이 요구된다고 주장했다. 국가의 책임은 경제적으로 어려운 시기에 나타나는 소비 감소를 공공지출과 투자로 보완하는 것이었다. 그렇게 하면 일자리가 창출되고, 구매력이 높아진다는 주장이었다. 반면에 경기가 회복되거나 확장되는 시기에는 정부가 지출을 줄인다. 달리 말하면 실업과 인플레이션은 상호 교체되는 세력이었다. 정부의 임무는 불경기에 공공지출을 늘려 국민들의 주머니에 보다 많은 자금이 흘러들어가게 하고, 호경기에는 보다 많은 세금을 부과해 시중 자금을 회수함으로써 이 교체 세력들이 적절히 균형을 유지하도록 하는 것이었다.[6]

미국과 영국 등 유럽 국가들이 자국 경제의 거시적 관리에 케인스의 이론을 적용했던 1960년대는 케인스 경제학의 전성기였다. 실제가 이론을 확인해주는 것처럼 보였다. 어떤 정부는 높은 인플레이션을 감수하며 실업률을 낮게 유지하고자 노력한 반면 어떤 정부는 보다 높은 실업률을 감수하며 인플레이션을 낮게 유지하고자 노력했다.[7]

그러나 그 순간 1970년대의 세계적인 경기후퇴가 들이닥쳤다. 당시의 경기후퇴로 전후 부상한 케인스 컨센서스는 무력해졌으며, 서구의 경제적 사고 측면에서 일대 변화의 길이 열렸다. 결과적으로 세계가 변혁되었으며, 미국 주도의 세계화라는 새로운 세기가 시작되었다. 세계화와 함께 '워싱턴 컨센서스'라는 서구식 개발경제학 이론이 등장했다.

  베이징 컨센서스가 인기를 얻게 된 배경을 알기 위해서는 먼저 '실패한 워싱턴 컨센서스'의 의미를 충분히 살펴볼 필요가 있다. 널리 전파되었으나 결과적으로는 제대로 기능하지 못한 서구식 경제발전 모델로 인해 불량국가와 독재국가를 포함한 여타 국가들이 중국식 경제발전 모델에 열광할 수 있는 여건이 조성되었다. 1980년대부터 서구의 정책입안자들은 금융지원 과정에서 당근과 채찍을 적절히 사용하면 개발도상국들이 서구식 규범과 제도를 수용하도록 만들 수 있을 것으로 생각했다. 금융지원을 받은 국가들이 지원의 대가로 친서구적인 방향으로 경제와 정치를 개혁할 것이라는 생각이었다. 그러나 결과는 그렇지 못했다.

밀턴 프리드먼 중심의 새로운 학파

1970년대 초반에는 세계적으로 생필품 가격이 폭등했다. 우선 1960년대에 많은 국가가 고속 성장했으며, 몇몇 곡물의 작황이 좋지 않았기 때문이다. 1973년에는 석유수출국기구(OPEC)가 원유라는 경제적 수단을 동원해 세계를 공격했다. 제4차 중동전쟁에서 미국이 이스라엘을 지원한 데 대한 보복으로 원유 공급량을 줄이고, 유럽에 대한 원유 수출을 중단했던 것이다. 결과적으로 원유 가격이 4배가 올랐다. 각국의 기업과 정부가 늘어난 비용을 충당하고자 노력했으며, 세계가 경기후퇴에 빠져들었다.

  당시의 세계경제 위기로 케인스 이론이 설명할 수 없는 문제가 생겼다. 즉 실업률과 물가상승률이 동시에 높아지기 시작한 것이다. 케인스 모델에 따르면 세계적인 경기후퇴로 실업률이 늘어나면 정부지출을 늘려야만 했다. 그러나 석유수출국의 석유수출 중지와 생필품 가격의 급등으로 물가상승률이 높아졌음을 고려하면 정부지출을 줄여야만 했다.[8] 금융위기로 신뢰를 잃자 케인스 이론은 곧바로 정책 토론에서 뒷전으로 밀려났다.

그러자 당시의 위기를 설득력 있게 설명하는 새로운 학파가 출현했다. 대학교수이자 미국 대통령 자문위원이던 밀턴 프리드먼(Milton Friedman)이 이른바 '화폐경제학'[9]이라는 새로운 운동의 기수가 된 것이다. 케인스 이론의 잘못으로 인식된 부분에 대한 반응으로 프리드먼이 주도한 운동이 곧바로 정치경제의 발전을 위한 새로운 서구식 모델의 근간이 되었다.

처음에 시카고 대학교에 기반을 두고 있었던 프리드먼과 그의 동료들은 케인스의 모델이 영구히 지속될 수 있는 것은 아니라고 주장했다. 케인스 학파가 간과했지만 중요한 의미가 있는 인적 요인, 즉 '통화팽창 기대심리'[10] 때문이었다. 공공지출과 대출증대를 통한 정부의 경제적 지원은 그 효과가 일시적이라고 프리드먼은 주장했다. 정부가 보다 많은 자금을 투입하면 즉각 일자리가 창출되고 소비가 늘어난다. 그러나 소비가 증가하면 경제 전반에 걸쳐 수요가 늘어나면서 상인들이 가격 인상을 자신하게 된다.[11]

얼마 지나지 않아 기업과 노동자들이 가격 인상과 정부지출의 예상치를 추후 임금과 가격 요인에 반영하게 된다. 결과적으로 국가의 간섭으로 경제가 성장하는 것이 아니고 정부지출과 물가상승률 증대라는 순환이 초래된다. 초기의 경기부양 이후에는 경제가 원래 상태에서 멈추게 된다고 프리드먼은 말했다.

1970년대의 세계경제 위기는 프리드먼의 이론을 입증하는 것처럼 보였다. 서구 국가의 정부들이 지출을 늘려 경기후퇴를 막고자 노력했지만 고용과 수입(收入) 측면에서 그 효과는 국민들이 상황을 제대로 파악해 대처하기 전까지만 지속되었다. 정부지출이 늘어나고 대략 2년이 지난 뒤 갑자기 인플레이션 비율이 높아지면서 많은 서구 국가가 경제적으로 심각한 타격을 입었다.[12]

경제적 자유와 정치적 자유: 진정 서구적인 동반자

1970년대 초반에 통화주의자(Monetarist)들이 이 문제의 원인을 규명했다. 또한 그들은 새로운 시장사회를 만들기 위해 대담한 해결책을 제시했다. 케인스는 정부가 결국 해결책이라고 주장했지만, 프리드먼은 궁극적으로 정부가 문제라는 정반대되는 주장을 전개했다.

시장의 보다 효율적인 기능 수행을 보장하지 않는 상태에서 수요가 증가하면 물가상승률만 높아진다고 프리드먼은 말했다. 프리드먼은 시장경제에 필요한 부분을 결정하는 등 정부와 같은 중앙기구의 지나친 간섭을 경제의 자연적인 추동력인 수요와 공급으로 대체하는 것이 보다 효율적인 방법이라고 주장했다. 시장이 자유롭고 효율적으로 기능할 때만이 높은 경제성장률을 보장할 수 있다는 논리였다. 따라서 실업률을 줄이고 국부를 극대화하려면 자원에 보다 쉽게 접근할 수 있어야 하며, 이러한 자원이 보다 융통성을 갖고 시장 세력에 보다 쉽게 반응할 수 있도록 해야 한다고 새로운 통화주의자들은 주장했다.[13]

실제로 이는 규제철폐, 자유화 그리고 경제적으로는 보다 많은 부분의 민영화를 의미했다. 프리드먼과 그의 동료들은 다음과 같은 구체적인 방안을 제시했다. 정부는 공공투자를 통한 경제 활성화를 중단해야 한다. 이윤을 창출하지 못하는 기업을 일자리 보호 차원에서 구제해주어서는 안 된다. 대중 교통수단에서 에너지, 교육과 의료에 이르는 서비스 담당 기구의 국가 소유를 최소화하거나 민영화한다. 가능한 한 모든 경우에 경쟁을 조장한다. 시장과 기업에 접근하기 어렵게 하는 모든 것을 철폐한다. 마지막으로 소득세율을 낮추고, 최대 근로시간과 해고조건과 같은 법적으로 노동시장의 융통성을 저해하는 요소들을 제거하여 취업시장을 늘린다.[14]

이러한 조치의 종합적인 목표는 정부라는 '도움의 손'을 시장이라는 '보이지 않는 손'으로 대체하는 것이었다. 이와 같은 접근 방식은 유럽의 계몽주의에 뿌리를 두고 있었다. 18세기의 고전 경제학자인 애덤 스미스(Adam Smith)는 국가 간의 자유무역이 평화와 번영의 근간이라고 주장하면서 '보이지 않는 손'이라는 용어를 만들어냈다. 1776년 스미스는 시장경제에서 개개인이 자신의 이윤을 추구하는 행위가 중앙 기구나 특정 집단에 의한 적극적인 노력과 비교해 사회의 전반적인 소요를 보다 잘 충족시킨다고 주장했다.[15] 결과적으로 사람들은 프리드먼을 애덤 스미스의 고전적인 개념을 오늘날에 적용한 최초의 신고전주의 경제학자로 인식했다. 자신의 이익을 추구하며 논리적으로 결정하는 사람들로 구성되어 있는 사회는 '보이지 않는 손'에 의해 움직이는 사회처럼 건전하고 성장하는 경제를 갖게 된다고 프리드먼은 주장했다.[16]

이와 같은 발언에서 스미스와 프리드먼은 공산주의, 파시즘, 절대 군주의 대체 모델과 구별되는 서구 자유주의 정치철학의 핵심개념을 강조했다. 이 개념은 개인의 자유를 추구함으로써 사회적으로 보다 큰 선(善)을 보다 쉽게 달성할 수 있다고 주장했다.

따라서 시장사회에 관한 프리드먼의 발상은 단순한 경제학 이론이 아니었다. 전반적으로 이는 정치경제 철학의 근간에 해당하는 이론이었다. 시장사회의 위력은 경제적 자유에 있다. 그러나 경제적 자유는 개개인이 생활방식과 구매나 생산의 방식을 자유롭게 선택할 수 있는 정치적 자유가 보장된 상황에서만 존재한다. 따라서 프리드먼에게 경제적 정치적 자유는 분리할 수 없는 부분이었다.

이론에서 새로운 서구식 브랜드로

케인스의 이론에 대항하여 1960년대에 시작된 통화주의 이론이 1970년대에는 정치적 운동으로 발전했다. 특히 미국과 영국의 보수주의자들 입장에서 보면 통화주의는 지적인 르네상스를 위해 온갖 관심을 기울여야 할 부분이었다. 사회의 기능은 개인의 활동을 장려하고 다양성을 보호하는 것이라는 주장을 펼쳐 20세기에 명성을 얻은 러셀 커크(Russell Kirk)와 같은 보수주의자들의 생각이 통화주의와 결합했다. 이 보수주의자들의 주장은 사회가 모든 개인이 집단선과 공동선을 겨냥해 행동하도록 하는 일에 주로 관심을 기울여야 한다고 논박했던 전후 유럽 사회주의의 일반적인 추세와 크게 달랐다.[17]

1970년대 중반부터 보수주의가 뉴라이트라는 명칭의 정치운동으로 부활했는데, 이 운동의 중심지는 워싱턴과 런던이었다.[18] 자금력 있는 몇몇 연구소와 잡지사가 뉴라이트 운동을 지원했다. 이들에는 미국의 내셔널 인터레스트(National Interest), 미국기업연구소(AEI), 나중에 영국 수상이 된 마거릿 대처(Margaret Hilda Thatcher)가 센터장으로 있었던 영국의 국책 연구기관인 정책연구센터(Center for Policy Studies)가 있다. 그 후 30년 동안에는 헤리티지연구소와 자유의회재단(Free Congress Foundation)을 설립한 폴 웨이리치(Paul Weyrich)와 같은 젊고 유능한 신세대가 미국의 정치적 논쟁의 중심에서 사회적 보수주의를 지키고자 노력했다. 그는 좌익 세속주의와 도덕적 타락에 대항해 전위대 역할을 수행하는 '도덕적 다수파'(전통적 도덕관을 지지하는 보수파 기독교 단체_옮긴이)라는 유명한 용어를 만들었다.[19]

1970년대 말에는 로널드 레이건과 마거릿 대처가 미국 대통령과 영국 수상이 되면서 이들의 생각이 미국과 영국의 공식 정책이 되었다. 신보수적 성향의 경제 철학이 이제 사회를 조직하기 위한 최적의 방식이 된 것이다. 민주적 다원주의와 자유시장이라는 두 가지 전제에 근거한 자유시장 민주주의가 서구식 브랜드로 자리 잡았다. 워싱턴의 정책 논쟁에서 주목을 받으면서 통화주의와 자유시장 교리가 워싱턴의 영향력 있는 금융기관인 국제통화기금과 세계은행의 주요 의제를 주도했다. 1970년대의 세계적인 경기후퇴로 이들 기관의 영향력은 보다 막강해졌으며, 일부 개발도상국에서는 금융지원이 절실히 필요한 상황이 되었다.

이 기관들의 금융지원에는 특정 대가가 따랐다. 지원을 요구하는 정부는 일종의 절차를 통해 특정 조건을 충족해야만 했다. 곧바로 이는 조건부 금융대부 또는 정책에 입각한 금융대부로 알려졌다. 세계은행과 국제통화기금에서 긴급히 대부를 받고자 하는 국가는 몇 가지 구체적인 개혁을 단행해야 했다는 의미다. 달리 말하면 개혁하지 않으면 자금을 빌릴 수 없었다.[20]

이러한 개혁은 최적의 성장을 보장하는 방안으로 생각되던 시장 효율화를 저해하는 걸림돌을 제거하기 위한 것이었다. 이들 금융기관에서는 구조조정 프로그램을 적용하는 경우에만 자금을 빌려주었다. 그런데 이는 프리드먼이 제시한 새로운 철학에 관한 모든 법칙을 지키는 것이었다. 즉 시장의 규제를 철폐하고, 투자에 대한 통제를 제거하며, 이율과 환율이 시장에 의해 결정되도록 하고, 공공부문을 축소하며, 정부지원금을 없애는 것이었다. 종합적으로 보면 구조조정 프로그램의 다양한 요소와 메커니즘은 존 윌리엄슨(John Williamson)이 1989년에 만든 용어인 '워싱턴 컨센서스'로 널리 알려졌다. 윌리엄슨은 워싱턴 컨센서스를 다음과 같은 10개 조항으로 정리했다. ① 재정규율 강요 ② 조세 개혁 ③ 이율 자유화 ④ 의료비와 교육비 증액 ⑤ 재산권 보호 ⑥ 국가 운영 보조금의 민영화 ⑦ 시장의 규제철폐 ⑧ 경쟁 환율(Competitive exchange rate) 채택 ⑨ 무역장벽 제거 ⑩ 해외직접투자 장벽 제거.[21]

구조조정 프로그램의 문제점

그러나 워싱턴 컨센서스를 적용했음에도 바람직한 효과를 얻지 못한 사례도 있었다. 1980년대에 들어 이와 같은 금융대부가 증가하자 그 부작용 또한 늘어났다.

국제통화기금의 구조조정 프로그램은 국가와 무관하게, 즉 라틴아메리카든 아프리카든 또는 카리브해 지역의 국가든 모두 동일하게 적용되었다는 특징이 있다.[22] 경기후퇴 국면에 있는 국가들은 통상 국제통화기금과 세계은행에 도움을 청했다. 이와 같은 상황에서 정부의 재정적자를 줄이면 단기적으로는 문제가 보다 악화될 수 있다. 또한 정부지출을 줄이면 빈곤층이 가장 큰 영향을 받는다.[23] 제대로 발전하지 못한 원초적 수준의 국내기업이 해외기업과의 경쟁에서 곧바로 밀리게 된다. 해외투자에 대한 규제철폐와 자유화된 법칙으로 인해 투기성 단기자금이 시장을 공격하여 심각한 수준의 통화팽창을 초래한다. 종종 급속한 민영화로 인해 국가 소유 부분을 정치적 추종세력들이 인수하게 되면 부정부패를 먹고사는 사기(詐欺)가 만연하게 된다.[24]

이는 국제통화기금의 구조조정 프로그램과 워싱턴 컨센서스가 모두 실패로 끝났다는 말이 아니다. 라틴아메리카의 우루과이와 엘살바도르, 아프리카의 탄자니아와 우간다처럼 성공을 거둔 지역도 있다. 그러나 세계은행의 수석 경제 전문가인 조지프 스티글리츠(Joseph Stiglitz)가 주목했듯이 "워싱턴 컨센서스는 많은 정책들로 구성되어 있다. 이들 정책에는 특정 순간에 특정 국가에 적합한 부분이 있다. 문제는 천편일률적인 정책으로 모든 국가에 동일한 처방을 강요했다는 사실이다."[25]

성공 요건의 구비 여부를 고려하지 않은 상태에서 개발도상국 또는 가난한 국가에 동일한 개혁정책을 적용하기도 했다. 이들 국가가 건전한 금융체제와 튼튼한 법적인 골격을 구비했는지, 감독을 위한 단속 기관과 법규는 있는지, 새로운 경제를 운용할 수 있을 정도로 숙련된 요원은 있는지,[26] 이러한 질문에 답하지 않은 경우가 너무나 많았으며, 어떤 때는 이러한 질문을 제기하지도 않았다.

국제통화기금의 '구조조정 프로그램에 따른 스트레스'로 인해 일대 재앙이 초래된 방식을 가장 분명히 보여준 사례는 모잠비크의 캐슈 열매 산업이다. 모잠비크의 캐슈 열매 산업은 세계에서 규모가 가장 방대한 경우였다. 포르투갈의 지배에서 벗어나 독립한 1975년 이후 신생 모잠비크 정부는 통조림 산업을 활성화하기 위해 가공하지 않은 캐슈 열매의 수출을 금지했다. 수출을 금지하자 캐슈 열매의 국내 가격이 하락했다. 결과적으로 이와 같은 조치가 캐슈 열매 통조림 공장에 일종의 보조금처럼 기능했다. 그러나 내전 이후 국제금융기관에 지원을 요청하자 이들 기관은 대부 조건으로 캐슈 열매의 수출금지 해제를 요구했다. 미국 경제연구소(US National Bureau of Economic Research)는 이 조치로 인해 농민들에게는 매년 5.3달러 정도의 수입이 생긴 반면 캐슈 열매 통조림 공장에서 일하던 1만 1000명의 노동자가 일자리를 잃었으며, 또 다른 100만 명에 달하는 캐슈 열매 채집자들이 수입원을 잃었다고 한다.

국제통화기금의 구조조정 프로그램은 모잠비크에 도움이 되지 않았다. 오늘날 모잠비크는 세계에서 가장 가난한 국가에 속한다. 모잠비크의 사례는 이론과 실제의 괴리를 보여주는 명백한 경우다. 이론적으로 보면 시장경제 모델이 적절히 기능하면 비효율적인 산업이 도태되면서 국가적으로 경쟁력이 있는 부문으로 잉여자원이 재투입된다. 그러나 실제적으로 보면 모잠비크는 효율적인 시장경제 모델이 아니었다. 적절한 상호조정을 방해하는 비효율이 만연해 있던 국가였다. 모잠비크에는 운송체계가 제대로 잡혀 있지 않았으며, 통신 기반구조가 조잡한 수준을 유지하고 있었다. 또한 은행체계도 손쉽게 새로운 기업을 시작하고 기업 활동을 촉진할 수 있을 만큼 정착되어 있지 않았다.[27]

경제적 실패로 인한 서구 브랜드의 정치적 패배

1980년부터 1995년까지 국제통화기금은 세계 인구의 거의 80퍼센트에게 구조조정 프로그램을 적용했다. 구조조정 프로그램을 적용하는 과정에서 문제가 있었던 대표적인 사례로 멕시코, 아르헨티나, 볼리비아, 페루, 에콰도르, 베네수엘라, 자메이카, 수단, 자이레, 나이지리아, 잠비아, 우간다, 베냉, 니제르, 알제리, 요르단, 러시아, 인도네시아가 있다. 국제통화기금 구조조정 프로그램에서는 이들 국가에 유류가를 급격하게 인상하는 것을 시작으로 환율을 평가절하고 후속조치로 가격 인상을 요구했다. 거기다 국제통화기금이 명시한 빵값과 운송비를 두 배 인상하는 문제를 놓고 음식 폭동과 대학 차원의 연좌시위 등 격렬하고도 치명적인 시위가 이어졌다.[28]

예를 들면 국제통화기금은 중요한 의미가 있는 금융 및 구조 개혁을 전제로 아르헨티나에 72억 달러를 빌려주었다. 그 후 몇 달이 지나지 않아 국제통화기금이 제안한 노동조합 권한제한 목적의 노동법과 사회보장제도 삭감에 대항해 아르헨티나의 수도와 몇몇 도시에서 폭넓은 시위가 벌어졌다. 그 후 1년 뒤 아르헨티나 상원은 이 개혁안들을 통과시켰다. 그러나 그 과정에서 수천 명에 달하는 시위대가 경찰과 격렬히 충돌했다. 마찬가지로 볼리비아에서는 구조조정 프로그램으로 인해 일부 도시에서 수돗물 값이 두 배로 급등하자 유사한 시위가 벌어졌다. 잠비아는 공공부문의 민영화와 규제철폐에 관해 폭넓은 프로그램을 착수한다는 조건으로 1999년 3월, 3억 4900만 달러를 지원받았다. 그 후 루사카에 집결한 시위대를 폭동진압 경찰이 최루탄을 이용해 해산해야만 했다.[29]

국제정치 평론가인 파리드 자카리아(Fareed Zakaria)는 구조조정 프로그램의 또 다른 측면을 설명했다. 자카리아는 미국과 서구의 지도 아래 발전한 세계시장과 자유무역이 지난 20년 동안 상당한 성공을 거두었다는 사실을 지적했다.[30] 예를 들면 터키에서 브라질과 인도네시아에 이르는 다수 정부를 괴롭혔던 극심한 인플레이션이 서구식 방법에 근거한 금융 및 화폐 정책의 성공으로 적정 수준에서 멈추었다. 하루 1달러 미만의 생계비로 연명하는 인구의 비율이 1981년의 40퍼센트에서 2004년에는 18퍼센트로 줄어들었다. 또한 세계인구의 80퍼센트에 달하는 국가에서 빈곤층이 줄어들고 있다.[31]

마찬가지로 국제통상 전문가인 클라이드 프레스토비츠(Clyde Prestowitz)는 지난 50년 동안 미국이 세계화를 통해 국가 경제들을 통합해 서비스, 자금, 기술, 인적 자원이 국제적으로 상호 교류할 수 있도록 한 가장 중요한 행위자였다는 사실을 강조했다. 이 교류로 인해 무수히 많은 사람들이 경제적으로 이득을 보았다. 이와 같은 과정을 통해 자유세계의 수십억 명의 사람들이 빈곤층에서 해방되었으며, 일본에서 대한민국과 유럽연합에 이르는 지구상 곳곳에 부와 권력의 중심이 출현하여 미국은 냉전에서 승리할 수 있었다.[32]

그러나 이와 같은 경향에도 불구하고 1980년대 초반 이후 서구의 선진국들이 보다 가난한 국가들에 제시한 경제발전 대책은 1990년대 말에 매력과 정당성 모두를 상실했다. 이와 같은 현상을 비롯한 주요 이유가 정책에 입각한 서구식 금융대부의 큰 특징인 천편일률적 적용이었다고 전문가들은 생각하고 있다. 엘리사 반 바어이언버르허(Elisa Van Waeyenberge)라는 경제학자가 말했듯이 1980년대 말 세계은행은 세계은행과 국제통화기금의 구조조정 프로그램을 수용한 몇몇 국가들의 경제실적이 매우 저조했음을 인정하지 않을 수 없었다.[33] 20세기 마지막 20년 동안 국민소득이 2000달러 미만이었던 83개국 가운데 57개국은 동일 수준에 머물렀거나 보다 가난해졌다고 랜들 피어렌붐(Randall Peerenboom)은 말했다. 2000년경 다양한 지원계획을 적용했던 54개 개발도상국들의 생활은 1990년도보다 궁핍해졌다.[34]

서구식 경제발전 모델에 대해 환멸을 느끼게 하는 가장 분명한 사례는 아프리카에서 찾아볼 수 있다. 에티오피아의 멜러스 제나위(Meles Zanawi) 총리는 세계은행 등의 기구가 옹호했던 '신자유주의 개혁'은 "이들 개혁에서 의도했던 성장을 이루지 못했다"라고 말했다. 당시 그는 2007년에 출현했던 아프리카 블록을 대변해 말한 것이다. 또한 그는 아프리카에 뿌리를 내린 굿 거버넌스가 외부에서 수입해온 것이 아니고 자체 성장한 것이라고 말했다.[35] 같은 기간에 작성된 아프리카를 위한 위원회의 보고서에서는 "선진국들이 자국 경제를 발전시킬 때 적용했던 경제적 정치적 처방전과 다른 형태의 처방전을 아프리카 국가들에게 강요하는 문제"와 관련해 일반인과 관리자 모두에서 의구심이 높아지고 있다고 말했다. 위원회의 보고서는 "선진국들은 자신들이 아프리카에 권고한 정책과 제도를 통해 오늘날의 위치에 오른 것이 아니다"라고 주장했다. 대부분의 선진국들은 미약한 자국 기업들을 적극 보호했으며 수출지원금을 제공했다. 그런데 오늘날 이런 정책은 적극적으로 금지하지는 않지만 서구 국가들이 눈살을 찌푸리는 부분이다. 따라서 서구 국가들이 자국 농민들에게 수십억 달러를 지원하는 오늘날, 모잠비크와 멕시코를 포함한 몇몇 국가들은, 세계은행이 자국 농업에 대한 자금 지원을 금지하는 것은 매우 불공정한 행위라고 주장했다.

미국의 또 다른 관점

결과적으로 중국이 신흥 시장과 통상관계를 확장하고자 했던 1990년대 말에는 많은 국가들이 서구식 경제발전 모델이 부적절하거나 종종 비생산적이라는 사실을 인식하고 있었다. 그러나 중국식 경제발전 모델이 부상하는 모습을 살펴보기 이전에 서구의 정치적 중심지인 미국에서 이러한 사건들을 인식하거나 오인했던 방식을 이해할 필요가 있다. 왜냐하면 1990년대 말에 서구식 경제발전 모델이 제3세계 국가들에서는 매력을 상실하고 있었지만 미국의 일반적인 관점은 전혀 달랐기 때문이다.

워싱턴 컨센서스의 비호 아래 구조조정 프로그램이 적용되기 시작한 1980년은 세계시장이 초효율과 고속 성장을 기록하던 시기였다. 그 후 15년 동안 몇 가지 사건으로 인해 국제사회가 개방되면서 자산과 물류의 자유로운 유통이 가능해졌다. 요청한 다음날 물건을 받아볼 수 있다는 오늘날의 개념은 논스톱으로 지구 절반을 비행할 능력이 있는 장거리 항공기를 포함한 항공 특급과 물류운송 전용 함선의 발전으로 가능해졌다. 더 이상 공급업자가 생산 공장 부근에 있을 필요가 없어지면서 제조업이 혁신되었다. 같은 기간에 새로운 인공위성과 광통신 덕분에 장거리통신과 인터넷이 세계적으로 확산되었다. 결과적으로 컴퓨터 자판기를 두드리면 자금이 지구상 곳곳으로 신속히 이동해갈 수 있게 되면서 시간과 거리가 의미를 상실했다.[36] 기술, 화물, 통신 분야의 혁신과 더불어 금융거래가 자유화되었다. 이 분야에서 또한 미국과 영국이 세계적인 선구자였다. 1980년대 초반 미국과 영국은 금융규제를 완화했으며, 자본통제(국내 경제를 보호하기 위해 단기 투기성 자본들의 유출입을 규제하는 것을 말함_옮긴이)의 많은 부분을 철폐했다. 갑자기 투자가들이 세계 도처에서 자유롭게 투자할 수 있게 되었다.[37] 미국의 다국적기업들이 세계적인 분배를 가속화하는 한편 임금이 낮은 개발도상국들로 생산기지를 옮김으로써 해외 직접투자가 폭발적으로 늘어났다.[38] 코카콜라, 나이키, 맥도널드, 마이크로소프트, CNN이 전 세계로 알려지면서 미국 브랜드의 상승은 일반적인 현상이 되었다. 1980년대 말, 많은 의미에서 세계화는 미국화와 동일한 의미였다. 미국의 음악, 생활방식, 의상, 영화, 정치가, 기업인 들이 세계 패션을 선도하고, 세계시장을 주도했다.

냉전 당시 세계화는 이러한 사건을 묘사하는 데 그다지 적합하지 않았다. 왜냐하면 지구의 거의 절반에 해당하는 지역의 금융시장이 제 역할을 하지 못하는 억압적인 사회주의체제에 있었기 때문이다. 〈파이낸셜타임스〉의 칼럼니스트인 필립 코건(Philip Coggan)이 회고했듯이 1985년경에는 자유시장 철학이 미국과 영국을 휩쓸고 있었다. 그러나 서구사회의 또 다른 선진국들에서는 이른바 앵글로색슨 모델이 유럽의 또 다른 지역과 아시아와 라틴아메리카에서 발전된 모델과 비교해 우수하지 않다고 많은 사람들이 생각했다. 예를 들면 1980년대 당시 독일과 일본은 자유시장을 허용하지 않았다. 금융시장의 자유화는 임직원의 사회복지 및 임직원 보호 의무와 비교해 우선순위가 떨어졌다. 독일인들은 적대적 인수합병(한쪽 회사가 다른 한쪽을 일방적으로 매수하려고 하는 행위_옮긴이)이라는 개념을 알지 못했으며, 주주들에게 배당되는 이익금과 비교해 제조업자와 직원들의 우선순위가 높았다. 우호적인 집단들이 상대방의 주식을 소유하게 하여 적대적 인수합병을 막았던 일본에서는 독일과 유사한 문화가 보편화되어 있었다.[39]

그러나 1990년대 초반 소련의 공산주의가 몰락하자 모든 것이 변했다. 동구권에서 진행된 일련의 혁명과 사회주의 경제모델의 몰락으로 앵글로색슨 방식의 자본주의가 대적할 상대를 잃은 것처럼 보였다. 거의 하룻밤 사이에 세상이 서구식 경제체제를 겨냥해 방향을 선회하기 시작했다.

역사의 종말과 회귀

이러한 사건들로 인해 무역과 금융의 국제화가 가속화되고, 초국가적 기업의 활동 범주가 넓어졌으며, 국제통화기금이나 세계은행과 같은 서구 금융기관의 우위가 크게 높아졌다.[40] 또한 미국에서는 정책논쟁이 변혁되었는데, 이와 같은 사실은 '역사의 종말(end of history)'이라는 거대 관념에 함축되어 있었다.

프랜시스 후쿠야마가 〈내셔널 인터레스트〉에 기고한 논문에서 시작된 이 개념은 1990년 이후에는 미국의 전반적인 정치적 컨센서스에서 핵심을 차지하였다.[41] 이 논거의 본질은 소련의 붕괴가 미국의 적국이 붕괴했다는 것 이상으로 의미가 있다는 주장이었다. 이는 인간 조직의 상호 경쟁하는 체계들 간에 우위를 겨루는 전투의 관점에서 볼 때 진정 역사가 종료되었다는 의미였다. 후쿠야마는 엘리트들이 권력을 장악함과 동시에 충분히 많은 다수가 행복해질 수 있게 한 정치경제 모델로 인해 역사적으로 가장 거대한 이데올로기들의 대립이 타당성을 상실했다고 주장했다. 미국 독립 전쟁과 프랑스혁명에서는 국가이론으로서 군주제가 패배했다. 파시즘은 1945년에 처참히 종료된 초국가적 팽창주의와 끊임없는 전쟁에 의존했었다. 소련으로 흘러들어간 민주화 혁명의 물결을 보면 폭력의 위협을 제거하는 순간 공산주의는 생존 능력이 없음을 알 수 있었다. 후쿠야마의 논거는 다음과 같이 진행되었다. 결국 자유에 관한 미국의 실험만이 남았다. 결과적으로 정치적 과정에 참여하고자 하는 인간의 기본 욕구와 부를 창조할 기회에 대한 욕구를 충족시킨 것은 이와 같은 정치경제 체제였다.

역사의 종말이라는 주제의 본질에 못지않게 중요한 것은 탈냉전 시대 이후 이와 같은 주제가 미국의 정치 문화를 폭넓게 사로잡았다는 부분이다. 이러한 가정을 미국인들이 국가적 논쟁에서 수용한 이유는 이들이 자국 문화의 가장 오래되고 가장 친숙한 주제를 확인해주었기 때문이다. 미국의 공공정책 논쟁에서 예외주의(이는 여타 국가와 미국이 질적으로 다르다는 이론. 이는 독립전쟁을 통해 인류 최초의 신생국가가 되었다는 사실에서 기인한다_옮긴이)의 주요 역할을 고려해보아야 할 것이다. 이는 18세기 당시의 미국인의 자화상으로 인류 역사의 발전에 미국인들이 독특한(예외적인) 역할이 있는 각별한 국민이라는 생각이다. 6장에서 보다 자세히 설명하겠지만 예외주의는 미국의 외교정책 논쟁에서 지속적으로 등장한 주제다. 예외주의는 전쟁이나 테러분자들의 공격 또는 선거와 같은 변수에 의해 발동할 수 있다. 하지만 이것은 정치적으로 잠복해 있다가 미국이 도전받을 때 부상했다.[42]

냉전이 종식될 무렵 세계적인 사건들의 흐름을 이해하고자 노력하면서 전문가와 정치가 들은 다음과 같은 분명한 설명에 매료되었다. 즉 250여 년 전에 미국에서 시작된 것들이 점차 그리고 최종적으로 전 세계 도처에서 뿌리를 내리고 있다. 이는 세계적 차원에서 미국의 승리를 의미한다. 정치적 역학으로 인해 지구의 다른 국가들은 유럽 계몽주의 사상에 기반을 둔 다음과 같은 세 가지 철학을 수용할 수밖에 없는 입장이다. (1) 민주적 다원주의는 정치를 조직하기 위한 최적의 방안이다. (2) 자유시장은 부와 행복을 창조하기 위한 필수 수단이다. (3) 이들 중 하나, 즉 부 또는 행복을 발견한 경우 궁극적으로 나머지 것도 찾게 된다.

결과적으로 소련이 붕괴된 이후의 정치적 논리는 자명해 보였다. 소련이 붕괴된 이후의 질서에서 경쟁하여 생존하고자 하는 국가들은 경제적 자유화를 추구해야 할 것이다. 국민소득이 일정 수준에 도달하면 소비문화가 확대하고 중산층이 부상하여 국민들이 법적 및 정치적 권리를 요구하게 될 것이다. 국가의 번영을 원한다면 통치자들은 제한된 또는 완벽한 형태로 이들 권리를 허용해줄 수밖에 없을 것이다. 한편 시장 메커니즘을 통해 독립성이 있는 금융 중심지와 시민위원회가 출현하게 된다. 이들이 공공 광장에서 중앙의 권력을 견제하고 보다 많은 권리를 요구하는 정치적 이익집단과 정당의 기본이 될 것이다. 달리 말하면 경제적 자유로 세계 공산주의의 공백을 메우고자 한다면 정치적 자유는 필수적이다. 세계경제가 확대됨으로써 자유주의 거버넌스가 확대되었다는 점에서 보면 소련의 몰락은 서구 사상의 세계적인 승리를 예고한 사건이었다. 적어도 이는 신보수주의적 성향의 미국의 정치 분석가인 빌 크리스톨(Bill Kristol)과 같은 사람들에게서 많이 들었던 이론이다.

이와 같은 측면에서 보면 중국과 같은 독재국가를 다루는 데 가장 효과적인 방법은 세계경제와 이들 독재국가를 얽어매어 성장과 안정에 관한 인간 본연의 욕구가 마술을 부리게 하는 것이었다. 후쿠야마가 주장했듯이 서구적 발상의 승리는 국가 체제로서 서구 자유주의와 대적할 수 있을 것으로 보였던 공산주의가 탈진 상태에 이르렀다는 사실에서 분명히 알 수 있었다. "중국 전역에서 볼 수 있는 농민시장과 컬러 TV, 모스크바에 개장한 레스토랑과 의류점, 일본의 상가를 침투한 베토벤의 음악, 프라하, 랭군, 테헤란 같은 곳에서 사랑받는 록뮤직 등 다양한 맥락에서"[43] 서구 문화의 소비 성향을 확인할 수 있었다.

따라서 탈냉전 시대의 중요한 과제는 재화의 자유로운 유통과 다자간 협력을 위해 보다 훌륭한 시스템을 구축하는 것이었다. 지정학이라는 구시대의 역사적 경향이 미국 브랜드를 겨냥한 세계적인 수렴과 새로운 시대의 지리경제학으로 대체된 것으로 보였다.[44]

비자유주의적인 자본주의와 그 변종

이는 매우 웅대하지만 순진한 예견이었다. 결과적으로 보면 매우 잘못된 예견이었다. 미국인들은 마지못해 이런 예견이 시기상조였다는 사실을 받아들이고 있다. 자유주의 정치는 자유무역과 보조를 이루지 못했다. 자본주의는 자유주의나 민주주의가 뿌리를 내리지 못한 곳에서도 번성하는 법을 터득했다. 적어도 두 종류의 비자유주의적인 자본주의가 구체화되면서 21세기 자본주의 거버넌스의 모델이던 서구 시장민주주의 브랜드의 우위가 도전을 받고 있다.

첫 번째는 독재정부가 운영하는 천연자원에 근거를 둔 다양한 유형의 비자유주의적인 자본주의다. 마이클 로스(Michael Ross)와 같은 이들은 러시아, 베네수엘라, 아랍과 걸프 지역 국가들을 포함한 다양한 사례를 거론하며 이들 정부가 한편으로는 경제적 자유를 다른 한편으로는 일당 통치

체제를 유지하는 방법을 보여준다.[45]

풍부한 천연자원을 보유한 정부의 엘리트들은 예를 들면 석유 자산을 이용해 "국민들의 보다 큰 권리 요구를 완화할 수 있다." 이 과정에서 중요한 부분은 로스가 말한 '세금 효과'였다. 근대 초기의 영국과 프랑스, 미국의 역사에서 보듯이 국민들은 군주가 세금을 거둬들이고자 한다는 사실에 대항하여 정부에 대표성을 요구했다. 그러나 석유와 가스를 매각하여 충분한 자금을 확보한 정부가 "비교적 적게 과세하거나 전혀 과세하지 않으면, 국민들은 정부에 권리나 대표성을 요구하지 않는 경향이 있다."[46]

또한 이들 정부는 천연자원을 이용하여 대규모 지출이 요구되는 프로그램을 쉽게 시작하고 높은 고용 수준을 유지할 수 있다. 그런 프로그램은 민주화 요구를 완화하고 민주화의 선결요건인 사회적 집단과 저항운동 형성을 저지하는 효과가 있다.[47] 정치학자인 키렌 아지즈 초드리(Kiren Aziz Chaudhry)는 충분한 일거리, 높은 수준의 물질적 부와 기회를 제공하여 "국민들이 행복을 느끼게 하여 정치의식을 희석할 목적의" 프로그램을 개발하는 데 석유 자금을 사용했던 걸프 지역 국가들의 사례를 거론하며 이 점을 강조했다.[48]

서구식 개발모델의 대안으로 부상하고 있는 두 번째 변종은 수출 주도형 자본주의 또는 국가 주도형 자본주의다. 동아시아 지역 국가들이 이 모델을 널리 적용했기 때문에 동아시아 모델이라고도 알려져 있다. 적어도 이 모델의 초기 단계에서는 경제적 자유와 정치적 통제 간에 균형을 유지하면서 에너지 국가들과 유사한 메커니즘을 활용했다.

주요 차이는 이 모델에서는 결정적인 경쟁 이점이 있는 물건을 대량생산하거나 수출하는 방식으로 성장을 추구한다는 점이다. 물론 이 모델의 가장 성공적인 사례는 중국이다. 그러나 중국은 홍콩, 타이완, 싱가포르,

대한민국, 일본을 포함한 아시아 국가들이 선도적으로 개발한 성장 공식을 정교히 다듬었을 따름이다.

아시아의 호랑이라고도 불리는 이 국가들은 매년 8퍼센트에서 10퍼센트 사이의 성장을 지속했다. 각각의 국가마다 많은 차이가 있기는 하지만 저렴한 인건비, 저평가되어 있는 환율, 국제시장에서 수출 경쟁력을 유지하도록 돕는 높은 수준의 정부지원금과 같은 중요한 특성이 있었다. 또한 기업에 대한 범국가적 차원의 투자를 가능하게 하는 개인과 기업의 높은 저축률, 세금 감면을 통한 해외직접투자 촉진, 고도로 보호되는 국내시장과 교육을 강조한다는 특성도 있었다.

랜들 피어렌붐은 또한 다음과 같은 특성에 주목했다. 개발 초기 단계의 몇 년 동안에는 정치적 권리보다 경제성장을 강조하며 권위주의적인 통치방식을 통해 고속 성장하고 있다. 1990년경에 접어들어 동아시아 모델을 채택한 여러 국가들이 정치적으로 자유화되었다. 전후의 일본에서 시작해 타이완과 대한민국이 그랬다. 따라서 여기서는 자유시장이 이끄는 지역에서는 민주적 다원주의가 뒤쫓아간다는 미국의 신념이나 탈냉전 이후 미국 브랜드의 부상이 거의 문제가 되지 않았다.

그런데 이 순간 중국이 등장했다. 1980년대에 덩샤오핑(鄧小平)의 영향력이 커지자 미국에서는 국제사회가 중국을 포용하면 중국 내부에서 정치적 민주화가 가속화될 것이라는 인기 있는 관점이 형성되었다. 후쿠야마를 비롯한 몇몇 사람들은 중국이 "아시아 정글지역의 게릴라나 파리에 있는 중산층 학생"과 무관하게 급진적인 인물들을 겨냥한 혁명전위대의 기능을 중지했다고 생각했다. 이제 중국은 시대에 뒤처져 있다. 중국 본토인들은 해외에 있는 교민들의 번영과 역동성에 점차 매료되었는데, 이는 타

이완이 중국과의 투쟁에서 결국 승리했음을 보여준다.[49]

분명히 말하지만 과거에는 사실이었는지 모르지만 이제 더 이상 사실이 아니다. 이처럼 좋았던 전후 시절 이후 현대적인 것에 대한 미국의 독점이 끝나고, 다른 나라들과 문화권에서 미국의 사례를 받아들였던 좋은 시절이 점차 종료되면서 게임이 바뀌었다. 냉전 종식 이후 부시(George H. W. Bush) 대통령이 앤드루 공군기지 활주로에서 축배를 들었던 공동의 세계 문화로 설명되는 '새로운 세계질서'로의 전환은 실현되지 않았다. 오늘날에는 너무나 많은 행위자와 국가들이 권력을 행사하고 있다.[50]

미국, 러시아, 중국, 인도, 이란 간의 국제사회에서의 경쟁으로 인해 새로운 지역 분쟁이 빚어질 가능성도 없지 않다. 공산주의는 종말을 고했지만 서구 자유주의와 러시아, 중국이라는 동부의 거대한 독재정치로 인해 이념적인 요소가 다시금 지정학에 가미되었다.[51]

어떤 사람들은 21세기 국제관계의 주요 특성이 무극화(無極化)가 될 것이라고 암시한다. 즉 하나, 둘 또는 몇몇 국가가 주도하는 세상이 아니고 수십 개의 행위자들이 다양한 세력을 행사하는 세상이 될 것으로 생각하고 있다. 미국, 유럽연합, 일본, 러시아, 인도, 중국과 같은 세계의 주요 열강 외에 경제발전에 힘입어 부상하고 있는 또 다른 세력 중심들이 너무나 많다. "라틴아메리카의 브라질, 아르헨티나, 칠레, 멕시코, 베네수엘라, 아프리카의 나이지리아와 남아프리카공화국, 중동의 이집트, 이란, 이스라엘, 사우디아라비아, 남아시아의 파키스탄, 동아시아와 오세아니아의 오스트레일리아, 인도네시아, 대한민국이 있다. 또한 너무나 많은 기구들이 세력 중심지로 부상하고 있다. 예를 들면 세계적인 기구인 국제통화기금, 유엔, 세계은행, 지역 기구인 아프리카연합, 아랍동맹, 아세안, 유럽연합,

아메리카국가연합이, 그리고 기능적 기구인 국제에너지기구(IEA), 석유수출국기구(OPEC), 상하이협력기구, 세계보건기구가 있다."[52]

옥스퍼드 대학교의 티모시 가턴 애시(Timothy Garton Ash)는 서구사회를 위해 '자유주의 국제질서의 새로운 친구(Friends of Liberal International Order, FLIO)'라는 새로운 이름을 작명했다. 이는 또 다른 지역에서 부상하고 있는 새로운 유형의 자본주의 국가들과 서구 국가들을 대조할 목적이었다. '우리들 FLIO'는 "새로운 세계질서의 가능성에 대비해야 한다"라고 그녀는 말했다. 러시아, 중국, 이란, 베네수엘라와 같은 국가들은 "다양한 측면에서 서구에 도전해오는 단순한 세력이 아니다. 이들은 또한 자본주의의 또 다른 형태를 대변하고 있다. 5000년 이상 현대적인 것이 서구에서 전해져 갔다. 그러나 오늘날 베이징 국립경기장과 상하이의 동방명주탑에서 우리는 비서구적이면서 비민주주의적인 새로운 유형의 현대성을 보게 된다."[53]

국내외의 발전 속도와 범주에서 볼 때 중국은 서구 이외 지역의 발전을 거듭하는 세계에서 상징적인 선도자가 되었다. 이 국가들에서는 엘리트들이 시장 메커니즘의 위력과 자본주의 경제성장을 기꺼이 수용하고 있지만 외국의 간섭과 서구 자유주의의 요구에 대해 자신의 것을 지키고자 적극 노력하고 있다. 이처럼 새롭게 부상하는 국가들은 서구의 모습을 하고 있지 않다. 이들 국가에는 세계 시민문화에 관해 일반적으로 인정받는 이론도 없다. 또한 이들은 특정 도덕적 책임을 수용하지도 않았다. 인권, 굿 거버넌스 또는 기후변화와 같은 세계적인 문제와 관련해 함께 일해야 한다는 책임감도 없다. 서구 국가와 비교하면 이들 국가에는 있는 것보다는 없는 것이 너무나 많았다. 이들 국가에는 그와 같은 공동체가 없으며, 보편적으로 수용되는 규범에 관한 일반적인 인식도 없다. 대신에 국가주권과 국제시장이라는 두 가지 사항에 대한 확고한 신념에 입각한 느슨한 관계들만이 있다.

　이러한 과정에서 국제사회 공동체의 변화 유형과 관념이, 중국의 중심적인 역할이 문제이다. 이것이 이제 제3장에서 살펴볼 내용이다.

CHAPTER 03

중국 효과

중국 외교정책의 실상과 그 특징

Beijing Consensus

2008년 9월 세계은행은 차드 정부에 약속했던 방대한 규모의 금융지원을 취하했다. 세계은행 관리가 말했듯이 차드의 대통령인 이드리스 데비(Idriss Deby)가 약속을 지키지 않았기 때문이다. 차드 정부는 2001년 이후 정부 지출의 대부분을 의료, 교육, 농업 분야에 투자하지 않고 차드 보안군을 무장시키는 데에 사용했다.

몇 주 뒤 세계의 또 다른 지역에서는 차드 정부를 매우 색다른 방식으로 평가했다. 중국의 고위급 관리인 저우영광(周永廣)에 따르면 중국은 "국가발전을 이루고자 하는 차드 정부의 노력"을 인정했다. 데비 대통령에 대한 세계은행의 비판적인 시각에서 보면 저우영광은 무역, 정치, 교육 분야에서 자국과 차드의 관계를 강화하기 위해 새로운 언질을 한 것이다.[1]

중국 효과를 염두에 두어라. 수년 동안 중국 관측통들은 중국의 위협에 관해 경고해왔다. 그러나 이들의 경고가 외교적 측면에서의 중국의 수완에 초점을 맞춘 경우는 거의 없었다.[2] 지금까지 말했듯이 중국이 세계적으로 부상한 것은 국제사회의 의제 형성에 관한 미국 정책입안자들의 능력을 점차 약화시키는 중국의 원조정책과 통상관행뿐만 아니라 비서구 세계에 굿 거버넌스를 요구하는 서구 금융기관의 태도가 미온적이었기에 나온 결과다. 이 장에서는 구체적인 사례를 들어 이러한 과정을 입증하려 한다.

2장에서 논의했듯이 워싱턴 컨센서스의 '구조조정 금융대부'와 이와 같은 대부를 받은 국가의 경제개발에 관한 천편일률적인 접근 방식이 결정적인 순간에 실패로 끝났다. 이와 같은 사실에서 보듯이 서구 국가들은 역사적으로 잘못이 없지 않다. 국제사회에서 인권 유린이나 불만 세력들과 사업상 거래를 하고 있는 것을 보면 오늘날에도 칭찬할 만한 수준은 아니다. 논의를 시작하기 이전에 이와 같은 사실을 언급해야 할 것이다. 예를 들면 미국과 사우디아라비아는 오랜 우방이다. 영국의 석유회사 비피(BP), 셸(Shell), 셰브론(Chevron)과 같은 서구의 석유회사들은 앙골라 정부처럼 부패하고 과격한 아프리카 정권들에게 묵시적으로 매년 제공하는 뇌물의 규모를 밝히지 않고 있다.[3] 엘프(Elf)와 같은 프랑스의 석유회사는 이윤이 남는 자원에 접근하기 위해 부르키나파소(Burkina Faso)와 같은 구식민지 지역의 아프리카 지도자들과의 관계를 이용했다. 오마르 봉고(Omar Bongo) 대통령이 2009년에 사망함으로써 가봉은 아프리카 역사상 가장 장기간 집권한 대통령을 잃었다. 집권 40여 년 동안 봉고는 개발과 민주주의에 관한 자국민들의 염원을 장기간 통치를 통해 무력화하는 한편 거액의 정부 자금을 착복했다. 그가 성공할 수 있었던 비결은 프랑스가 수십억 배럴을 구입한, 간단히 말해 석유가 있었기 때문이다. "프랑스가 없는 가봉은 운전사가 없는 자동차와 같다"[4]라고 봉고는 말한 바 있다.

따라서 천연자원을 확보하고자 한다면 어느 열강도 깨끗해질 수 없다는 것이 석유 정치의 기본 법칙이다. 여기서 언급하는 내용은 중국의 의도와 다를 수도 있지만 중국 상무부가 서구 세력의 정치적 매력과 금융의 영향력을 훼손하는 방식을 여러모로 보여준다.

[도표 3.1]은 국가 체제를 통해 심각하게 인권을 유린하는 국가들이 최

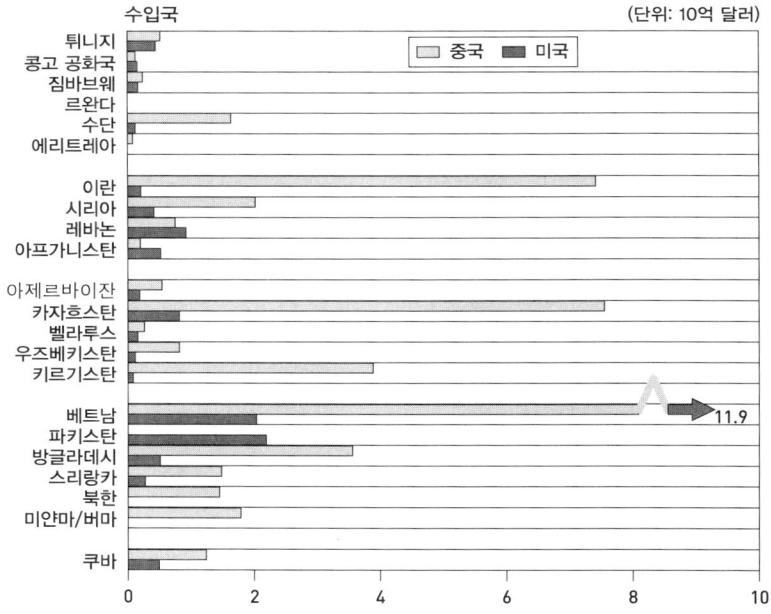

[도표 3.1] 인권 문제가 심각하다고 생각되던 일부 국가들에 대한 미국과 중국의 수출, 2007~2008년

출처: Thomas Lum, ed., "Comparing Global Influence: China's and U.S. Diplomacy, Foreign Aid, Trade, and Investment in the Developing World," Congressional Research Service, August 15, 2008, 57. http://www.fas.org/sgp/crs/row/RL34620.pdf

근 서구 및 중국과 접촉한 사례를 비교한 것이다. 이 정권들과 중국의 관계는 날이 갈수록 확장되고 있다.

중국식 출구옵션

차드 정부와 동일한 사례도 많다. 일련의 증상은 유사했다. 중국은 더 이상 공산주의를 수출하고자 노력하지 않으며, 자유주의 국제질서를 훼손하려고 적극 노력하고 있지도 않다. 그러나 중국은 서구와 관계가 악화되는 순간 독재자와 독재정부에 자금을 제공할 여력이 있으며, 그렇게 하고 있다.[5] 제임스 만(James Mann)이 2007년에 기술했듯이 지구상의 독재자를 무작위로 지정해보면 이 독재자가 중국의 지원을 받고 있을 가능성이 높다.[6] 1990년대 말 이후 중국은 세계 도처에 동맹을 형성했는데, 이 동맹국들은 주로 미국과 서구사회가 기피하는 국가로 구성되어 있었다.[7] 이런 사례는 베네수엘라에서 앙골라, 이란, 우즈베키스탄과 버마에 이르기까지 매우 다양하다.

우즈베키스탄

'중국 효과'를 보여주는 전형적인 사례는 우즈베키스탄이다. 9·11 이후 미국과 우즈베키스탄 정부는 아프가니스탄 국경 부근에 미군 기지를 건설하는 협정에 서명했다. 협정의 조건으로 미국은 우즈베키스탄 내부의 이슬람 극렬주의자들을 색출해 제거하는 데 원조와 군사지원을 약속했다. 그러나 2005년 안디잔(Andijon)이라는 도시의 감옥에서 일어난 폭동이 도시

시위로 발전하면서 문제가 생겼다. 우즈베키스탄 군대가 비무장 민간인들에게 발포하여 많은 인명을 살상하는 사태를 초래한 것이다. 미국과 브뤼셀은 즉각 우즈베키스탄 정부를 비난했으며 국제사회의 조사를 촉구했다. 우즈베키스탄의 대통령인 이슬람 카리모프(Islam Karimov)는 이와 같은 주장을 즉각 부인하고, 내정에 간섭하지 말라고 서구사회를 공개적으로 비난했다. 국제사회의 언론매체에서 비난이 고조될 즈음 카리모프는 자신을 공개적으로 적극 지지하는 동맹을 발견했다. 중국 외무부 대변인 콩 콴(Kong Quan)의 발표에서 보듯이 중국이 카리모프를 변호했다. "우리는 분리주의자, 테러분자, 극렬분자들에 대한 우즈베키스탄 정부의 진압을 강력히 지지합니다."[8]

이 발언에는 사기를 진작하는 형식적인 지지 이상의 의미가 있었다. 2001년 우즈베키스탄은 '상하이 5개국'이라는 명칭의 5개국으로 구성된 집단에 공식적으로 가입했다. 처음에 거기에는 중국, 러시아, 타지키스탄, 키르기스스탄과 카자흐스탄이 포함되어 있었다. 우즈베키스탄이 합류하면서 상하이협력기구(SCO)로 명칭을 바꾸었다. 2005년까지 이곳은 회원국들 간의 국경 분쟁을 해결하는 일종의 포럼 역할을 했다.

그러나 안디잔 사건 이후 2개월이 지난 시점에 중국의 지도자들은 상하이협력기구 이름으로 공동성명을 발표했다. 공동성명에서는 우즈베키스탄에서 미국이 군사력을 완벽히 철수할 시점을 결정하라고 촉구했다. 우즈베키스탄은 미국과의 모든 대테러 행위 관련 노력을 중지할 것이라고 선언했다.[9] 이 순간 중국은 또한 우즈베키스탄의 가스 매장지와 카자흐스탄에서 중국으로 연결되는 가스관 개발을 시작할 수 있도록 6억 달러의 차관을 제공하겠다고 선언했다.[10]

이것은 중국 효과의 공식적인 사례다. 서구 정부들은 인권을 이유로 에너지 보유 국가를 비난했다. 그 국가는 서구사회와 관계를 단절하고는 중국과 새로운 동반자관계를 구축했다.

앙골라

앙골라도 비슷한 경우다. 포르투갈에서 독립을 선언한 1975년 이후 앙골라는 장기간 이어진 내전으로 황폐해졌다. 2002년에야 반군 지도자인 조나스 사빔비(Jonas Savimbi)의 사망으로 내전이 종식되었다. 내전 종식으로 미래 어느 순간 자유선거가 가능할 것이라는 희망이 싹텄다. 30여 년 동안 진행된 내전으로 30여만 명이 생명을 잃었다. 그러나 내전으로 인해 지도자들 내부에는 부정부패와 이른바 좋지 못한 거버넌스가 보편화되었다. 대부분의 주민들이 실패한 국가의 불결한 기반 시설로 인해 고통받고 있었지만 아프리카 지역 2위 수준의 석유자원을 발판으로 과두제(寡頭制)가 출현했다.

내전 종식 이후 앙골라 정부는 개발 차관을 얻기 위해 국제통화기금과 협의를 시작했다. 국제통화기금이 차관 제공의 전제로 제시한 조건에는 앙골라 정치에서 볼 수 있는 만성적인 부정부패를 척결하고 차관이 일반 대중을 위해 사용되도록 하는 다수의 대책이 포함되어 있었다. 국제통화기금은 이러한 대책에서 경제적 관리, 특히 석유 수익금 관리의 투명성을 요구했다. 그러나 차관 조건이 최종 결정되기도 전에 갑자기 앙골라가 협상을 중지했다. 무슨 이유였을까? 앙골라 정부가 중국의 수출입은행에서 보다 좋은 조건을 제시받았기 때문이었다.

국제통화기금과 비교해 중국이 제시한 조건에는 경제적 투명성이나 굿 거버넌스에 관한 조건이 들어 있지 않았다. 중국은 향후 17년 동안 고작 1.5퍼센트의 이율을 요구했다. 이에 대한 대가로 앙골라 정부는 매일 1만 배럴의 석유를 중국에 공급하기로 했고, 곧바로 그 규모를 4만 배럴로 늘리기로 합의했다.[11] 결과는 자명했다. 그 후 5년 동안 앙골라 경제는 40억 달러 정도의 석유 자금을 부정부패로 잃었는데, 이는 앙골라의 매년 국내총생산의 10퍼센트에 달하는 규모였다.[12] 2005년 국제사회의 부패방지 기구인 국제투명성기구(Transparency International)는 앙골라에 만연한 부정부패를 간과하고 있다며 중국을 비난했다. 또한 국제투명성기구는 한 해 발간하는 2006년의 부정부패 순위에서 158개 검토 대상국들 가운데 앙골라에 151위를 부여했다.[13]

중앙아프리카공화국

앙골라가 국제통화기금에서 중국으로 말을 갈아타고 있을 즈음, 중앙아프리카공화국은 격렬한 내전을 치르고 있었다. 폭력이 고조되자 유엔평화유지군이 그곳에서 철수했으며, 대신 유엔 평화구축 사무소가 들어섰다. 이는 내전 당사자들을 포함하는 과도정부를 염두에 둔 정치적 협상을 타결하기 위한 첫 번째 단계였다.

그러나 2003년 프랑수아 보지제(Francois Bozizé)가 쿠데타를 일으켜 권력을 장악했다. 유엔, 아프리카연합, 수많은 서구 국가들이 쿠데타를 비난했으며, 보지제 장군에게 전쟁으로 황폐해진 국가의 질서와 정치적 안정을 회복하려 노력하는 국제기구들에게 도움을 주라고 촉구했다. 국제기구와 사전 협상을 벌이고 나서 몇 주가 지난 시점에 중국은 무이자 차관을 제시하고는 보지제를 국빈 자격으로 공식 초청했다. 그 후 곧바로 보지제는 '민주적 선거'를 실시하기' 이전에 의회를 해산하고 헌법의 효력을 정지했다. 2005년의 선거에서 보지제가 당선되었다.

유엔난민기구가 2007년에 보도했듯이 중앙아프리카공화국 시민들의 자유 순위는 더욱 낮아졌으며, 인권 상황도 악화되었다. 내전으로 찌든 국가경제는 갈수록 더 위축되었으며, 부정부패가 만연했다. 또한 행정부가 실질적으로 사법부를 장악했다.[14] 2007년에 보지제가 선언했듯이 중국이 중앙아프리카공화국의 '신뢰할 만한 친구'가 되었다. 왜냐하면 가장 어려운 순간에 새로운 광산개발과 통신시설 건설을 통해 국가경제를 활성화하는 등 중앙아프리카공화국에 필요한 부분을 지원해주었기 때문이다.[15]

캄보디아

캄보디아는 중국의 지원으로 서구에 도움을 청하지 않은 또 다른 경우다. 1990년대 말 이후 캄보디아의 인권지수는 지속적으로 낮아지고 있었다. 반면에 캄보디아 정부는 정치적 반대세력을 억압하기 위해 보다 혹독한 방법을 동원했다. 캄보디아의 유명한 지식인 소켐 페(Sockhem Pech)가 설명했듯이 서구 국가들은 캄보디아의 지도자인 훈센(Hun Sen)을 재정적으로 지원하면서 일종의 압력을 행사할 수 있기를 기대했다. 그러나 중국 때문에 이런 노력이 거의 효과가 없었다. 부정부패를 줄이고 거버넌스를 개선하기 위한 개혁을 캄보디아 정부가 이행하지 못하게 되자 다자적 성격의 개발은행이 캄보디아에 제공하는 지원의 규모도 줄어들었다.[16]

이러한 과정의 주요 행위자는 또다시 중국이었다. 2006년 원자바오 총리는 캄보디아에 6억 달러 이상의 차관과 보조금을 지원하기로 약속했다고 선언했다. 이와 같은 방식으로 중국은 캄보디아, 버마, 인도네시아를 포함한 동남아시아 국가들과 관계를 강화했다. 중국 정부 산하기관인 중국현대국제관계연구소 소속의 옌쉐퉁(閻學通)은 "선린관계 구축, 특히 동남아시아 국가들과의 선린관계 구축이 중국에 가장 중요한 부분이 되어야 하며," 이 지역 국가들과의 보다 긴밀한 관계가 "미국의 세력에 필적할 수 있으며 미국의 세력을 겨냥해 침투해 들어갈 능력이 있는 지역 동맹과 힘을 규합해 미국의 국제 패권주의를 완화하는 과정에서 대단히 중요한 의미가 있다"[17]라고 말했다.

결과적으로 수차례에 걸친 방문과 제안에도 불구하고 세계은행은 캄보디아에 대한 재정지원 증대와 굿 거버넌스를 염두에 둔 조건을 연계하지 못했다. 캄보디아 정부가 중국에 손을 벌릴 수 있게 되자 서구 금융지원 기관들의 영향력은 크게 줄어들었다.[18]

수단

최근 몇 년 사이에 수단은 중국 효과를 매우 분명하게 보여주는 사례 국가가 되었다. 2002년 이후 중국은 수단의 풍부한 천연자원에 초점을 맞추어 수단 정부와 강력한 관계를 유지하고 있다. 이 관계의 조건은 중국이 여타 아프리카 국가들과 협의한 것과 동일하다. 수단 정부는 저렴한 중국 물품에 시장을 내주고 중국의 석유회사들에게 석유 채굴권과 탐사권을 제공했다. 그 대가로 수단 정부는 저금리 차관과 원조를 받았다. 또한 대부분의 서구 기업들이 요구하는 것과 비교해 훨씬 저렴한 비용으로 도로와 교량, 고속도로를 건설하기 위해 중국의 건설 회사들과 포괄적인 계약을 체결했다.

2003년 다르푸르(Darfur) 지역의 반군들이 정부의 군사시설을 공격했다.

이들은 수단의 이슬람 정부가 국가의 자원을 불공정하게 배분하는 등 아프리카 출신 흑인들을 억압하고 있다고 주장했다. 수단 정부는 친정부 성향의 아랍 용병을 동원해 이에 대응했다. 이 용병들은 전반적으로 다르푸르 지역을 조직적으로 공격했다. 결과적으로 수천 명의 민간인을 학살하고 여자들을 강간했다. 3년도 지나지 않아 분쟁으로 20여 만 명의 다르푸르인들이 죽었으며 250만 명 이상이 고향을 떠나 방황했다. 2003년 이후 살상이 고조되자 유엔 안전보장이사회가 개입하여 폭력을 중지하라는 뉴스와 사설이 지속적으로 등장했다. 그러나 또 다른 한편에서는 외교적으로 중국이 수단의 주요 보호국으로 부상했다.[19]

 2004년 초반 이후에는 국제사회의 언론매체와 각국 정부가 정책을 수정하라며 수단 정부를 압박했다. 그러나 수단 정부는 점차 고조되고 있던 국민들의 분노를 달래고자 노력하는 것이 아니라 중국의 외교적 보호에 의존했다. 유엔 안전보장이사회가 수단 정부에 대한 결의안을 통과시키고자 할 때마다 중국이 방해하고 나섰으며, 그 내용을 희석하거나 포기하도록 만들었다. 예를 들면 유엔 안전보장이사회 결의안 1556에서 유엔은 수단 정부가 친정부 용병들을 전면 무장 해제하고, 인도적 지원이 다르푸르 지역에 제공될 수 있도록 하라고 요구했다. 그러나 중국이 거부권 행사로 위협한 이후 결의안에 명시되어 있던 모든 이행 메커니즘이 제거되어 본질적으로 결의안이 의미를 상실했다.

 중국은 그 후 2년 동안 언론매체에서 격렬한 비난을 받고 있다는 사실을 잘 알고 있었음에도 수단의 석유 부문에 대한 제재를 촉구하는 유엔 안전보장이사회 결의안 1591에 대한 표결에 참가하지 않았으며, 공격적인 군사 비행 금지 조항의 발효를 지연시켰다. 같은 이유로 중국은 국제형사재판소(ICC)에 수단의 관리들을 기소하는 결의안 1593에 대한 표결에도 불참했다. 수단에 대한 여행금지와 금융제재를 제안하는 결의안과 관련해 중국은 두 차례에 걸쳐 거부권을 행사했다.[20]

베이징 올림픽에 대한 국제사회의 지지를 확보하려던 중국 정부는 베이징 올림픽과 다르푸르 사태를 연계하는 비정부기구와 저명인사들의 강력한 행동에 반응해 수단 정부에 대한 입장을 완화했다.[21] 이러한 노력에 두 명의 저명한 할리우드 배우가 가담했다. 유엔 친선대사로 활동했던 배우 미아 패로(Mia Farrow)는 베이징 올림픽을 '학살 올림픽'으로 지칭하는 운동을 시작했다. 반면에 저명한 영화감독인 스티븐 스필버그(Steven Spielberg)는 베이징 올림픽의 예술 부문 조언자라는 자신의 역할을 포기했다. 그는 다르푸르 지역에서 '지속되고 있는 인간 고통'을 종식하기 위해 중국이 "보다 많은 일을 해야 한다"[22]라고 주장했다.

이들의 비판에 대한 대응으로 2008년 중국 정부는 자신들의 입장을 완화하고, 수단 정부에 국제평화유지 요원의 배치에 협조하고 인도적 차원에서 학대행위를 중지하는 데 도움을 주라고 촉구했다. 물론 이는 정책의 변화라기보다는 베이징 올림픽 유치 최종 단계에서 국제사회의 압력을 피해가려는 계산된 행동이었다. 이와 같은 태도를 통해 우리는 또한 중국이 국제사회의 여론이 자국에 불리한 방향으로 조성될 가능성이 있는 정면 대결은 피하려는 경향이 있음을 알 수 있다(7장에서 논의하겠지만 이는 미국이 보다 효과적인 이용 방법을 터득해야 할 중국의 취약성이다).

그 후 몇 달 뒤 중국 정부는 국제형사재판소가 수단 대통령 오바르 알 바시르(Omar al-Bashir)를 기소하자 공개적으로 비난했다. 한편 중국의 비호 발언에도 불구하고 BBC 뉴스 프로그램인 '파노라마'의 조사팀들은 수단에 대한 유엔의 무기 수출금지 조항을 중국이 노골적으로 위반했음을 보여주는 최신 자료를 보도했다. 중국이 훈련시킨 수단의 조종사들이 민간인 공격을 목적으로 중국제 A5 전투기를 사용하고 있었다. 중국의 생산 공장과 직접 연계되어 있는 최신 공장코드, 모델번호, 등록번호가 새겨진 박격포와 기관단총이 민간인 가옥을 파괴하는 데 사용되었다. BBC의 보도와 관련해 중국 정부는 논평을 거부했는데, 이는 전혀 놀랄 일이 아니다.[23]

짐바브웨

짐바브웨는 아프리카에서 가장 잘 알려져 있는 불량 독재국가이자 중국에 대단히 중요한 의미가 있는 국가다. 로버트 무가베는 이안 스미스(Ian Smith) 정부에 대항해 짐바브웨의 로디지아에서 전투를 수행하면서 모잠비크의 게릴라 영웅으로 공적인 생활을 시작했다.

독립전쟁 당시 무가베는 짐바브웨의 상징적인 인물로 부상했다. 1980년에는 짐바브웨의 초대 총리가 되었다. 그러나 10년도 지나지 않아 무가베는 종신통치자가 될 생각으로 헌법을 개정했으며 자유의 투사에서 독재자로 변신을 시도했다. 2000년 무가베는 국민들의 관심을 자신의 인기하락과 국정실패에서 다른 것으로 돌리기 위해 백인 농장주들을 대상으로 흑인 민족주의를 이용하기 시작했다. 이는 짐바브웨의 비극적인 몰락의 시발점이라고 말할 수 있다. 백인 소유 농장을 강제 압류하자 식량생산이 급격히 줄어들었다. '아프리카의 식량 창고'로 알려졌던 짐바브웨의 농업 경제가 곧바로 몰락했다.

그 후 5년 동안 무가베는 짐바브웨의 정치를 이상야릇한 개인숭배 형태로 바꾸었다. 이른바 '이단자 정화 프로그램'을 통해 반대파 지도자들을 폭행하고, 살해했을 뿐만 아니라 100만여 채의 가옥을 파괴했다. 서구 지도자들이 무가베를 비난하기 시작했다. 유엔은 짐바브웨를 세계에서 가장 거대한 '독재의 소굴'이라고 선언했다. 2009년 5월에는 경기가 곤두박질치면서 231조 퍼센트에 달하는 살인적인 인플레이션과 짐바브웨의 환율 비율이 달러 대비 6만조 : 1에 이르자 국제사회가 분개했다. 결과적으로 무가베는 오도 가도 못하는 신세가 되었다.[24]

국제사회의 양심세력들이 행동을 촉구하고 나섰지만 보다 강력한 세력에 의해 곧바로 무산되었다. 짐바브웨 정권에 대적하는 모든 시도를 방해하기 위해 중국은 유엔 안전보장이사회에서 자신의 입지를 이용했다. 무가베와 그의 측근들에 대해 강제 제재를 요구하는 유엔 결의안에 투표한 직후인 2008년 7월 중국 대사 왕광야(王光亞)는 다음과 같이 말했다. "제재하거나 제재하겠다고 위협하는 행위는 문제해결에 결코 도움이 되지 않습니다."[25] 중국이 염두에 두었던 문제란 무엇일까? 문제를 해결하기 위해 중국은 무슨 일을 했을까?

중국이 생각했던 답변은 독재자가 노심초사하며 절실히 요구하던 무기 거래, 그리고 관련 하드웨어였다. 거기에는 시위진압용 물대포, 개인용 휴대폰 네트워크 감청 장비, 국가의 통제를 받지 않는 언론매체를 차단하기 위한 군용 수준의 무선 전파차단기, 인터넷 감시 장비, 소형 화기, 탄약, 제트전투기, 군용 트럭이 포함되어 있었다. 중국은 여기서 멈추지 않았다. 거래 명세서에는 중국의 건축양식에 따라 건설된 대형 맨션과 더불어 헬리콥터 주차장과 무가베의 명예학위가 포함되어 있었다.[26]

미얀마

1962년 이후 미얀마(버마)를 군사혁명위원회가 통치하고 있다. 군사혁명위원회는 높은 문자 해독률과 풍부한 천연자원으로 한때 국제사회에서 인정받았던 국가를 체계적으로 빈국으로 전락시켰다. 오늘날 미얀마는 아시아에서 가장 가난한 국가이며, 지구상에서 가장 철저히 통제받는 독재국가다.

 이곳 경제는 밀수품 운송과 판매에, 특히 불법 마약의 운송과 판매에 의존하고 있다. 미얀마의 정치문화는 지속적인 인권유린, 강제노역, 민간인에 대한 군인들의 강간, 정치적 구금, 고문, 인신매매, 소년병사에서 보듯이 세계에서 가장 억압적인 경우다. 미얀마는 지구상의 암흑지대다. 1988년에는 의미 있는 수준의 민중봉기가 마지막으로 있었다. 결과적으로 미얀마 군인들이 수천 명의 주민을 살해했으며, 1990년의 선거에서 승리한 미얀마 '민주주의를 위한 범국가연대(National League for Democracy)'의 수장이자 노벨상 수상자인 아웅산 수치(Aung San Suu Kyi)를 가택에 연금했다. 군사혁명위원회는 선거 결과를 인정하지 않았다. 2009년 6월 미얀마 정권은 가택연금의 조건을 지키지 않았다는 이유로 그녀에게 5년 형을 언도했다. 이는 모르는 사람이 호숫가에 있는 그녀의 집에 침입해 하룻밤을 보냈다는 이상야릇한 사건 때문이었다. 5년 형이 언도됨으로써 수치는 2010년의 총선에 출마할 수 없게 되었다.

 금융지원과 군사장비와 관련하여 미국이 제재를 가한 1988년 이후 미얀마는 불량국가 대우를 받았다. 2000년 유엔은 군사혁명위원회와 대화하고 보다 좋은 거버넌스로 전환하도록 하기 위해 일련의 사절단을 랑군에 파견했다. 진전이 있으려면 이후로도 10여 회의 추가 방문이 요구되는 상황이었다.[27]

협상이 진전을 보이지 못한 이유는 중국에 있었다. 앙골라, 우즈베키스탄, 수단과 여타 국가들의 지도자와 마찬가지로 미얀마의 군사혁명위원회는 중국에서 거의 힘들이지 않으면서 필요한 부분을 훨씬 많이 빌릴 수 있었다. 결과적으로 서구사회가 불량국가로 낙인을 찍어도 두려울 것이 없었다. 유엔사절단이 제재와 약속을 혼합해가며 미얀마 지도자들에게 행동의 변화를 요구하고 있을 당시 중국은 미얀마의 가장 좋은 친구가 되었다. 중국은 채무탕감과 차관 명목으로 각각 3000만 달러를 제공했다. 또한 매년 2억 8000만 달러 이상의 해외직접투자, 석유와 가스, 광산 프로젝트에 대한 기술지원, 탱크, 장갑차, 제트전투기, 공격기, 해안경비정, 소형 화기, 경무기 등 군사 무기를 지원했다.[28]

베네수엘라

베네수엘라의 대담한 지도자 우고 차베스(Hugo Chávez)는 세계적인 문제와 관련해 비서구 국가인 중국이 제공하는 지원을 특히도 열렬히 지지했다. 정권을 장악한 1998년 이후 차베스는 반미주의적 성향을 보였다. 이와 같은 성향을 이용해 그는 라틴아메리카, 러시아, 중동 등의 지역에 동맹을 결성했다.

국내에서 차베스 정권은 점차 권위주의를 지향했다. 차베스를 비난하는 언론매체는 많은 벌금을 물거나 2007년 '라디오 카라카스 텔레비전(Radio Caracas Television)' 사건에서 보듯이 방송 면허를 박탈당했다. 정치적 반대자는 범죄행위 자백을 협박하거나 누명을 씌우는 방식으로 압박했다. 예를 들면 2006년의 대통령 선거에서 이와 같은 수법을 차베스에게 패배한 반대당 지도자인 마누엘 로살레스(Manuel Rosales)에게 적용했다. 결과적으로 2009년 로살레스는 베네수엘라를 탈출해 페루에 정치적 망명을 요청했다. 같은 해 2월 차베스는 개헌을 위한 국민투표에서 승리했다. 임기 제한이 철폐되자 차베스는 무한정 대통령에 출마할 수 있게 되었다.[29]

한편 베네수엘라는 반미주의자들과 뜻을 같이하는 외교정책과 미국과 베네수엘라의 독자성을 강조하는 지역의 발전을 지원하는 외교정책을 고수했다.

보다 주목할 만한 사례이 베네수엘라와 모스크바의 새로운 관계가 있다. 차베스는 러시아 대통령인 드미트리 메드베데프와 석유판매를 논의하고 석유거래 대금을 달러에서 유로화로 전환하자는 제안을 하러 2008년 가을 러시아를 두 차례 방문했다. 이들이 진지하게 논의한 사항에는 그 해 11월 카리브해안에서 이루어질 러시아의 핵추진 잠수함인 피터대제(Peter the Great)가 이끄는 합동 해군연습 계획이 있었다. 또한 러시아는 자국산 무기 구입을 위해 10억 달러 규모의 차관을 내주겠다는 제안을 했다. 추가로 차베스는 미국의 금융위기에 관한 자신의 관점을 다음과 같이 피력했다. "미국의 금융위기는 매우 심각합니다. 그 결과는 상상을 초월합니다. 푸틴(Vladimir Putin)과 내가 어제 미국의 금융위기에 관해 논의했습니다. 러시아와 베네수엘라가 보무도 당당하게 발전하고 있다는 사실은 감사해야 할 일입니다. 우리의 상호협조는 보다 공고해지고 있습니다."[30]

지역적으로 보면 차베스는 미국과 캐나다, 유럽연합이 테러 집단으로 규정한 콜롬비아무장혁명군(FARC)을 정치조직으로 인정받도록 노력하면서 워싱턴과 정면 대결했다.[31] 미국이 민감하게 생각하는 부분은 결코 간과하지 않을 것임을 확인이나 하듯 차베스는 이란의 핵무기 개발 야욕을 지속적이고도 공개적으로 지지했다. 그 과정에서 차베스는 보란 듯이 이란을 수차례 방문했다.[32] 마지막으로 2009년 6월 차베스는 이란의 대통령선거 결과가 공정하고 자유스러운 분위기에서 얻어진 것이라고 주장했다.

반미감정에도 불구하고 미국은 베네수엘라에서 석유를 가장 많이 수입하는 국가다. 베네수엘라가 미국의 소비자들에게 의존하는 정도가 급격히 감소하고 있지 않다면 이와 같은 사실을 미국이 지렛대로 이용할 수도 있을 것이다. 다시 말하지만 서구를 우회하는 길이 중국을 통해 지나간다. 즉 중국의 지원으로 인해 많은 개발도상국이 서구 국가의 도움을 받지 않아도 되었다. 베네수엘라는 중국이 점차 석유를 절실히 필요로 하고 있음을 발견했다. 2007년에 차베스가 말했듯이 중국은 베네수엘라의 최대 석유 수입국 자리를 놓고 미국과 경합을 벌이고 있다. 이와 같은 맥락에서 중국과 베네수엘라는 베네수엘라의 석유 생산량을 늘리고 중국에 중유를 수출하며, 중유 처리를 위한 새로운 정유소를 중국이 건설한다는 내용의 갖가지 새로운 협정을 체결했다.[33]

그러나 미국과 직접 대결을 피하고, 평화적으로 발전을 추구한다는 전략으로 인해 중국은 미국에 대한 석유 수출을 중단하겠다는 차베스의 협박에 조심스럽게 반응하고 있다. 중국은 차베스와 미국 간에 벌어지는 드라마에 끼어들지 않고자 몸조심하고 있다. 베네수엘라의 사례는 중국의 전략적 자제력을 매우 잘 보여주고 있다. 즉 중국은 미국이 선호하는 부분을 계략을 이용해 포위하려고 하는 한편 지나치게 미국을 자극하지 않으려고 노력하고 있다.

이란

마찬가지로 2005년의 대통령 선거에서 혁명수비대 소속 장교인 마무드 아마디네자드(Mahmoud Ahmadinejad)가 승리를 거둔 이란이라는 국가의 지도자들에게 중국은 자신감의 원천이다. 권좌에 오른 이후 아마디네자드는 언론의 자유와 정치적 반대파들을 즉각 억압했다. 몇몇 국가들과 마찬가지로 그는 국제사회의 감독을 받지 않으면서 핵에너지 개발 권리와 핵연료 주기의 관리 권한이 있음을 천명했다. 그 과정에서 그는 주권의 문제를 강조했다. 2005년 9월 이란은 우라늄 농축 재개를 선언하여 국제사회에 위기감을 조성했다. 서구 제국주의자들에 대항해 자국을 방어할 권리가 있으며, "이스라엘을 역사의 무대에서 사라지게 해야 한다"[34]라는 사실을 강조하는 그의 호전적인 발언들로 인해 문제가 보다 심각해졌다.

그 후 12개월 동안 서구 국가들은 이란을 경제적 정치적으로 고립시키고자 열심히 노력했다. 그러나 그들은 곧 이란이 강력하고도 친숙한 외교적 보호 장치를 갖고 있음을 알아차렸다. 이란의 핵기술 개발 방지를 위해 미국과 브뤼셀이 국제사회 동조자들을 동원하려고 노력하고 있을 때 중국이 제재를 방해하고 나섰다.

예를 들면 2005년 9월 유럽연합은 이란의 핵 문제를 강력히 제재할 목적에서 유엔 안전보장이사회에 상정하겠다는 초안 성격의 위협적인 결의안을 국제원자력기구(IAEA)에 전달했다. 러시아와 함께 중국은 이 조치에 반대하면서 문제와 관련해 유엔 안전보장이사회에서 중국의 지원을 기대한다면 결의안을 완화해야 한다고 주장했다. 결과적으로 결의안은 포기되었으며, 수정안이 국제원자력기구에서 표결에 붙여졌다. 당시 베네수엘라가 반대표를 던졌고, 중국과 러시아는 표결에 동참하지 않은 12개국을 이끌었다. 이들 국가에는 이란이 매수한 알제리, 나이지리아, 튀니지, 예멘, 베트남, 스리랑카, 파키스탄, 남아프리카공화국, 브라질, 멕시코가 포함되어 있었다.35 2009년 9월 25일의 유엔 안전보장이사회 특별회의에서 미국과 영국, 프랑스는 이란이 군사적 의미만 있는 비밀스러운 지하시설에서 우라늄을 농축하고 있다고 선언했다. 기한인 10월까지 사태 진전을 막기 위한 추가 제재에 착수하는 것과 관련해 5개 상임이사국 가운데 중국만이 반대했다.

그 후 중국은 미국과 국제사회의 우려를 완화하기 위해 제한적인 조치를 취했다. 아마디네자드와 만난 2008년 9월 후진타오는 핵무기 비확산 레짐에 대한 지지를 새롭게 확인했다.36 또한 2009년 9월 중국은 이란의 비밀장소에 국제원자력기구 검사관들이 접근할 수 있어야 한다는 요구에 대한 지지를 확인했다. 그러나 이런 중국의 행동이 본질적으로 홍보용인지 아니면 진지한 정책인지가 분명치 않았다.

최근 몇 년 동안에는 중국이 제공한 것들로 인해 많은 지역에서 핵확산 상황이 크게 악화되었다. 여기에는 애매모호한 기술 지원, 예를 들면 미사일의 표피, 자이로나 탄두 설계를 포함한 장거리 미사일 기술에 관한 기술지원, 제3자에 대한 기술이전 묵인이 포함되어 있었다. 기술이전 묵인과 관련해 말하면, 제재 대상 기술을 최종 접수한 국가는 중국이 서명한 '최종 수요자(End User)' 협정을 위반한 것에 다름이 없다. 2009년 1월의 미국 의회보고서가 결론지었듯이 중국은 모든 주요 연쇄 핵확산자들에게 주요 부품을 제공해왔다.37 지난 10년 동안만 보더라도 미국 정부는 파키스탄, 이란, 북한, 시리아, 리비아에 민감한 기술과 하드웨어를 이전한 책임을 물어 34개 중국 회사를 제재했다. 이들 회사가 이전해준 품목에는 대량살상무기 부품, 크루즈미사일과 탄도미사일, 청사진, 장비, 화학무기 기술이 포함되어 있었다(보다 상세히 알고자 하면 [표 3.1]을 참조하시오).[38]

이러한 과정에서 가장 중요한 사실은 무엇인가? 이는 너무나 당연한 질문이다. 중국은 이란에 책임을 묻고자 하는 국제사회의 노력을 방해하는 한편 중요한 의미가 있는 에너지 관련 계약을 체결하는 등 이란과의 교역에서 많은 이득을 보았다. 유럽과 미국의 기업인들은 자국 정부의 제재 정책을 지원하기 위해 대이란 투자를 철회했지만 중국 기업들은 그 공백을 메우고자 분주히 움직였다.[39]

중국은 이란에서 석유와 가스를 가장 많이 수입하는 국가다. 2006년부터 2007년 사이 중국은 향후 25년 동안 매년 1000만 톤 규모의 천연가스를 안정적으로 공급받을 수 있는 계약을 이란과 체결했다. 이외에도 국영석유회사인 중국석유천연가스공사(CNPC)가 이란에서 석유의 탐사와 시추 권한을 보장받도록 했다. 더욱이 중국 회사들은 수십억 달러 규모의 지하철 공사와 더불어 이란의 신고속도로 공사와 관련된 계약을 체결했다. 이란은 또한 대함 순항미사일, 대전차미사일, 최첨단 어뢰, 미사일 통제 및 유도체계, 핵물질을 포함한 무기와 첨단 기술을 중국에서 수입하고 있다. 이 거래에는 두 가지 기능이 있다. 이 거래로 인해 고속으로 진행되는 중국의 산업혁명을 지탱해주는 공장이 지속적으로 움직일 수 있게 되었다. 또 다른 한편에서 이란이 중동 지역에서 서구의 영향력을 견제할 수 있는 유용한 수단을 갖게 되었다.[40]

[표 3.1] 대량살상무기 확산과 관련해 제재를 받은 중국 기업, 2004~2008년

대상/사람	이유: 제재 상태	유효일
- 베이징광전자기술연구소(BIOET) - 중국북부산업(Norinco) - 중국정밀기계수출입공사(CPMIEC) - 동양과학계기 주식회사(OSIC) - 지보화학장비공장(ZCEP)	무기 확산: 이란확산금지법(§3) (다자간 무역통제목록에 따라 통제를 받고 있거나 대량살상무기, 크루즈미사일 및 탄도미사일에 기여할 가능성이 있는 부분의 이란 이전)	2004년 4월 1일 이후 2년
- 中國新時代公司 (China Xinshidai Company)	미사일 확산: 행정명령 12938 행정명령 13094에 의해 개정됨 (불특정국가에서 미사일 확산에 물질적으로 기여)	2004년 9월 20일 이후 2년
- 베이징항공대학 (Beijing Institute of Aerodynamics) - 베이징광전자기술연구소(BIOET) - 중국만리장성산업주식회사 - 중국북부산업(Norinco) - LIMMT 經貿公司 - 동양과학계기 주식회사(OSIC) - 남부산업과학기술무역주식회사	무기 확산: 이란확산금지법(§3) (다자간 무역통제목록에 따라 통제를 받고 있거나 대량살상무기, 크루즈미사일 및 탄도미사일에 기여할 가능성이 있는 부분의 이란 이전)	2004년 9월 23일 이후 2년

- Liaoning Jiayi Metals and Minerals Co.
- 큐 씨 첸(Q.C. Chen)
- 화창타이 주식회사
  (Wha Cheong Tai Company Ltd.),
- 상하이 트리플 인터내셔널
  (Shanghai Triple International Ltd.)
	무기 확산:
	이란확산금지법(§3)
	(다자간 무역통제목록에 따라 통제를 받고 있거나
	대량살상무기, 크루즈미사일 및 탄도미사일에
	기여할 가능성이 있는 부분의 이란 이전)
		2004년 11월 24일 이후 2년

- 베이징海立連合科技유한공사
  (Beijing Alite Technologies Company Ltd.)
- 중국국립항공기술수출입공사(CATIC)
- 중국만리장성산업주식회사
- 중국북부산업(Norinco)
- 큐 씨 첸(Q.C. Chen)
- 화창타이 주식회사
  (Wha Cheong Tai Company Ltd.)
- 지보화학장비공장(ZCEP)
	무기 확산:
	이란확산금지법(§3)
	(다자간 무역통제목록에 따라 통제를
	받고 있거나 대량살상무기, 크루즈미사일 및
	탄도미사일에 기여할 가능성이 있는 부분의 이란 이전)
		2004년 12월 27일 이후 2년

대상/사람	이유: 제재 상태	유효일

- 중국국립항공기술수출입공사(CATIC)
- 중국북부산업(Norinco)
- 훙두항공산업그룹
  (Hongdu Aviation Industry Group)
- LIMMT metallurgy and minerals company
- Qunion(Asia) International Economic and
  Technical Cooperation
- 지보체멧장비주식회사
	무기 확산:
	이란확산금지법(§3)
	(다자간 무역통제목록에 따라 통제를
	받고 있거나 대량살상무기, 크루즈미사일 및
	탄도미사일에 기여할 가능성이 있는
	부분의 이란 이전)
		2005년 12월 23일 이후 2년

- 베이징海立連合科技유한공사 - LIMMT 經貿公司 - 중국만리장성산업주식회사 - 중국국가정밀기계수출입회사(CPMIEC) - 중국 창청공업 공사의 미국 지사인 애어로스페이스 공사(G.W. Aerospace Inc)	미사일 확산: 행정명령 13382 (MTCR에서 통제하고 있는 항목을 포함해 미사일과 민군 겸용 항목을 이란 군대와 조직에 이전)	2006년 1월 13일
- 만리장성항공	미사일 확산: 행정명령 13382 (불특정 국가, 아마도 이란에 대한 기술 이전)	2006년 8월 15일부터 12월 12일까지
- 중국국립전자수출입회사 - 중국국립항공기술수출입공사 - 지보체멧장비주식회사	무기 확산: 이란, 시리아 무기확산금지법 (다자간 무역통제목록에 따라 통제를 받고 있거나 대량살상무기, 크루즈미사일 및 탄도미사일에 기여할 가능성이 있는 부분의 이란 이전)	2006년 12월 28일부터 2년
- 중국정밀기계수출입공사(CPMIEC) - 상하이有色金屬浦東發展實業有限公司 - 지보체멧장비주식회사	무기 확산: 이란확산금지법(§3) (다자간 무역통제목록에 따라 통제를 받고 있거나 대량살상무기, 크루즈미사일 및 탄도미사일에 기여할 가능성이 있는 부분의 이란 이전)	2007년 4월 17일부터 2년

대상/사람	이유: 제재 상태	유효일
– 中國新時代公司 – 中國海洋石油公司(CSOIC) – 華中數控股份有限公司	무기 확산: 이란, 북한 및 시리아 무기확산금지법 (다자간 무역통제목록에 따라 통제를 받고 있거나 대량살상무기, 크루즈미사일 및 탄도미사일에 기여할 가능성이 있는 부분의 이란 이전)	2008년 10월 23일 이후 2년
– 大連盛輝(Dalian Sunny Industries) – Bellamax	미사일 확산: §73(a)(1), 무기수출통제법 (Arms Export Control Act) §11B(b)(1), 수출관리법 (the Export Administration Act)	February 2, 2009 for two years Waived for PRC government activities related to missiles, electronics, space systems, and military aircraft
– 大連盛輝(Dalian Sunny Industries) – Bellamax	미사일 확산: 행정명령 12938	2009년 2월 2일부터 2년
– 팡와이 리(Fangwei Li) (Economic and Trade Company의 CEO)	미사일 확산: 행정명령 13382	2009년 4월 7일

출처: Shirley Kan, "China and Proliferation of Weapons of Mass Destruction and Missiles: Policy Issues," Congressional Research Service, July 27, 2009, 59–62, http://www.fas.org/sgp/crs/nuke/RL31555.pdf

중국의 불공정 게임과 아프리카

중국은 세계 시민문화에서 정직한 이해당사자인 지킬 박사의 역할을 수행함과 동시에 국제사회의 불만세력들에게는 하이드 씨의 역할을 수행하고 있다. 중국의 이와 같은 이중성은 아프리카에서 가장 뚜렷이 목격된다. 아프리카는 너무 자주 폭넓은 일반화의 대상이 되고 있다. 다양성이 있는 아프리카 대륙의 실상과 고정관념의 차이에 관해 영국의 식민지 개척자는 다음과 같이 말했다. "아프리카는 존재하지 않는다. 그런데 나는 아프리카를 방문한 적이 있다." 그럼에도 아프리카 지역에서 중국의 행적과 관련해 적용 가능한 포괄적인 주제가 없지 않다.

중국은 국영기업뿐만 아니라 개인기업을 동원하여 아프리카에 투자하고 있다. 그 과정에서 개인기업과 국영기업이 이윤을 긴밀히 상호 조정하고 있다. 중국의 아프리카어 대한 투자가 폭발적으로 늘어나는 것은 '중국기업에 대한 해외투자 장려정책(走出去戰略)' 덕분이다. 이 정책으로 인해 아프리카 대륙 곳곳에서 중국의 투자가 가속화되고 있다. 특정 국가의 시장과 수출 품목을 기업과 관리들이 적절히 연계할 수 있도록 연차관(상환기간이 길고 금리가 낮은 차관을 가리킴_옮긴이), 국가보조금, 기업개발본부, 정보활동을 혼합해 사용하고 있다.[41]

중국의 지도자들은 이런 프로그램이 자선 행위가 아니며, 그런 행위에는 관심이 없다고 지속적으로 말해왔다. 이 프로그램들은 천연자원, 중국 물건의 소비시장, 사업동반자 측면에서 중국에 필요한 부분을 제공해줄 수 있는 아프리카 지도자들과 중국의 상호 이익을 위한 것이다. 정부 지원을 받는 중국회사들이 많은 기반시설과 산업 프로젝트를 아프리카로 들고 와서 긍정적인 효과를 얻기도 했다. 이런 회사들은 철도와 교량에서 병원, 학교, 도로, 전기시설, 전화망에 이르기까지 서구가 간과한 아프리카 지역에 현대 기반시설을 적극 제공하고 있다. 또한 중국 정부는 아프리카 정부의 채무를 신속히 탕감해주었다.

그러나 세네갈의 언론인인 아다마 가예(Adama Gaye)가 말하고 있듯이 아프리카에 대한 중국의 관심은 인류박애 정신과 전혀 관계가 없다.[42] 중국은 자신들이 아프리카에서 얻은 이득을 훨씬 상회하는 심각한 수준의 인적 비용을 지불하는 등 부정적인 효과를 내기도 한다.[43] '다그 함마르시욀드 재단(Dag Hammarskjold Foundation)'의 헤닝 멜버(Henning Melber)는 아프리카에서 중국의 행태가 대부분 '새로운 술병에 담은 묵은 술'의 형국이라고 말했다. 그는 "결국 중국의 아프리카 시장 진출로 인해 약탈적인 자본주의의 추악한 모습이 연출되고 있다. 이러한 자본주의는 대부분의 아프리카 지역에서 볼 수 있는 종속의식을 너무나 오랫동안 악용해왔다"[44]라고 주장했다.

아프리카에서 중국의 행태는 지난 시대의 서구 국가들과 마찬가지로 이 지역의 일반 국민들이 아닌 엘리트와 독재자들에게만 이득이 되고 있다.[45] 천연자원이 있는 아프리카 국가에는 난처한 질문을 던지지 않으면서 많은 자금을 빌려주는 동방의 친구가 있다(예를 들면 이 동방의 친구는 해외부패행위방지법을 적용받는 나이지리아의 석유회사 셸과는 입장이 다르다). 이것은 아프리카 지도자들에게는 좋을 수 있지만 학대받고 있는 아프리카 주민들에게 반드시 좋은 것은 아닐 것이다.[46] 중국은 아프리카 국가들의 주권을 침해하려 하지 않는다. 이는 아직도 중국이 시민의 자유, 법의 지배, 인권, 민주적 거버넌스와 같은 사안들과 동떨어져 있는 국가임을 의미한다. 정확히 이와 같은 이유로 중국의 관리들과 일부 아프리카 주민들 간에 관계가 악화되었다.

결과적으로 아프리카의 일반인들이 생각하는 중국과 아프리카의 관리들이 생각하는 중국 간에는 많은 차이가 있다. 중국의 대형 민간기업과 국영기업의 뒤를 쫓아 많은 소매상들이 몰려와 의류에서 레스토랑과 사창가에 이르는 모든 것을 제공하고 있다. 이들 지원 네트워크로 인해 지역경제가 극심한 피해를 입기도 하고, 저가의 질 낮은 제품을 판매하는 전통적인 업자들이 일자리를 잃기도 한다. 이는 결코 공정한 게임이 아니다. 아프리카에 있는 중국 기업들은 자국에서 자금과 물자를 쉽게 제공받으며, 숙련된 근로자를 포함한 다수의 이점을 누리고 있다.

　아프리카에서 중국의 이와 같은 행태에 담긴 함의는 평범한 아프리카인들이 수준 이하 제품과 중국의 소기업들과의 경쟁과 관련하여 느끼는 좌절감 이상의 것이다. 경제사를 보면 원자재를 이용해 제품을 만들 수 있을 때만이 '근대 경제'로 발전해갈 수 있었음을 알 수 있다. 그렇게 하려면 산업체가 요구된다. 또한 이는 산업화된 국가만이 부유해지고 막강해진다는 의미다. 중국-아프리카 관련 최고 전문가인 크리스 앨든(Chris Alden)은 중국처럼 경제발전을 통해 주민들을 빈곤에서 벗어나게 하고자 한다면 아프리카 국가들이 천연자원을 수출하는 수준에서 탈피해야 한다고 말한다.[47] 천연자원을 수출하고, 외국 물품의 시장 역할 수준에 머물러 있는 한, 아프리카의 많은 지역에서 그런 일은 일어날 수 없을 것이다. 이와 같은 점에서 보면 중국은 아프리카의 많은 국가와 문제가 많은 거래를 했다. 중국은 부패한 아프리카 정권에 선물과 저금리 차관 명목으로 수십억 달러를 쏟아 붓고 있다. 한편 이들 정권은 서구시장에서는 용납되지 않는 저질 물건을 처분할 수 있는 시장과 천연자원을 중국에 제공해주고 있다.

　아프리카에서 중국이 부상한 시점과 관련해서 또한 비극적인 측면이 있다. 아프리카에 대한 중국의 관심이 높아진 시점이 공교롭게도 아프리카에 대한 서구사회의 양심과 배려가 높아진 시점과 일치하고 있다. 서구사회는 아프리카 대륙에서의 파란만장했던 자신들의 과거를 반성했다. 결과적으로 부시 행정부 당시의 후천성면역결핍증(AIDS) 퇴치 노력에서 시작해 코트디부아르 공화국에서 일하는 프랑스의 평화유지요원에 이르기까지 21세기 처음 10년 동안 서구사회는 이 지역에서 가난과 질병을 몰아내고 지속 가능한 발전을 이루기 위한 노력을 제도화했다. 아직도 서구사회는 유럽 식민지주의의 잔재와 냉전 당시의 간섭으로 인해 많은 피해를 보고 있는데, 이는 당연한 일이다. 서구 국가들에 대한 이와 같은 인식으로 인해 중국은 아프리카 지역에 보다 쉽게 진출할 수 있었다. 2006년 우간다 대통령 요웨리 무세베니(Yoweri Kaguta Museveni)는 그런 인식을 다음과 같이 솔직히 표현했다. "서구 통치 집단은 기만과 아집으로 똘똘 뭉쳐 있다. 우리의 상황을 전적으로 무시하며, 남의 일에 지나치게 간섭한다. 반면에 중국인들은 남의 일에 간섭하지 않으며 상대방을 존중한다."[48]

서구사회의 이러한 노력에도 불구하고 중국의 통상관계가 아프리카에서 보다 막강한 세력이 되어가고 있다. 예를 들면 [표 3.2]는 국제인권기관인 프리덤하우스가 사악한 거버넌스로 고통받고 있는 국가로 분류하는 아프리카 국가들에 대한 중국의 원조와 선물 프로젝트의 실상이 어떠한지 잘 보여주고 있다. 통상 이들 원조에는 왕궁, 고속도로, 철도, 발전소와 같은 것들이 포함되어 있다. 식수시설과 초등학교처럼 인도적 차원에서 매우 긍정적인 것도 없지는 않다. 그러나 이와 같은 경향은 명백하게 서구의 우위에 대한 도전이 되고 있다. 중국의 지원으로 이들 아프리카 국가가 서구의 도움이 없이도, 서구의 가치관과 인식에 맞추어 개혁해야 한다는 압박을 받지 않으면서 생존하고 발전할 수 있게 된 것이다.

[표 3.2] 자유가 없다고 판단한 아프리카 국가들에 대한 중국의 원조

국가	원조 형태
앙골라	채무 변제, 20억 달러 차관
부룬디	방직공장, 수력발전소, 고속도로
카메룬	회의장, 수력발전소, 병원
차드	-
중앙아프리카공화국	농업 기술원, 무선통신국, 훈련소, 병원
콩고 공화국(수도 브라자빌)	실내 운동장, 수력발전소, 방송국, 병원, 공장
콩고 민주공화국	실내 운동장, 무역거래소, 인민궁전
코모로	정부청사, 상수원 건설, 인민궁전
지부티	실내 운동장, 정부청사, 인민궁전, 주택건설, 인도적 지원, 병원
적도 기니	수력발전소, 무선통신국, 고속도로
에티오피아	고속도로, 동물병원, 발전소, 상수원 건설
가봉	보건소, 초등학교, 공회당
가나	국립극장, 관개수로, 휴양시설, 병원
기니	인민궁전, 수력발전소, 극장, 대통령관저
기니비사우	주택건설, 발전설비, 기술협력
코트디부아르	극장, 물 보존 사업
라이베리아	제당 공장, 식량 증산 사업, 실내 운동장, 병원, 공공건물
말라위	-
모잠비크	방직공장, 대중차량, 상수원 건설, 신발공장
니제르	실내 운동장, 상수원 건설, 방직공장, 주택건설
나이지리아	고속도로 보수
르완다	고속도로, 시멘트공장, 보건학교, 수의학교
세이셸	수영장, 병원, 학교
시에라 리온	도로, 교량, 실내 운동장, 제당공장, 공공건물, 수력발전소, 공회당
수단	-
탄자니아	고속도로, 방직공장, 식량 증산 사업, 제당공장, 석탄광산
토고	회의장, 제당공장, 실내 운동장, 병원, 관개수로
우간다	실내 운동장, 식량 증산 사업, 공장
잠비아	고속도로, 도로, 공장, 방직공장, 상수원 건설
짐바브웨	실내 운동장, 병원, 댐, 공장

출처: Wayne M. Morrison, "China's Economic Conditions," Congressional Research Service, March 5, 2009, 21. http://www.fas.org/sgp/crs/row/RL33534.pdf

CHAPTER 04

국가 주도형 자본주의의 경쟁 이점

왜 그들은 중국에 매료되었나?

Beijing Consensus

2008년 세네갈의 대통령인 압둘라이 와드(Abdoulaye Wade)는 "별다른 조건도 관료적 절차도 없는 훨씬 빠른 중국의 접근 방식이 유럽의 투자가들이나 기부단체, 비정부기구들의 느린 일처리와 선심 쓰는 듯 보이는 탈식민지 시대 이후의 접근 방식과 비교해 우리의 요구에 보다 잘 부합한다"라고 주장했다. 계속해서 와드는 다음과 같이 말했다. "논의를 시작해 협상과 서명에 이르기까지 세계은행이라면 5년이 걸릴 계약을 중국과는 시작에서 서명까지 3개월밖에 소요되지 않았다. 나는 굿 거버넌스와 법의 지배를 신봉하는 사람이다. 그러나 관료주의와 무모한 행정절차로 인해 일처리 능력이 지장받는 경우, 국제기구 직원들이 일을 지연시켜 국민들의 빈곤이 지속되는 경우, 아프리카 지도자들은 보다 신속한 해결안을 선택할 권리와 책임이 있다. 전반적으로 각본대로 진행되었던 하일리겐담(Heiligendamm)에서 이루어진 최근의 G8정상회담과 비교해 내가 베를린의 호텔에서 묵으면서 후진타오 주석과 나눈 1시간의 대화가 훨씬 많은 것을 알려주었다. 공식적 정상회담에서 아프리카 지도자들은 G8 국가들에게서 기존 공약을 준수하겠다는 발언 이상을 듣지 못했다."[1]

국가 주도형 자본주의의 협정 문구와 요구 조건, 합의 방식으로 중국은 서구 국가들과 비교해 분명한 우위를 누리고 있다. 정부의 보조금이 중국 기업들에게 곧바로 이득이 되지 않을 수도 있지만 정부의 장기적인 투자 목표와 시장개척 목표를 충족시키는 해외 프로젝트를 추구할 수 있다. 예를 들어, 미국 의회조사국에 따르면 중국 회사와 서구 회사들이 관행적으로 제공하는 뇌물 외에, 국가의 지원을 받는 중국 회사들은 아프리카 국가들의 에너지회사의 주식을 시장가 이상의 가격으로 구입했다. 그런데 이는 석유를 안정적으로 지원받도록 하기 위해서였다. 이 중국 회사들은 향후를 기약할 만한 계약을 수용하거나 보다 이윤이 남지 않지만 양자관계를 긴밀하게 할 수 있는 프로젝트에도 입찰을 했다.[2]

더욱이 중국의 정치체제는 미국이나 유럽, 일본의 경우와 비교해 통상과 교역 측면에서 유리한 점이 많다. 자유 민주주의 국가에서는 기업과 의회라는 강력한 이익집단에 대항해 싸워야 한다. 국가 내부에 정치적 장애물이 없었기 때문에 중국 기업과 중국 정부의 행위자들은 서구의 경우와 비교해 훨씬 신속히 합의에 이를 수 있었다.[3]

따라서 아프리카에서 중국이 거둔 승리의 많은 부분은 서구사회의 실패와 관계가 있다. 마찬가지로 중국은 라틴아메리카에서도 경쟁 우위를 보이고 있는데, 최근의 세계경제 위기 때 특히 그랬다. 예를 들면 2009년 4월 〈뉴욕타임스〉는 다음과 같이 보도했다. "백악관의 관료들이 라틴아메리카와의 관계개선을 위해 노력하고 있을 당시, 급속히 악화되고 있던 경기후퇴의 와중에서 악전고투하고 있던 이곳 경제에 많은 자금을 제공하며 중국이 개입했다." 중국은 베네수엘라에 120억 달러의 개발기금을, 에콰도르에 10억 달러 차관을, 아르헨티나와 브라질에 각각 100억 달러의 차관을 제공했다. 이 차관은 중국이 이 지역과 보다 깊은 관계를 맺고자 노력하고 있음을 보여준다. 이 순간 오바마 행정부는 이 지역에서 상실한 영향력을 만회하고자 고군분투하고 있었다. 중국에 대한 이곳의 반응도 아프리카와 동일하다. 베네수엘라 정부는 중국의 지원은 여타 다자기구의 지원과 다르다고 말했다. 왜냐하면 '국가 내부의 금융에 대한 정밀조사'와 같은 '별다른 조건' 없이 자금을 빌려주기 때문이다. 중국은 이들 자금 지원을 장기적인 정치적 영향력을 확보하기 위한 수단으로 생각하고 있다. 즉 "중국은 장기적인 게임을 하고 있다."[4]

절차를 보다 매끄럽게 진행하기 위해 중국은 이 가난한 국가들의 비위를 맞추는 등 저자세로 접근했다. 서구사회에서는 받을 수 없는 영광과 환대를 이들에게 베풀었다. 워싱턴 소재 연구소인 '인터아메리칸 다이얼로그'의 댄 에릭슨(Dan Erickson)에 따르면 소국 정상들은 중국이 자신들을 주요 국가의 정상처럼 대우해주는 것에 감사하고 있다. 카리브해안에 위치한 세인트키츠네비스와 같은 작은 나라의 정상조차도 미국에서는 결코 받을 수 없는 수준의 환대를 중국에서 받았다는 사실을 강조했다.[5]

중국이 통상과 교역에서 이점을 누리고 있는 상황과 사례는 적지 않다. 그러나 미국 국가안보 전문가인 피터 로드먼(Peter Rodeman)과 같은 사람들은 서구 기업들에게도 아직 독보적인 강점이 있다고 주장했다. 이 기업들의 기술과 경험은 대부분의 중국 기업들이 제시하고 있는 것과 비교해 훨씬 우수하다.[6] 로드먼의 발언에는 일리가 있다. 그러나 이와 같은 논거에는 분명하지 않은 부분이 있다. 중국의 기술이 서구나 일본의 경우와 비교해 상당히 뒤처져 있는 것은 사실이다. 그러나 동남아시아 문제 전문가인 조슈아 쿨란트칙(Joshua Kurlantzick)은 많은 개발도상국들은 중국 기업들이 자신이 가진 것을 보다 기꺼이 공유하고자 한다고 생각하고 있다며 반론을 제기한다.[7]

또 다른 측면에서 보면 국제사회에서 중국의 영향력은 미국의 관심이 일시적이나마 모순되고 일관성이 없던 시기에 크게 증대되었다. 부시 행정부는 테러와의 전쟁을 제외한 대부분의 외교 영역에 대해 정치적인 노력을 기울이지 않았다.

여기서 미국은 매우 귀중한 교훈을 터득할 수 있을 것이지만 이와 같은 잘못의 결과는 교정하기 쉽지 않다. 미국 상원외교위원회의 2008년 연구에서는 이 점을 강조하고 있다. 여기서는 9·11 이후 미국의 외교가 이라크전쟁과 테러와의 전쟁 이외에 거의 관심이 없다는 인식을 아프리카에 심어주었다고 결론짓고 있다. 하지만 이처럼 느끼고 있는 곳이 아프리카만은 아니다. 2007년 미국 국무장관 콘돌리자 라이스(Condoleezza Rice)는 아세안의 지역포럼에 참석하지 않고 중동 지역으로 달려갔다. 이는 미국이 이라크전쟁과 테러와의 전쟁 이외에 거의 관심이 없었음을 보여준 또 다른 사례다. 부시 대통령은 싱가포르에서 열릴 예정이던 그 해 9월의 미국 아세안 정상회담에 참석하지 않았으며, 아태경제협력기구(APEC)에서 정상 간의 일정을 하루 앞당겼다. 이는 보다 시급한 문제인 이라크에 관심을 기울이기 위함이었다.[8]

외교적 지원책인 통상관계

이 장에서 설명하는 중국 효과는 몇몇 국가와 지역에서 나타난다. 이들 지역은 대부분 천연자원과 새로운 시장의 가능성이라는 두 가지 공통점이 있다. 그러나 이러한 이득만이 중국이 개발도상국의 시장을 개척하고자 하는 이유는 아니다. 중국이 문제의 국가들에 친근감을 느끼고 있으며, 불량정권들과의 우호관계를 열렬히 희망하고 있기 때문이기도 하다. 서문에서 언급했듯이 경험에 따르면 통상과 교역을 추구하면서 중국이 요구하는 조건은 사회적 변화 측면에서 서구가 제시하는 조건과 비교해 아주 많지는 않지만 침습성이 있다. 중국은 인권이나 타이완과 티베트 문제, 주권 등 몇몇 주요 사안과 관련해 자국과 통상하는 국가들에게서 지속적으로 지원을 받고 있다.

　개발도상국과 새로운 교역관계를 맺을 때마다 중국은 거의 항상 틀에 박힌 공동성명을 발표한다. 양국 정부를 대표하는 두 명의 외교관이 인민대회당에서 악수하는 모습을 사진으로 촬영한다. 사진 아래에는 양국 간의 차관, 원조, 통상 및 투자와 관련이 있는 다양한 협정에 관한 공식 설명이 나열되어 있다. 비교적 짧지만 공동성명에서는 새로운 수준의 외교적 협조를 강조하게 된다. 2005년 11월 에티오피아와 협정을 맺은 중국의 부주석 쩡칭훙(曾慶紅)은 "에티오피아가 중국은 하나라는 정책(오직 하나의 중국이 있으며, 중국 본토, 홍콩, 마카오 및 타이완은 이와 같은 중국의 일부라는 원칙이다_옮긴이)을 변함없이 지지하고, 중국의 통일을 옹호해준 사실"에 감사를 표명했다. 또한 기니 지도자와의 협정에서는 "국제적인 문제에서 긴밀한 상호 조정을 환영하는 기니 지도자들에게 기니가 타이완과 티베트 문제에 관해 지원해준" 데 감사를 표명했다. 가봉은 "중국의 통일을 지지했으며, 지구상에는 오직 하나의 중국이 있으며, 중화인민공화국이 중국을 대표하는 유일한 정부이며 타이완은 중국의 분리할 수 없는 일부분"이라고 말했으며 기니비사우는 "타이완이나 티베트 문제에 관한 중국의 입장을 지속적으로 지원할 것이다"라고, 말리는 "중국은 하나라는 정책과 중국의 통일을 지지한다"라고 말했다. 나미비아는 "긴밀한 협조와 조정을 통해 국제문제와 관련해 중국을 지원할 것이며, 개발도상국들의 공동이익을 보호하기

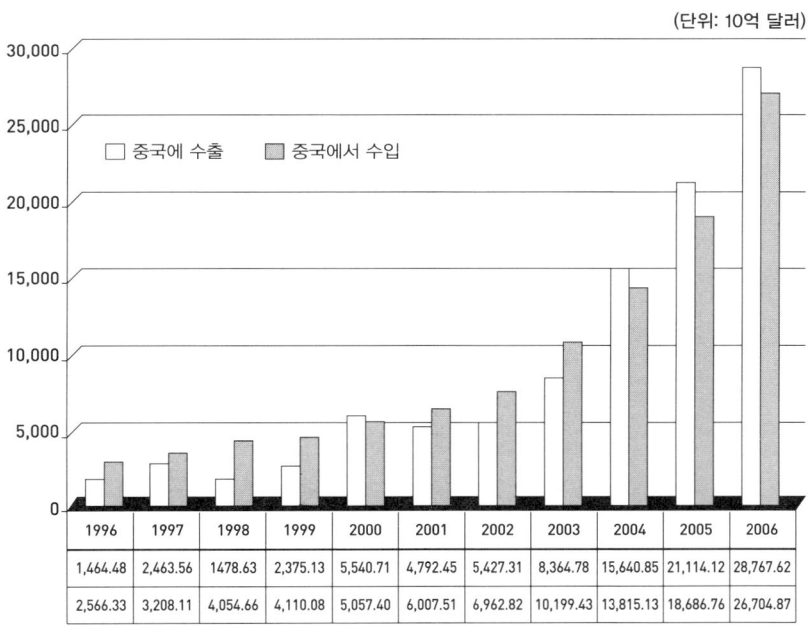

[도표 4.1] 중국과 아프리카의 무역 통계, 1995~2006년

출처: Christopher Burke, Lucy Corkin, and Nastasya Tay, "Chinas's Engagement of Africa: Preliminary Scoping of African Case Studies, Angola, Ethiopia, Cabon, Uganda, South Africa, Zambia," Rockefeller Foundation Report, Centre for Chinese Studies, University of Stellenbosch, November 2007, 3, http://www.ccs.org.za/downloads/RF_Paper_Final.pdf

위해 유엔과 다자기구에서 긴밀한 협조관계를 유지하겠다"[9]라고 약속했다.

마찬가지로 2008년 중국 전국인민대표회의 상무위원회 위원장인 우방궈(吳邦國)는 아프리카연합 의장인 진 핑(Jean Ping)과 악수하며 사진을 찍는 모습을 연출했다. 진 핑은 "아프리카연합 위원회와 대부분의 아프리카 국가들은 중국은 하나라는 정책을 그리고 티베트 문제 등과 관련해 원칙적인 입장을 고수할 것이다"[10]라고 공식 언급했다. 중국이 통상관계를 통해 정치적 외교적으로 아프리카 국가들의 지원을 얻고 있다면 지난 10년 동안 중국과 아프리카의 통상 및 교역 관련 통계 수치([도표 4.1])는 증대되고 있는 중국의 영향력을 가시적으로 보여주고 있다.

타이완을 고립시키려는 노력

마찬가지로 개발도상국들과의 접촉에서 중요한 의미가 있는 것 중에 타이완을 고립시키려는 외교적 노력이라는 부분이 있다. 1979년에 미국 의회를 통과한 타이완관계법에 상세히 언급되어 있듯이 타이완은 미국이 방어를 약속한 동맹국이다.

최근 몇 년 동안 몇몇 국가들이 타이완에서 중국으로 외교관계를 전환했다. 이는 중국의 금융과 무역, 투자 정책이 예전과 달리 영향력이 있었기 때문이다. 이 책을 저술할 당시 타이완을 인정하는 아프리카 국가는 부르키나파소, 상투메 프린시페, 스와질란드뿐이었다. 이는 새로운 싸움이 아니다. 하지만 최근 몇 년 동안에는 타이완과 외교관계가 있는 국가들의 수가 크게 줄어들었다. 이처럼 줄어든 이유는 간단하다. 중국이 수표 외교

(checkbook diplomacy, 외교적 환심을 사기 위해 경제지원과 투자를 이용하는 정책_옮긴이)를 교묘한 방식으로 적용했기 때문이다.

2008년 1월 말라위는 타이완과의 외교관계를 단절했다. 중국이 말라위에 제공한 60억 달러 원조에 타이완이 대항할 수 없었기 때문이다.[11] 말라위는 지난 3년 사이 타이완과 외교관계를 단절한 네 번째 국가다. 유사한 방식으로 2005년 10월 세네갈은 타이완과 외교관계를 단절하고는 중국과 6억 달러 규모의 금융지원을 포함하는 협정에 서명했다.[12] 다음 해 중국 관리들과의 일련의 비밀 회담을 한 이후 차드 또한 동일한 길을 걸었다. 그러나 중국이 차드에 지원하기로 한 금액은 밝혀지지 않았다.[13]

이처럼 중국 정부는 늘어나는 아프리카 국가들과의 통상관계를 외교적 목적으로 이용하고 있다. 예를 들면 2005년 중국은 타이완이 독립을 선언할 경우, 독립을 저지하고 중국의 주권을 지키겠다는 목적에서 비평화적 수단의 사용을 합법화한 반분열국가법(反分裂國家法)을 통과시켰다. 중국의 핵심 이익이 지구상 도처에 산재해 있게 될 다가올 미래를 사전 예고하는 듯 보이는 이 법에 몇몇 아프리카 국가들이 곧바로 외교적으로 지원하고 나섰다. 아프리카연합, 잠비아, 레소토, 이집트, 에리트레아, 말리, 가봉, 에티오피아, 잠비아, 마다가스카르, 르완다, 기니비소, 우간다, 기니, 나미비아, 부룬디, 코모로, 중앙아프리카공화국, 남아프리카공화국을 포함한 국가들이 반분열국가법을 전폭적으로 지원한다는 공식성명을 발표했다.[14]

이와 같은 외교적 지원은 중국이 유엔 안전보장이사회 상임이사국이 되고자 한 일본의 노력을 저지하는 과정에서 보다 분명히 확인되었다. 중국은 2005년 4월의 아시아 아프리카 정상회담에 참석한 국가들이 일본을 지지하지 못하도록 하기 위해 아프리카 국가들을 동원했다.[15] 유엔총회가 타이완의 유엔가입 문제를 유엔 안건에 상정하지 않기로 하면서 타이완의 연속 열다섯 번에 걸친 노력이 수포로 돌아갔던 2007년 9월은 보다 분명한 경우다. 당시 연합통신은 다음과 같은 기사를 전면 게재했다. "타이완의 유엔 가입 노력 좌절과 관련해 중국은 아프리카 국가들에 감사의 뜻을 밝혔다."[16] 그 후 남아프리카공화국과 발표한 공동성명에 따르면 "중국은 제62차 유엔 총회에서 타이완의 유엔가입 문제와 관련해 남아프리카공화국과 여타 국가들이 취한 입장에 감사를 표명했다."[17]

유사한 타이완 고립 전략이 라틴아메리카에서도 효력을 나타냈다(중국과 타이완이 국제사회에서 인정받으려는 노력과 관련해서는 [표 4.1]을 보시오). 중국이 지속적으로 방해한 사안인 타이완의 세계보건기구 가입과 관련한 2007년의 투표에서, 파나마와 니카라과가 표결에 참여하지 않았으며 코스타리카가 반대했음을 주목할 필요가 있다. 이는 두 가지 측면에서 중요한 의미가 있다. 첫째는 불과 몇 달 뒤 코스타리카 대통령인 오스카 아리아스(Oscar Arias)가 최근 몇 년 동안의 교역량 증대와 중국의 무역 및 투자 증대 전망을 고려해 타이완과 외교관계를 단절하고 중국을 외교적으로 인정했다는 사실이다. 둘째는 파나마와 니카라과는 아직도 형식적으로나마 타이완을 국가로 인정하는 나라라는 사실이다. 두 국가가 기권하던 시점은 중국과 무역이 늘어나고 있을 때였다.

이러한 사건들을 살펴보면 아프리카에서 나타나는 경향이 단순한 블록 정치 이상으로 미묘하다는 사실을 알 수 있다. 중국은 미국이 간과했거나 기피했던 국가들과 지구상 도처에서 동맹관계를 구축하고 있다. 그뿐 아니라 미국의 동맹국을 가로채려 하지는 않지만 적어도 그 국가들이 마음

[표 4.1] 중국과 타이완에 대한
라틴아메리카와 카리브 연안 국가들의 외교적 인정

중국을 인정하는 국가	중국과 타이완을 모두 인정하는 국가
멕시코	
중앙아메리카공화국 코스타리카	엘살바도르, 과테말라, 온두라스, 니카라과, 파나마
카리브 연안 국가들 안티구아 바부다, 바하마, 바베이도스, 쿠바, 도미니카공화국, 그레나다, 가이아나, 자메이카, 수리남, 트리니다드 토바고 공화국	벨리즈, 도미니카공화국, 아이티, 세인트키츠 네비스, 세인트루시아, 세인트 빈센트 그레나딘
남아메리카 아르헨티나, 볼리비아, 브라질, 칠레, 콜롬비아, 에콰도르, 페루, 우루과이, 베네수엘라	파라과이*

* 2008년 8월에 취임한 대통령 당선자 페르난도 루고는 4월에 있었던 대통령 선거 직후 자신의 정부가 중국과 관계를 정상화할 것이라고 선언했다.

출처: Thomas Lum, ed., "Comparing Global Influence: China's and U.S. Diplomacy, Foreign Aid, Trade, and Investment in the Developing World," Congressional Research Service, August 15, 2008, 159, http://www.fas.org/sgp/crs/row/RL34620.pdf

편히 서구에 동조하지 못하도록 하는 식으로 미국의 핵심 부분을 보다 지척에서 위협하고 있다.[18]

2007년 1월 〈인터내셔널 헤럴드 트리뷴〉은 중국이 특정 조건을 충족하는 국가들을 지원하고 있다고 주장했다. 예를 들면 타이완 문제에 관해 자국의 입장을 지지하는 국가들만 지원하고 있다는 것이다. 그러나 이것이 모두 사실은 아니다. 왜냐하면 유엔에서 인권에 관한 중국의 입장을 지지하는 국가들도 지원하고 있었기 때문이다. 인권과 주권에 관해 중국과 개발도상국들이 공통 시각을 갖고 있다는 관념은 2006년에 베이징에서 있었던 중국 아프리카 협력포럼(FOCAC)의 주요 주제였다.

2000년에 처음 시작된 중국 아프리카 협력포럼은 중국의 아프리카 지역 개척 21주년을 기념하기 위한 행사로 언급되고 있다. 그 후의 포럼은 2003년에, 보다 최근에는 2006년에 개최되었다. 유엔총회가 유엔인권위원회(UNCHR)라는 명칭을 유엔인권이사회(UNHRC)로 바꾼 것과 같은 해에 열린 이 포럼에서 중국은 중국 아프리카 공동성명을 발표했다. 공동성명에서는 "유엔은 유엔인권이사회가 모든 국가와 지역의 역사와 문화, 종교적 배경을 존중하도록 온갖 노력을 경주해야 한다"라고 강조했다. 여기서 암시하는 부분은 비교적 분명했다. 즉 중국과 중국의 동맹국들은 유엔인권이사회와 같은 다자기구들이 주권에 관한 국가적 경계를 존중하고 타국의 일에 간섭하지 말아야 한다고 믿고 있었다.[19] 중국 아프리카 협력포럼 회원국 명부에 포함된 국가의 숫자는 결코 적지 않았다.

숫자로 대결하자

아프리카 국가들은 집단적으로 투표하는 경향이 강하다. 이런 점은 다자기구에서 중국을 지지하는 데 중요한 요소가 될 수밖에 없다. 유엔총회에 참석하는 국가의 3분의 1 정도, 비동맹운동 회원국의 거의 절반이 아프리카 지역 국가다. 국제올림픽위원회가 2008년의 올림픽 개최지로 베이징을 선정하는 과정에서도 이 아프리카 지역 국가들이 매우 중요한 역할을 했다.

지난 10년 동안 아프리카 지역 국가들은 유엔에서 11회에 달하는 반중국 관련 표결을 저지하는 과정에서 많은 지원을 했다.[20] 친중국 성향의 인권 관련 가장 최근의 표결 사례는 2007년에 있었다. 남아프리카공화국과 중국 간의 통상관계는 2003년 이후 급격히 늘어났다. 남아프리카공화국은 중국에 광물과 천연자원을 수출하고, 중국은 남아프리카공화국에 직물과 일용품을 수출했다. 예상치 못했던 일이지만 2007년 남아프리카공화국은 미얀마의 인권학대를 비난하는 내용의 유엔결의안에 반대하는 중국

[도표 4.2] 중국에서 일하는 남아프리카공화국의 주요 회사들

Naspers/MIH
Kumba Resources
Sasol
AngloGold Ashanti
Angle Coal
Bateman
First National Bank
Goldfields
SAB Miller
Metspan
Old Mutual
Standard Bank
African Explosives Limited(AEL)
Spur
Freeplay
Landpac
Beijing Axis
Anglo America

출처: Christopher Burke, Lucy Corkin, and Nastasya Tay, "Chinas's Engagement of Africa: Preliminary Scoping of African Case Studies, Angola, Ethiopia, Cabon, Uganda, South Africa, Zambia," Rockefeller Foundation Report, Centre for Chinese Studies, University of Stellenbosch, November 2007, 115, http://www.ccs.org.za/downloads/RF_Paper_Final.pdf

에 동조했다. 이와 같은 행위를 보며 국제사회 언론매체가 흥분했다. 이들 언론매체는 "인종차별 철폐에 관한 유엔의 역할을 망각했다"[21]라며 남아프리카공화국을 비난했다. 이는 엘리트 계층이나 정치적 수준에서 중국과 남아프리카공화국이 굳건한 관계를 맺고 있었기 때문에 벌어진 현상이다. 중국은 남아프리카공화국의 많은 대기업들의 주요 시장이 되고 있었다([도표 4.2]).

이와 같은 분위기에 편승하여 남아프리카공화국은 2010년 월드컵 때 자국에서 개최될 예정이던 노벨상 수상자들의 평화회의에 참석하고자 한 달라이 라마에게 비자를 발급하지 않았다. 남아프리카공화국 관리들은 주요 무역국가인 중국과의 관계를 해치고 싶지 않다고 말했다. 로이터통신은 달라이 라마의 방문이 "이 시점에 남아프리카공화국의 국익에 부합하지 않는다"는 정부 대변인의 말을 전했다. 그러자 노벨상수상자이자 이 회의를 조직했던 데스몬드 투투(Desmond Tutu) 대주교를 포함한 평화회의 구성원들은 이와 같은 조치에 저항하기로 만장일치로 결정했다. 투투 대주교는 남아프리카공화국 정부의 행위를 '수치스러운 짓'이라고 비난하고 "뻔뻔스럽게도 중국의 압력에 굴복했다"[22]라고 말했다. 노벨상 수상자들은 이 이벤트를 무기한 연기하고 남아프리카공화국을 떠났다.[23]

유엔인권위원회

유럽외교관계협의회(ECFR)가 유엔에 관해 2008년 9월에 작성한 보고서에 따르면 서구사회는 유엔인권위원회에서 서서히 고조되는 위기로 인해 어려움을 겪고 있다고 한다. 예를 들면 인도적 재앙, 인종대학살, 인종청소를 완화하려는 유엔의 노력을 저지하는 등 인권에 관한 중국의 입장을 지지하는 비율이 2000년대 초반에 50퍼센트 미만이던 것이 2008년에는 74퍼센트로 늘어났다.[24] 1990년대 당시 미국과 유럽연합은 유엔총회에서 인권 문제와 관련해 대략 74퍼센트의 지지를 얻었다. 그 후 그 수치가 48~55퍼센트 수준으로 떨어졌다.

유엔 총회

미국만 놓고 보면 상황은 더 좋지 않다. 매년 미국 국무성은 유엔총회에서 자국 입장에 동조하는 국가들의 비율을 의회에 보고하고 있다. 이 보고 자료에 따르면 미국 입장을 지지하는 비율이 1995년의 50퍼센트 이상에서 그 후 10년 뒤에는 이것의 절반 이하로 떨어졌다.[25] 10년 전만 해도 인권 문제에 관한 유엔의 표결에서 미국과 유럽연합에 동조하던 많은 국가들이 이제는 중국과 러시아를 지지하고 있는 실정이다. 아프리카에서 아시아와 라틴아메리카에 이르는 이 국가들에는 알제리, 앙골라, 보츠와나, 카보베르데, 중앙아프리카공화국, 코모로스, 이집트, 가봉, 레소토, 말라위, 르완다. 세네갈, 남아프리카공화국, 토고, 아르메니아, 아제르바이잔, 바레인, 부탄, 요르단, 카자흐스탄, 쿠웨이트, 몽고, 타지키스탄, 태국, 우즈베키스탄, 바베이도스, 볼리비아, 코스타리카, 도미니카, 구아나, 자메이카, 수리남과 같은 중국의 주요 통상 국가들이 포함되어 있다.[26] 이런 국가들의 수가 늘어나면서 그리고 주요 표결에서 승리하면서 그 중 많은 국가가 전통적인 주권을 적극 옹호하는 대열에 합류했다. 주권과 관련하여 중국과 러시아에 대한 지지도는 최근 몇 년 동안 80퍼센트를 상회했다.[27]

세계무역기구

아프리카 지역 국가들과의 동맹체결은 세계무역기구에서도 중국에 중요한 의미가 있다. 아프리카 국가 가운데 38개국이 가입했다는 점에서 보면 세계무역기구에서 또한 아프리카는 가장 규모가 큰 지역 블록이다. 보다 많은 아프리카 국가들의 지원에 힘입어 중국은 자신들이 원치 않는 규칙들을 도중 좌절시킬 수 있었다.[28] 예를 들면 중국은 시장경제지위(MES)를 추구하면서 아프리카 우방국들의 도움을 얻고자 했다. 시장경제지위는 반(反)덤핑 법규를 위반했음에도 벌금을 물지 않으려 할 때 도움이 되는 조치로, 세계무역기구가 공식적으로 지정한다. 그런데 현재 미국과 유럽연합이 중국에 이 지위를 부여해주지 않고 있다.

이와 관련해서는 약간의 배경 지식이 요구된다. 일반적으로 중국은 시장경제 국가로 간주되고 있다. 그러나 중국의 가장 중요한 무역 동반 국가인 미국과 유럽연합은 세계무역기구에서 중국에 공식적인 시장경제지위를 부여하지 않고 있다. 이는 아직도 중국 정부가 자국 경제에 상당 부분 관여하고 있으며, 부도나 지적재산권 남용과 같은 주요 문제를 다루기 위한 효과적인 골격을 구비하고 있지 않다는 이유 때문이다.[29] 세계무역기구에서 시장경제지위는 법적으로나 무역에서 의미 있는 부분으로, 중국처럼 수출주도형 경제를 운용하는 국가에게 특히 그렇다. 왜냐하면 이 지위를 부여받은 국가에 대해서는 여타 국가들이 덤핑을 제소할 수 없기 때문이다. 무역에서 덤핑이란 자국 내부의 판매가 또는 생산가와 비교해 훨씬 낮은 가격으로 수출하여 외국시장에서 불공정 이득을 얻으려는 것을 의미한다. 덤핑을 제소당하면 그 사실이 브뤼셀에 있는 유럽연합 집행위원회 산하 통상총국(DGT)으로 전달된다. 이곳에서는 해당 물품의 해외 가격과 수출국의 국내 가격을 비교하여 수출국의 덤핑 행위 여부를 결정한다. 국내 가격과 해외 가격 간에 상당한 차이가 있을 경우 일반적으로 해당 물품에 대해 반덤핑 관세를 부과하게 된다.[30]

중국처럼 일부 계획경제체제를 유지하고 있는 국가는 해외 판매가를 고려해 국내에서 가격을 적절히 통제할 수 있다. 그러나 수출국이 해당 물건을 수입한 국가의 시장과 시장경제지위를 맺고 있지 않은 경우 통상총국은 해당 물건의 가격을 수출국의 가격과 비교하는 것이 아니고 실제 생산가를 파악하기 위해 일본이나 인도와 같은 제3국의 가격과 비교한다. 워싱턴과 브뤼셀은 중국 정부가 중앙에서 자국 경제에 빈번히 간섭하고 있다는 사실을 잘 알고 있다. 그래서 중국에 시장경제지위를 부여해주지 않았던 것이다. 그러나 여기서 중국의 통상관계가 이미 언급한 바 있는 나름의 대항 세력을 제공해주었다. 러시아, 이집트, 베네수엘라, 남아프리카공화국, 아세안 그리고 여타 국가가 중국이 통상 측면에서 자국에 베풀어준 혜택에 대한 보답으로 양자적 관계에서 중국에 시장경제지위를 부여했다.[31]

따라서 군사 분야에서와 달리 통상과 무역 분야에서는 신흥 시장들 간에 맺은 새로운 관계와 협정이 미국의 우위를 잠식하고 있다. 또한 자국의 이익에 따라 집단을 형성하는 중급 세력들도 미국의 우위를 침식하고 있다. 남아메리카에서 중국의 위상이 높아지고 있는 것은 좋은 사례다. 세계 경제 위기 이후 권력의 재조정으로 예를 들면 브라질과 새로운 관계를 구축할 수 있었다. 2009년 5월 브라질 대통령인 룰라(Luiz Inácio Lula da Silva)는 두 번째로 중국을 공식 방문했다. 브라질에는 석유, 마그네슘, 인산염, 보크사이트, 황금, 철, 니켈, 백금, 주석, 우라늄, 목재와 같은 천연자원이 풍부한데 중국이 그 천연자원을 애타게 원한다는 점에서 양국은 쉽게 가까워질 수 있었다. 브라질은 또한 자국의 기반구조 개선을 열망하고 있으며, 중국은 거기에 필요한 자금과 기술을 모두 제공해줄 수 있는 입장이다. 따라서 그 해 3월에는 미국을 제치고 중국이 브라질 상품의 최대 시장이 되었다.[32] 그 후 2개월 뒤 중국 석유천연가스공사는 베네수엘라와 합작으로 중국에 정유소 두 곳을 건설한다는 계획을 발표했다. 2011년까지 베네수엘라가 매일 100만 배럴의 석유를 중국에 수출하는 계획을 포함한 매우 중요한 협정에 양국 석유회사가 서명했다.[33]

중국의 대라틴아메리카 투자에 관한 도이치은행의 연구에 따르면 2003년부터 2006년까지만 해도 중국은 엄청난 규모의 투자와 계약을 선언했다. 예를 들면 에콰도르의 석유 탐사계획, 브라질에 제철소를 건설하기 위한 15억 달러 규모의 협정, 페루의 석유회사 매입에 2억 달러 규모의 거래, 아르헨티나에 철로 확장을 위한 80억 달러와 석유탐사에 50억 달러를 포함하여 10년 동안 200억 달러 투자 계획, 칠레의 국가구리회사(NCCC)와 합작으로 진행될 20억 달러 규모의 계획, 도로와 정유소뿐만 아니라 석유와 가스 지역을 포함한 베네수엘라의 에너지 기반구조에 4억 달러 규모의 투자계획, 에콰도르의 석유자산 구입에 14억 2000만 달러 규모의 계획, 석유 예측 및 탐사를 위한 쿠바 석유회사와의 공동생산협정, 쿠바의 니켈 산업에 5억 달러 규모의 투자계획이 있다.[34]

2009년 미 국무장관 힐러리는 중국이 라틴아메리카에서 '불온한 이득'을 챙기고 있다고 언급했다. 또한 이 지역의 많은 지도자들을 미국이 더 이상 간과할 수 없는 입장이라고 말했다. 힐러리는 미 국무성 외국 담당 요원들에게 다음과 같이 말했다. "이전 행정부는 이들을 고립시키고자 노력했습니다. 또한 이들에 대항하기 위한 대책을 지원했으며, 이들을 국제사회의 불량집단으로 만들고자 노력했습니다. 그러나 효과가 없었습니다."[35]

　개발도상국들로 구성된 협회나 모임에서 미국이 추구하는 대의에 반대하는 분위기가 조성되었다. 중국과 인도는 2008년의 도하라운드(DTR)에서 개발도상국들이 부유한 국가에서 수입하는 식량에 높은 관세를 부과하도록 해야 할 것이라고 주장했다. 이처럼 중국은 무역 관련 대화를 교착상태에 빠뜨렸다. 제3세계 국가의 많은 대표들이 중국과 인도의 주장에 곧바로 동조했다. 〈차이나데일리〉는 도하라운드에서 중국의 역할을 부자 국가들의 위협을 받던 개발도상국의 힘없는 농민들을 보호해준 투사의 경우로 묘사했다. 물론 중국이 선택한 방책의 이면에는 개발도상국들을 염두에 둔 공정거래보다는 중국 내부의 요구라는 부분이 있었다. 중국의 지도자들은 농산물을 수입하더라도 중국 농민들이 별다른 지장 없이 지속적으로 상당 규모의 식량을 생산하게 해줄 필요가 있었다. 하지만 도하라운드는 중국과 인도가 서구사회의 제안을 차단하는 긴밀한 동반자관계를 구축했다는 데서 의미가 있다.[36]

　다자간 영역에서 보면 중국은 진정 두 가지 부문에서 진전이 있었다. 첫번째는 미국과 중국이 가입한 국제기구에서다. 과거 중국은 유엔총회, 세계무역기구, 세계보건기구와 같은 국제기구를 미국이 주도하는 기관으로 생각한 적이 있었다. 두 번째는 미국을 초청하지 않는, 2000년대 이후 중국이 영향력을 확대하고 있는 새로운 다자적 기구에서다. 여기에는 동아시아정상회담(EAS), 중국 아프리카 협력포럼, 상하이협력기구가 포함된다. 이들 기구에서 중국 관리들은 소프트파워와 하드파워를 거침없이 사용하고 있다. 미국의 대의에 동조하지 않도록 중국이 원조와 무역을 이용하고 있음을 암시하는 내용을 아프리카와 아시아 출신 대사들이 비공개적으로 언급한 바 있다.[37] 달리 말하면 이들 국가가 중국의 의도에 동참하지 않거나 표결 불참 요구를 받아들이지 않으면 중국이 자국에 제공하는 대외원조를 포함한 경제 계획이 위험해질 수 있었다.

중국식 경제발전 모델의 위력

필자는 3장 전반부에서 중국이 개발도상국들과의 새로운 관계 구축을 통해 국제문제의 흐름을 바꾸기 위해 최근 확보한 금융능력을 이용하는 방법을 다양하게 발전시켰음을 암시했다. 그러나 여기서 주장하고 있듯이 중국의 통상관계 확대는 서구에 두 번째의 심각한 문제를 초래하고 있다. 여기서 말하는 문제는 비민주적인 시장 모델이 점차 개발도상국에서 호소력이 있다는 사실이다.

　유라시아그룹(EG)의 회장인 이안 브레머(Ian Bremmer)가 말했듯이 세계경제의 다양한 부문에서 국가 주도형 자본주의체제가 자유시장을 압도하고 있다.[38] 2008년 〈파이낸셜타임스〉의 보도처럼 세계경제는 국가 주도형 자본주의의 부상으로 지각변동을 겪고 있다. 아시아에서 러시아와 중동에 이르기까지 "정부가 높아진 자국의 경제력을 다양한 방식으로 이용하고 있다. 걸프지역과 아시아지역 국가를 포함한 많은 국가들이 세계경제 위기 이후 고통 받고 있는 월가 투자은행들의 주식을 매입하고 있다. 국가가 천연자원을 통제하고 있으며, 러시아와 중국은 경제적 민족주의를 부르짖고 있다."[39]

이와 같은 상황에서 우리는 1980년대에 대처와 레이건이 주도했던 서구식 민영화와 규제철폐의 시대가, 전략적으로 자산을 매입하거나 세계적으로 영향력을 행사할 목적으로 정부가 경제력을 이용하는 그러한 시대로 전환되고 있음을 알게 된다. 이러한 사건들은 또한 유럽 계몽주의 원칙을 세계적으로 보편화하기 위해 시장 세력을 이용할 수 있을 것이라는 낙관적인 기대가 불가능해지고 있음을 의미한다. 자국 경제를 통제하고 독재의 기반과 세계적 영향력을 신장하려 하는 정부들이 자유주의 정치와 자유경제를 대체하고 있다. 예일 대학교 교수인 제프리 가튼(Jeffrey Garten)은 18세기 말에는 자본주의가 봉건주의를 대체했으며, 20세기 말에는 보다 자유로운 시장이 승리를 거두었다고 말한다. 그러나 오늘날 세계는 세계무역의 법칙과 철학 측면에서 또 다른 주요 변화를 시험하고 있다. 과거의 변화와 달리 이와 같은 새로운 변화는 발전적인 것이 아니다.[40]

전략적으로 시장 민주주의 교리를 거부하고 있다고 할 수 있는 중국과 같은 통제형 자본주의에는 공통된 특성이 있다. 그중 가장 두드러진 것은 집권당의 엘리트들과 긴밀히 연계된 거대 에너지공사와 국영기업의 발전이다. 개발도상국 가운데 가장 규모가 큰 13개 석유회사는 오늘날 정부 소유이다. 브라질의 페트로바스(Petrobas), 말레이시아의 페트로나스(Petronas), 이란의 국영석유회사(NOC), 베네수엘라의 페트롤로스 드 베네수엘라(Petrolos de Venezuela), 사우디아라비아의 로열 뷰로크러시(Royal Bureaucracy), 중국의 석유천연가스공사, 러시아의 가즈프롬(Gazprom)과 로스네프트(Rosneft)가 그렇다.[41] 여타 부문에서도 정부가 점차 영향력을 확대하고 있다.

이들 정부는 더 이상 시장을 규제하는 수준에 만족하지 않는다. 이들은 국영기업 또는 국가 주도형 산업을 이용해 정치적 입지를 강화하고 있다.

이들 산업 분야는 석유화학에서, 발전소, 광산, 철광업, 항만관리, 선박업, 방위산업, 중기계, 장거리통신, 항공산업에 이르기까지 다양하다. 이들 중 두드러진 사례에 브라질의 우라늄광산, 러시아의 니켈광산과 제철산업, 인도의 철도, 자동차, 철강, 화학, 중국의 장거리통신, 알제리의 농공업, 모로코의 인산염, 앙골라의 다이아몬드광산, 카자흐스탄의 우라늄광산, 필리핀의 식량 및 주류 생산, 아제르바이잔의 전자산업이 있다.[42]

한편 천연자원이나 제조품 수출을 통해 현금을 축적한 정부들이 잉여자금을 이용해 다양한 물자, 부동산, 주식, 채권 또는 외국 화폐를 구입하고 있다.[43] 그 과정에서 우리는 특정 국가 소유의 투자기금 또는 국부펀드(SWF)의 발전을 보게 된다. 마틴 울프(Martin Wolf)가 주목했듯이 이는 전적으로 새로운 현상은 아니다. 가장 오래된 국부펀드는 1953년의 쿠웨이트로 거슬러 올라간다.[44] 그러나 지난 10년 동안 국부펀드는 그 규모가 크게 늘어났다. 스탠더드차티드 세계연구소(SCGRG)에 따르면 이 펀드의 규모가 이미 2조 2000억 달러를 넘어섰으며, 향후 10년 이내에 13조 4000억 달러에 달할 것이라고 한다.[45] 주목할 만한 사례로 두바이, 싱가포르, 쿠웨이트, 중국, 러시아, 이란, 카자흐스탄, 말레이시아, 대한민국, 브루나이, 알제리, 사우디아라비아, 카타르가 있다.[46]

이 사례를 연결하는 또 다른 공통 주제는 지배 엘리트와 기업주의 밀착 관계다. 이처럼 밀착되어 있는 상황에서는 정치적 행위자가 기업의 대부분 결정을 주도하게 된다. 투자 결정의 동기는 경제적일 뿐만 아니라 종종 정치적이며, 정치적 경향이 상당히 강하다. 또한 지배계층이 느끼는 국내 불안정이라는 문제가 비즈니스 관리와 시장개혁 방법에 상당한 영향을 주고 있다.

논의 전반을 통해 파악했듯이 중국은 이와 같은 모델에서 가장 두드러진 사례다. 오늘날 중국 경제는 세상에서 가장 많이 논의되고 있다. 그러나 아직도 사람들은 중국 경제가 주로 자본주의 경제인지 아니면 통제형 경제인지의 문제를 놓고 설왕설래한다. 사실 중국 경제는 자본주의 경제와 통제형 경제의 중간 형태로 생각할 수 있다. 즉 중국 경제는 하이브리드 혁신에 해당한다. 중국 경제의 다양한 부문, 즉 소매업, 농업, 서비스산업(은행산업은 제외)은 보다 민영화되어 있다. 그러나 철강, 알루미늄, 에너지, 운송, 통신, 은행체계와 같은 방대한 전략적 부문은 중국 정부가 소유하고 있다. 통치 엘리트와 결탁되어 있으며 그 엘리트에 의존하고 있는 소수 독재가 국영기업과 국부펀드를 통해 국내외에서 이들 부문을 관리하면서 내세우는 지도철학은 국가 내부를 안정시켜야 한다는 주장이다.

이와 같은 상황에서는 경제적 자유주의는 제약될 수밖에 없다. 이 정도 수준까지만 자유시장 원칙을 준수할 수 있다는 사실을 상기시키기 위해 중국 정부는 주기적으로 무언가 하고 있다. 2009년 5월 허베이 성의 관리들은 지역경제를 살리고 경기후퇴를 막기 위해 허베이 성에서 생산된 25만 상자의 담배를 피우라는 지시를 받았다. 말도 안 되는 발상이지만 이것이 현실이다. 자신에게 할당된 목표치를 달성하지 못했거나 허베이 성이 아닌 지역에서 생산된 담배를 피우다 적발된 공무원은 벌금을 물었다. 학교 선생님조차도 피워야 할 분량을 지정받았다. 주민들을 특수 요원들이 불시 검문했다. 특수 요원들이 사전 예고 없이 교실 문을 박차고 들어와 재떨이와 교실의 담뱃재를 수거하여 지시이행 상태를 점검했다.[47] 정부가 국민들의 금연 행위를 저지하는 등의 기발한 착상은 중국에서만 가능하다고 생각할 수도 있을 것이다.

세계무대에서 보면 이와 같은 국가 주도형 자본주의 모델이 자유주의 서구의 의제에 심각한 문제가 되고 있다. 지리경제학 측면에서 보면 상당한 수준으로 시장을 점유한 막강한 회사들이 그들 정부의 외교정책의 수단이 되었다. 4장에서 많은 사례를 들어 입증했듯이 석유천연가스공사와 같은 자국 회사에 기회를 주기 위해 중국은 국민을 억압하는 정권들을 지원하고 있다. 이것이 명백한 경우다.

그러나 보편화되고 있는 이와 같은 경향에서 중국은 가장 대담한 경우에 불과하다. 이것을 입증하는 증거는 많다. 예를 들면 러시아 국영 천연가스 회사인 가즈프롬도 같은 부류에 속한다. 2009년 12월을 기준으로 이 회사는 극동지역에서 유럽으로 연결되는 15만 7000킬로미터의 파이프라인을 보유하는 등 세계에서 가장 방대한 가스 배급체계를 운영하고 있었다. 이곳은 세계 가스 저장량의 20퍼센트 정도에 영향력을 행사하고 있으며, 세계에서 가장 많은 가스를 생산하고 있다. 특히 유럽은 가스 소비의 25퍼센트 정도를 이곳에 의존하고 있다. 노드 스트림(Nord Stream) 파이프라인을 발틱해 해저를 경유해 러시아에서 독일로 연결하고 사우스 스트림(South Stream) 파이프라인을 흑해 해저를 경유하여 불가리아와 발칸 국가들로 연결하자는 제안으로 이와 같은 의존도가 향후 훨씬 높아질 전망이다.

〈월스트리트저널〉은 노드 스트림 파이프라인을 "중부유럽과 동부유럽을 분할 정복하기 위한 개념을 러시아가 에너지 분야에 적용한 경우"[48]라고 묘사했다. 이처럼 급변하는 에너지 판도를 배경으로 러시아는 가즈프롬의 파이프라인을 정치적 목적으로 이용할 수 있게 되었으며, 이용하고 있다. 2009년 1월 1일 이 회사 관리들은 우크라이나로 연결되는 파이프라인을 차단했다. 표면적인 이유는 우크라이나 정부가 적시에 대금을 지불하지 않았으며, 시장가 수준으로 지불하려 하지 않았다는 것이다. 그러나 그 이면에는 2008년 8월에 러시아가 조지아와 전쟁 중일 때 조지아를 지원하고 나토에 가입하고자 했던 친서구적 우크라이나 정부를 징벌한다는 정치적 목적이 있었다.[49] 오늘날 러시아가 느긋한 심정으로 가정하고 있듯이 유럽인들은 러시아의 천연가스에 발목이 잡혀 있는 형국이다. 지정학적으로 보면 이는 중앙아시아와 동유럽에 대한 러시아의 구상을 유럽이 묵인할 수밖에 없는 입장임을 의미한다.

따라서 정부가 통제하는 자산이 시장에 대한 정부의 역할을 재확인하는 형태로 세계시장으로 흘러들고 있다.[50] 최근의 주목할 만한 사례로 2007~2008년에 싱가포르, 쿠웨이트, 대한민국이 매우 어려운 상황에 처해 있던 시티그룹과 메릴 린치(Merrill Lynch)에 210억 달러의 금융을 제공한 경우가 있다.[51] 특정 펀드의 상세 가격과 규모는 밝혀지지 않았지만 2007년의 세계금융위기 당시 국부펀드에서 상당한 수혈을 받은 것으로 알려진 회사에는 거대 은행인 카우프싱(Kaupthing), 크라이슬러 빌딩, 미국의 투자은행인 베어스턴스(Bear Stearns), 캐나다 제국상업은행(CIBC), 영국의 바클레이즈(Barclays) 은행, 세계적인 투자은행인 모건스탠리 그리고 UBS 증권이 있다.[52]

경제적 관리와 관련된 이와 같은 상황의 이면에는 문화적 정치적인 면에서 서구에 대한 도전이 숨겨져 있다. 물론 중국식 경제발전 모델을 가용노동력, 노동력이 임금 억제에 끼치는 효과, 공자(孔子)의 유산, 중국의 높은 저축률, 강한 업무 윤리, 또는 지난 50년 간 유지해온 중앙집권적 경제계획 수립과 같은 부문으로 쉽게 나눌 수 없을 것이다. 그러나 1장에서 논의했듯이 이 모델의 위력은 이와 같은 세부 사항에 있지 않다.

중국식 경제발전 모델이 매력적인 까닭은 그 이면에 있는 간단한 정치적 공식 때문이다. 즉 권위주의적 통치로 얻어진 안정성과 시장의 위력 때문이다. 자국 경제를 외국의 투자에 개방하고, 노동유연성(외부 환경 변화에 인적 자원이 신속하고도 효율적으로 분배 또는 재분배되는 노동 시장의 능력_옮긴이)을 보장하며, 세금부담과 책임부담(Regulatory burden, 개혁 또는 창업 때 따르는 부담_옮긴이)을 줄이고, 민간 또는 국가 지출을 적절히 혼합해 일급 기반시설을 구축하는 등 중국 정부는 자유주의 경제정책의 기조를 일부 수용했다. 또한 중국 정부는 정부, 법원, 군대, 내부 치안기구, 정보의 흐름을 완벽히 장악하고 있다.

중국 정부와 국민은 새로운 자본주의 거래를 하고 있는 것이다. 정부는 지속적으로 국민의 생활수준 향상을 위해 노력하고 국민은 국가의 권위주의적인 통치를 허용하고 있다. 로버트 케이건(Robert Kagan)이 말했듯이 그것은 다음과 같은 실용주의적인 규칙을 근거로 한 일종의 거래다. 즉 "국민은 자신이 원하는 어떠한 사생활이든 누릴 수 있다. 본인으로 국한할 경우 어느 누구도 읽거나 사고하는 방식에 제약받지 않을 것이다. 돈을 벌고 부자가 될 수 있다. 정치에는 관심을 보이지 말아야 한다. 관심을 보일 경우 차단당할 것이다."[53]

중국은 시장 권위주의 모델을 다른 국가에 강요하지 않았지만 다른 국가들이 이와 같은 접근 방식을 인지하도록 만들었다. 또한 이들 국가가 관리에 관한 전문지식을 배우거나 모방하려 할 경우 반대하지 않았다. 여기서 말하는 전문지식에는 전략적 투자와 반민영 형태의 언론매체에 대한 국가의 통제, 방대한 무역수지 흑자로 인한 인플레이션 압력을 봉쇄하기 위한 불태화개입(sterilized foreign exchange intervention, 경상수지나 자본수지 흑자로 외화가 유입되면 외환 당국은 수출 경쟁력 저하를 막기 위해 외환시장에서 외화를 매입한다. 이 때 통화량이 증가한다. 통화량 증가로 인한 인플레이션 가능성을 줄이기 위해 채권을 발행해 자금을 재차 흡수하는 것을 의미한다_옮긴이)이라는 거시경제 정책, 일시적인 세금 감면이나 면제 그리고 여타 보조금과 같은 중앙 차원의 규제 수단을 통해 해외직접투자를 늘리는 방식 등이 있다.

중심 세력

금융 분야에서 서구의 능력과 워싱턴 컨센서스가 비웃음을 사고 있는 순간에, 중간 수준의 지역 세력들은 점차 관리적 관행의 이점을 활용하고 있다. 이러한 중간 세력들에는 인도네시아, 베트남, 나이지리아, 터키, 사우디아라비아, 파키스탄, 베네수엘라, 브라질, 남아프리카공화국, 우크라이나, 이집트가 있다. 이들 중 일부 국가는 가까스로 민주주의체제를 유지하고 있으며, 또 다른 국가들은 '서구 주변'을 선구적으로 비껴가고 있는 중국에 매료되어 있다. 이들은 베트남처럼 중국식 모델을 숭앙하여 그 일부를 자국의 거버넌스에 통합한 국가부터 민주주의를 건설하고자 노력하다 실패한 나라, 부정부패와 자원결핍, 계몽주의 사상을 접해본 적이 없다는 사실 등으로 좌절하고 있지만 중국의 안정성과 성장을 부러워하는 이집트와 같은 나라에 이르기까지 다양하다.

그런 국가들을 '중심 세력(privot power)'으로 생각할 수 있을 것이다. 이들은 지역의 선도자로서 중국식 모델 혹은 서구식 모델로 기울어지게 되는

데, 그런 선택이 주변 국가에 적지 않은 영향을 준다.[54] 서구 모델과 중국 모델 간의 경쟁에서 중국 모델이 주목받고 있다. 그 이유는 자국에 적용 가능한 부분을 파악하기 위해 중국식 모델을 살피던 엘리트들이 제2 또는 제3세계 국가에 매력적으로 보이는, 앞서 언급한 두 가지를 발견하고 있기 때문이다. 첫째 중국의 부상은 정권이나 이념의 변화가 없이도 중급 세력들이 단기간에 세계적 차원에서 자신의 위상을 크게 높일 수 있음을 입증해주었다. 둘째 중국식 경제발전 모델은 까다로운 규칙, 무질서한 법규, 비판적인 언론매체, 일반 대중의 변덕을 피하면서 안정과 번영에 이르는 길을 제시해주었다.

이 중심 세력들의 선택에 따라 중국식 경제발전 모델을 시장 민주주의의 대안으로 얼마나 많은 국가가 채택할지가 결정된다. 더욱이 중국식 모델을 수용한 국가의 주변국들은 정치와 문화, 역사적 성향이 비슷하므로 쉽게 수용하게 될 것이다.

우리에게 맞는가?

베트남, 미얀마, 캄보디아의 관리들은 정치적 민주화를 추구하지 않으면서 경제 발전을 도모하고자 하고 있다. 이들은 이 경우 적용 가능한 부분과 관련해 중국의 경제발전 사례를 파악하기 위해 중국으로 대거 몰려왔다.[55] 시리아 정부와 이란 정부는 경제성장 추구와 동시에 정치적 이단자에 대한 통제가 가능한 중국식 경제발전 모델을 모방하고 싶다는 사실을 공개적으로 언급했다.[56]

이란은 하이브리드 거버넌스에 관한 중국식 개념이 주변국들로 전파될 가능성이 있음을 완벽히 보여준 사례일 것이다. 2006년 이란 정부는 중국식 경제발전 모델을 상징하는 도시인 상하이와 선전에 고위급 의회 사절단과 공무원을 다수 파견했다.[57] 방문 직후 이란 의회 경제위원회의 수장인 아델 아자르(Adel Azar)는 중국의 역동성이 이란과 다른 데 크게 놀랐다고 말했다. 〈월스트리트저널〉은 다음과 같이 보도했다. "이란 관리들이 세계에서 가장 강력한 정부를 괴롭히는 문제를 해결할 개념을 중국에서 찾고 있었다. 정치적 통제력을 상실하지 않고도 경제의 숨통을 트이게 할 방법은 무엇인가?"[58] 아자르는 "이란은 중국과 거의 같은 시점에 사기업에 관한 논쟁을 시작했습니다. …… 중국은 곧바로 사기업에 익숙해졌습니다"라고 국제사회의 언론매체에 실토했다. 이란의 경제 전문가인 드자브드 살레이스파하니(Djavad Salehi-Isfahani)는 다음과 같이 요약했다. "중국에서 이란의 사절단들이 좋아했던 부분은 경제성장을 위해 민주주의가 필요하지 않다는 사실입니다."[59]

자유주의적 국제주의자들에게는 불행한 일이지만 이와 같은 정서가 도처로 전파되고 있다. 2005년 라오스 정부는 다음과 같이 선언했다. "중국 경제의 성장에 관해 알게 되었습니다. 라오스 경제를 위해 중국에서 배울 필요가 있다고 생각됩니다. 이는 경제성장을 유지하면서 사회주의를 건설하는 것입니다."[60] 몽고 대통령이 미국과 미래에 관해 논의하기 위해 백악관을 방문한 2006년 이후 몽고 외무장관 수석보좌관은 자국 정부가 민주적 개혁을 반복해 강조하고 있지만 "진정 몽고는 중국인들의 일처리 방식을 좋아한다"라고 말했다. 그는 "이와 같은 중국식 경제발전 모델을 적용하면 매년 10퍼센트 성장을 이루고 중산층을 갖게 된다. 또한 지도자들은

4년 이상 공직에 있을 수 있다는 사실을 알게 된다. …… 그러나 민주주의의 부작용은 없다"[61]라고 말했다.

적어도 명목상으로는 공산주의자들인 쿠바 정부와 중국 정부의 관리들은 지난 몇 년 동안 수차례 서로를 방문했다. 1992년 필자는 처음으로 쿠바의 경제기획원 장관과 대화를 나누었다. 당시로부터 8년 전에, 중국의 초기 발전 단계에 하이브리드 모델을 적용해봤다는 중국 경제부흥 담당 의장과 중국에서 나누었다는 대화 내용을 자세히 말해주었다. 쿠바와 중국 간의 교류는 지속되고 있다. 보다 최근에는 라울 카스트로(Raul Castro)가 훨씬 필요한 개혁을 시도하는 한편 쿠바의 어려운 경제를 유지할 수 있도록 돕는 문제에 초점을 맞추고 있었다. 스탠퍼드 대학교 후보연구소의 쿠바 문제 전문가인 윌리엄 래틀리프(William Ratliff)는 다음과 같은 사실에 주목했다. "지난 15년 동안에는 피델 카스트로와 라울 카스트로를 포함한 쿠바의 정치, 군사, 산업 엘리트들과 공산당 정치국 요원의 3분의 2가 중국을 방문하여 중국의 개혁에 많은 관심을 표명했다."[62]

말레이시아에서는 경제적 이득을 위해 사회를 동원하면서도 갈등을 최소화하는 중국식 모델이 개인의 권리와 자유를 거의 강조하고 있지 않다는 점에 주목했다.[63] 또한 중앙집권적인 경제계획 수립에 관한 전문지식을 배우기 위해 브라질의 정책입안자들이 중국을 방문했다.[64] 에티오피아는 국제사회의 자유주의적 규범에 자국의 주권을 양보하지 않으면서 경제를 발전시키고 있는 중국식 경제발전 모델을 예의 주시했다.[65]

여기서 우리는 중국식 경제발전 모델과 관련해 반복적으로 등장하는 주제인 적시성의 문제, 즉 중국이 적시에 경제발전 모델을 들고 국제사회에 등장했다는 사실을 다시금 주목해야 한다. 서구 이외의 지역에서 2008년에 실시한 여론 조사에 따르면 민주화에 관한 서구식 자유주의 이상(理想)보다는 사회적 질서 보장과 경제적 약속의 적시 이행을 점차 많은 사람들이 선호하고 있었다.

1996년부터 2000년까지의 기간에는 라틴아메리카인 가운데 27퍼센트에서 37퍼센트만이 민주주의에 만족했다. 2002년 민주주의에 대한 이곳 주민들의 지지도는 1996년~2000년 당시와 비교해 저조했다. 19퍼센트만이 정당을, 22퍼센트만이 의회를, 26퍼센트만이 사법부를 신뢰했다.[66]

다른 방식으로 유사한 문제를 살폈던 2008년의 세계 여론조사에서 메릴랜드 대학교의 국제정책태도프로그램(PIPA)은 20개국의 2만 명에 달하는 사람들에게 7명의 주요 지도자가 '세계적인 문제에 올바로 대처하고 있는지'에 관한 인식을 질문했다. 여기서의 승자는 러시아의 푸틴과 중국의 후진타오였다.[67] 그 이유는 무엇인가?

이에 대한 답변은 세 가지였다. 첫째 아프리카와 파키스탄에 특별대사로 나가 있는 리처드 홀부룩(Richard Holbrooke)은 "이들의 정서는 세계 지도자들이 오늘날의 주요 문제에 대처하는 방식에 대한 사람들의 불만을 보여준다"[68]라는 비교적 분명한 사실을 언급했다. 둘째 당시의 설문이 이라크에서 겪고 있는 진통, 악화되고 있는 아프가니스탄 상황, 남아시아 지역에서 고조되고 있는 불안정, 서구에서 기인했다고 생각되었던 경기후퇴의 와중에서 실시되었기 때문이다. 한편 중국과 러시아가 높은 한 자릿수 경제성장을 이루는 등 안정되어 있었기 때문이다. 또 다른 차원에서, 그리고 가장 중요한 부분은 보편적으로 적용 가능한 민주주의에 관한 계몽주의의 틀이 서구 국가의 시사해설자 특히 미국의 시사해설자들이 가정하고 있는 수준과 비교해 비서구 세계의 심리나 정치에 아직 깊숙이 파고들지 못했기 때문일 수도 있다.

이라크에서 난항을 겪은 이후 서구의 개념이 가장 많이 침식된 곳은 중동 지역이다. 우연히도 이 지역에서 중국에 대한 호감도가 높아졌다. [표 4.2]를 보면 이스라엘을 제외한 모든 국가에서 중국과 비교해 미국에 '비호감'을 표시한 비율이 높았다.

그러나 중동 지역을 벗어난 개발도상국들에서조차 미국식 민주주의의 촉진이 지속적으로 문제가 되었다. 부분적으로 이는 처절할 정도로 가난한 국가에서 선거를 통해 교정할 수 있는 부분이 거의 없기 때문이다. 국민들의 상황이 나날이 좋아지는 환경에서 지도자가 경제성장과 사회적 안

[표 4.2] 중국과 미국에 대한 중동 지역의 관점(일부 국가들), 2007년

(단위: 퍼센트)

	중국에 대한 관점		미국에 대한 관점	
	우호적	비우호적	우호적	비우호적
레바논	46	48	47	52
터키	25	53	9	83
요르단	46	49	20	78
이집트	65	31	21	78
웨스트뱅크/가자	46	43	13	86
이스라엘	45	45	78	20
모로코	26	30	15	56
쿠웨이트	52	17	46	46

출처: Pew Research Center, "Global Unease with Major World Powers," 47, Nation Pew Global Attitudes Survey, Pew Global Attitude Projects, Washington, DC, June 27, 2007, 3, 39, http://pewglobal.org/reports/pdf/256.pdf.

정을 보장해줄 수 있다면 보다 많은 유권자들이 푸틴이나 차베스와 같은 독재적 성향의 지도자를 선호했다.[69]

라틴아메리카는 보다 분명한 사례다. 2003년의 설문조사에 따르면 응답자의 50퍼센트 이상이 다음과 같은 내용에 동의했다. "경제적 문제를 해결해줄 수 있다면 비민주적 정부가 집권해도 전혀 개의치 않을 것이다."[70]

경제적 수준이 낮은 상태에서 민주화를 추구했던 인도네시아, 캄보디아, 방글라데시 같은 국가에서 지난 20년 동안의 결과는 특히 실망스러웠다. 중국과 싱가포르처럼 동아시아 지역의 모델을 고수한 국가들은 민주적 거버넌스가 보편적으로 적용 가능한 형태가 아니라는 메시지를 옹호하기 위해 이 국가들의 사례를 인용했다. 주미 싱가포르 대사를 지낸 찬헹치(Chan Heng Chee)는 개발도상국과 서구의 차이를 강조했다. 그는 "개발도상국들은 민주주의를 추후로 미루면 좋을 수도 있을 것이다. 민주주의를 적용한 경우에도 아시아의 민주주의는 서구 유형과 같지 않을 것으로 예상해야 한다. 허용의 정도가 비교적 낮으며 보다 권위주의적이고, 개인의 권리보다는 공동선에 초점을 맞추는 형태일 것이다."[71]

싱가포르의 통치자였으며 건국의 아버지인 리콴유(李光耀)는 2008년 동남아시아 지역의 지도자들이 공감한 부분에 관해 다음과 같이 말했다. "거의 예외 없이 민주주의는 개발도상국들에 훌륭한 정부를 안겨다 주지 못했습니다. 아시아인들이 중요시 여기는 부분이 미국인 또는 유럽인들이 중요시 여기는 부분과 같지 않을 수 있습니다. 서구인들은 개인의 자유를 존중합니다. 중화문명을 배경으로 하는 아시아인인 내가 중요시 여기는 부분은 정직하고 효과적이며 효율적인 정부입니다."[72]

리콴유가 지적했듯이 민주적 절차를 통해 비민주적인 결과가 초래될 수도 있다. 아프리카와 아시아, 라틴아메리카에서는 민주화된 것으로 여겨졌던 국가들이 독재국가로 선회했거나 민주주의의 역기능으로 신음했다. 이들 국가의 사회 집단에는 효과적인 정책수립 과정의 참여에 필요하다고 생각되는 자원이 없는 경우도 있었다. 인종 집단 간의 불협화음과 일반적인 불신으로 인해 사회정치적 협조가 어려웠다. 한편 과거 정권의 엘리트들이 여전히 정치력과 국가의 주요 자원을 통제하고 있었다.[73]

이 장(章)에서 살펴보았듯이 시장 권위주의 모델이 시장 민주주의 모델의 우위에 개념적으로 강력히 도전해오고 있다. 시장 권위주의 모델이 서구 사상의 근간에 해당하는 부분, 즉 경제적 자유는 정치적 자유와 국가의 최소 역할을 필요로 한다는 부분을 뒤집고 있다. 점차 많은 국가들이 시장 권위주의라는 새로운 모델을 놀라운 표정을 지으며 바라보기 시작했다. 그리고 이 모델의 지원 세력은 바로 중국이다.

또한 중국이 복잡하고 다차원적인 외교정책을 관리하는 방식을 살펴보았다. 중국은 미국과의 정면 대결을 피하면서 물리적 정치적으로 필요한 자원을 확보하기로 결심했으며, 그 과정에서 놀라운 수완을 보여주었다. 중국은 정면 대결이 아니고 우회하여 미국에 도전해오고 있다. 중국의 도전은 서구식 외교정책의 약점과 단절을 활용하여 이득을 얻기 위해 간접적이고도 매우 정교한 형태를 갖추고 있다.

서구의 정치적 주류들의 시각에서는 이런 문제를 결코 이처럼 생각하지 않을 것이다. 서구 열강과 접촉함으로써 결과적으로 중국이 서구 국가들처럼 생각하고 행동하게 될 것이라고 주장하는 낙관주의자들이 이미 미국에 뿌리를 내렸다. 중국의 성장에 관한 이와 같은 점진주의적인 관점이 인기가 있는데, 특히 중국 이외 지역의 사람들에게서 그러한 실정이다. 이는 잘못된 관점이며 그 이유는 중국 내부에 있다. 다음 장에서는 종종 간과되고 있는 중국의 세계적인 강점이 자국 내부의 약점과 어떤 상관관계가 있는지에 대한 부분을 살펴보기로 하자.

CHAPTER 05

통하지 않는
필연성의 신화

내부의 불안정과 경제성장의 역학관계

Beijing Consensus

2005년 로버트 졸릭 미국 국무부 차관은 중국에 국제사회의 '책임 있는 이해당사자(responsible stakeholder)'가 되라고 촉구했다.[1] 졸릭은 중국의 미래 행동을 측정하는 수단으로 이런 표현을 제시했다. 얼마 지나지 않아 이는 '필연성의 논거'를 발전시키는 사람들에게 매우 인기 있는 문구가 되었다. 이는 오늘날까지도 미국에서 인기 있는 시각이다. 이 문구로 인해 중국의 세계적인 부상을 서구사회의 지속적인 우위를 보장해주는 관점에서 바라볼 수 있게 되었다.

필연성의 논거는 다음과 같다. 서구식 자본주의를 받아들였으므로 중국의 지도자들은 향후에도 경제성장, 삶의 질 향상, 정치적 안정을 위해 국제시장과 세계무역에 의존해야 할 것이다. 중국이 보다 부유해지고 현대화될수록 국제사회에 의존하고 통합될 것이다.

지난 10년 동안 이는 민주당과 공화당 출신의 미국 대통령들뿐만 아니라

학계의 전문가들, 기업의 중역들, 연구소, 정책입안자, 기업의 자문위원으로 신분을 전환한 사람들이 견지했던 주요 관점이다.[2] 대통령직을 사임하기 이전 클린턴 대통령은 이와 같은 논거를 적극 설파했다. 그는 중국과 자유롭게 무역을 하면 중국이 국제사회의 일원으로 통합되어 "미국의 이익과 이상이 보호될 것이다"라고 주장했다.[3] 클린턴과 그의 후임자인 조지 W. 부시 대통령은 중국의 세계무역기구 가입을 위해 적극 노력했다. 이 기구에 가입하면 중국이 세계시민의 기준과 국제법을 보다 손쉽게 수용할 것이라고 주장했다.[4] 부시는 "중국과의 자유무역은 재정적인 면만 있는 것이 아니며 도의적인 면도 있다"라고 주장했다. 무역이 정치와 관계가 있음을 보여주는 사례는 어렵지 않게 발견된다. 2006년 미국 국무성은 다음과 같이 선언했다. 중국은 "세계체제의 주요 구성원이 될수록 자국의 이익이 미국을 포함한 여타 주요 이해당사국의 이익과 조화를 이루어야 한다는 사실을 인식했으며, 향후에도 지속적으로 인식하게 될 것이다."[5] 다음 해에 발간한 논문에서 워싱턴의 저명한 국제전략문제연구소(CSIS)는 "중국이 세계문제와 관련해 보다 책임 있는 이해당사자가 되고 있다"라고 언급했다.[6] 마찬가지로 외교관계위원회(CFR)는 미중 무역과 투자는 그것 자체로도 이득일 뿐만 아니라 "중국을 정연한 세계질서로 묶어주는 연계망 형성에 기여했다"라고 말했다.[7]

2장에서 살펴보았듯이 이런 개념들은 소련의 붕괴 이후 미국에서 부상한 정치철학에 근거하고 있다. 당시 대부분의 논평가와 정치가들은 중국과 같은 국가들이 시장개혁을 통해 번성하면 국제사회에서 점차 민주적 질서를, 국내에서 다원주의를 추구하게 될 것이라고 결론지었다.[8]

자본주의체제 아래 경제가 발전했음에도 불구하고 중국은 그렇게 되지 않았다. 이 사실을 제외하면 모두가 사실일 것이다. 한편에서 보면 무역과 투자의 증대로 중국과 서구사회의 접촉 수준이 보다 깊어졌다. 경제가 발전하면서 중국이 국제 문제에 보다 깊숙이 개입하고 있음을 보여주는 사례는 매우 많다. 1997년의 아시아 금융위기와 관련해 중국은 중요한 역할을 수행했다. 2008년에 시작된 세계적인 경기후퇴와 관련해서는 후진타오 주석이 국제사회의 상호협력을 촉구했다. 중국은 또한 북한의 핵무기 계획 포기를 위해 노력하고 있는 6자회담에서 중추적인 역할을 담당했다. 세계무역기구에 가입한 이후 중국은 기업의 사회적 책임과 지적재산권에 관한 국제기준을 보다 많이 수용하고 있다. 더욱이 이 책의 서두에서 지적했듯이 중국은 개발도상국들에게 가장 많은 금융지원을 하는 국가다. 중국 인민해방군은 2006년의 레바논을 포함해 다양한 평화유지활동에 상당한 병력을 파견했다. 한편 레바논에서 평화유지활동을 할 당시 중국은 이스라엘이 헤즈볼라를 공격한 이후 평화협정 체결에 도움을 주었다.

 그러나 중국의 외교정책은 국제사회 공동체로 수렴해가는 모습과 공동체에서 이탈해가는 모습을 동시에 보여주고 있는데, 향후에도 이와 같은 현상에 변함이 없을 것으로 보인다. 이와 같은 이중성은 오늘날의 중국식 경제발전 모델에 변함이 없는 한 지속될 것이다. 이는 중국의 외교정책이 난맥상에 있는 국내 문제에 대처하는 중국공산당의 노력에 크게 영향을 받고 있기 때문이다. 이것을 중국의 '성장 함정(Growth Trap)'이라 지칭한다.

중국의 성장 함정

분명히 말하지만 이 책이 함정과 패러독스의 관점에서 중국 경제를 논의한 최초 경우는 아니다. 언론인이자 경제학자인 윌 허튼(Will Hutton)은 중국 시장개혁의 '미완성(Halfway house)'에 관해 언급했다.[9] 내 친구이자 동료인 민신 페이(Minxin Pei)는 중국의 경제적 기적이 '전환의 덫'에 빠져 있다고 주장했다. 또한 민주적 개혁의 부재로 인해 지속적으로 인상적인 성장과 발전을 유지할 수 없는 상황이 초래되었다고 주장했다.[10] 허튼과 페이는 권위주의 체제의 고수라는 부분이 중국의 향후 발전을 제약하는 요소로서 함정(덫)임을 언급했다. 여기서 필자는 외교정책 측면에서 '중국의 함정'에 관해 논하려 한다. 보다 구체적으로 말하면, 중국공산당이 자국 내부에서 받는 정치적 압력이 어떻게 세계 속의 중국의 태도를 결정하는지 살펴볼 것이다.

지난 20년 동안 중국공산당은 경제 자유화 덕분에 권력을 유지할 수 있었다. 그러나 2차적, 3차적인 문제가 출현했다. 중국의 해안 지역이 내륙 지역과 비교해 보다 급속히 성장했으며, 내륙의 도시들은 매우 가난해졌다. 수입 불균형과 사회의 계층화가 심각한 수준이며 지역 엘리트들의 착취가 만성적인 현상이 되었을 뿐만 아니라 지역 관리들은 부정부패에 물들어 있다. 더욱이 중국의 수출주도형 경제는 항상 과열 상태이며, 기술의 발전으로 외국의 개념이 유입되었다. 또한 중국공산당은 국가의 정체성을 다시금 강조하고, 의미를 상실한 마오쩌둥 사상이 남긴 공백을 메우고자 민족주의를 허용했다. 그런데 민족주의란 불안한 것이다.

모두 중국의 경이적인 성장에 따른 부작용이다. 중국의 '성장 함정'은 여기에 있다. 문제가 보다 심각한 사회적 불안으로 비화되지 않도록 그리고 중앙정부에 심각한 도전이 되지 않도록 하기 위한 유일한 방안은 지속적인 경제성장이었다. 경제성장은 중국이 안고 있는 모든 문제에 대처할 수 있는 유일한 방안이었다. 중국은 고속 성장을 멈출 수 있을 만한 여력이 없다. 고속 성장을 멈추면 1989년 6월 이후 중국의 지도자들이 겪어본 적이 없었던 불안정과 일대 재앙이 초래될 것이다.

결국 지속적으로 고속 성장을 해야 한다는 압박이 세계 속의 중국의 태도에 영향을 끼치고 있다. 중국공산당이 국제사회의 자유주의 질서 원칙과 기준에 순응한다면 독재정권으로서 서구사회가 인정하지 않고 있는 수단, 이란, 아프리카 서부사하라의 많은 국가들과의 무조건적인 동반자관계가 지장받을 것이다. 쿠바나 베네수엘라처럼 지정학적으로 대단히 매력적인 정권뿐만 아니라 주요 자원과 시장에 대한 중국의 접근성이 약화될 것이다.

마찬가지 이유로 이 불량국가들을 서구 기준으로 보다 매력적인 국가로 전환하는 것은 중국의 이익에 부합하지 않는다. 독재적 성격을 탈피하여 정치체제를 정화하려 한다면 국제 사회에 불만을 느끼는 국가들과 이들 비민주적인 국가가 서구의 기업이나 정부와 동반자관계를 형성하는 등 보다 많은 대안을 찾게 될 것이다. 이 국가들이 이처럼 변혁한다면 개발도상국들에서 중국의 경쟁우위가 위협받을 것이다. 사실 이들 지역에서 중국이 성공을 거둘 수 있었던 까닭은 많은 부분 서구사회의 양심이 허락하지 않아 가능해진 통상 및 교역 관련 기회를 이용했기 때문이다.[11] 열강들이 전략적 실용적 이점을 포기하는 경우는 거의 없다. 중국의 경우에는 지구상 최저 국가들과의 선린관계 유지가 전략적으로도 실제적으로도 이득이 되고 있다.

중국공산당이 자국민들에게 보편적인 인권과 민주주의에 관한 서구 자유주의의 시각을 지지하고 있는 것으로 인식되어서도 곤란했다. 왜냐하면 중국공산당의 존립 자체가 내부에서의 이런 개념의 통제 여부에 달려 있기 때문이다. 국제사회에서 자유주의 규범을 수용할 경우 중국공산당은 곧바로 타격을 입을 것이다. 즉 소수민족, 파룬궁, 티베트와 신장성의 개혁가 내지는 불만 세력들에게 중국공산당의 태도가 부드러워졌다거나 방향을 수정했다는 인식을 심어줄 가능성도 없지 않다.

간단히 말해 중국공산당의 합법성과 정당성은 그 전례가 없는 속도로 경제를 성장시킬 수 있는지에 달려 있다.[12] 이와 같은 사실이 중국의 계획가들에게 상당한 부담이 되고 있다. 결과적으로 중국의 외교정책에서는 도덕적 윤리적 부분을 전적으로 무시함으로써 얻을 수 있는 경제적 이득을 포기할 수 없는 실정이다.

두 행정부에 걸쳐 미국은 중국이 '전략적 동반국가'인지 아니면 '전략적 경쟁국가'[13]인지의 여부를 놓고 끝도 없는 논쟁을 벌여왔다. 이는 〈뉴욕타임스〉의 특파원인 데이비드 생어(David Sanger)의 시각이다. 그러나 이는 잘못된 시각이다. 중국은 이들 모두임과 동시에 모두가 아니다. 정치체제가 붕괴되거나 급격한 변화를 겪지 않는 한 이와 같은 중국의 이중적인 태도는 향후에도 국제사회에서 지속적으로 목격될 것이다. 다음 페이지에서 살펴보겠지만 국제사회에서의 중국의 접근 방식에서 목격되는 경직된 부분들을 이해하는 관건은 중국의 지도자들이 중국 내부에서 고민하는 역학에서 찾을 수 있다. 역설적인 현상이지만 세계 속에서 중국의 세력이나 영향력은 대부분 그들이 국내에서 느끼는 불안정의 산물이다.

톈안먼사태와 소련 붕괴의 교훈

1990년대 초반에는 두 가지 사건으로 인해 중국공산당의 생존 전략이 크게 변했다. 첫째 중국공산당 총서기였던 후야오방(胡耀邦)이 1989년 4월 15일에 심장마비로 사망하자 중국 전역에서 학생들의 시위가 벌어졌다. 그 3개월 뒤 톈안먼 광장에서 정부군이 시위대를 과격하게 진압했으며, 약 6개월 동안 계엄령이 선포되었다. 후야오방은 덩샤오핑 휘하에서 1978년에 시작된 경제적 자유화에 이어 정치적 자유와 개혁을 촉구하던 폭넓은 학생운동의 실질적 지도자였다. 전국적인 시위를 보며 중국공산당 지휘부는 엄청난 충격을 받았다. 중국공산당 총서기인 자오쯔양(趙紫陽)은 시위대에게 힘을 실어줄 친개혁적인 아이디어를 도입하고자 노력했다. 당시 중국의 최고위층에서는 시위에 대응할 방법을 찾느라 부산했다. 덩샤오핑은 친개혁적인 구상을 거부했다. 그는 그런 구상을 수용하면 국가안보가 위태로워질 수도 있다고 생각했다.

군사력을 동원해 시위를 진압하고 자오쯔양을 가택 연금한 후(사망한 2005년까지 지속되었다) 중국공산당 정치국은 국가를 붕괴 직전까지 몰고 갔던 시위의 원인을 파악하는 작업에 착수했다. 이 문제와 관련해 처음에는 주요 분석을 적절히 혼합한 노선을 취했다. 가장 인기 있었던 분석은 서구 정부가 중국의 전복을 꾀하여 시위가 일어났다는 것이었다. 특히 중국공산당의 힘을 약화시키려는 미국의 노력 때문이었다는 주장이 제기되었다.[14] 덩샤오핑과 새로 임명된 국가주석 장쩌민(江澤民)은 연설을 통해 위험천만한 부르주아 자유주의 이념의 부활의 결과일 뿐만 아니라 자신들이 무엇을 하고 있는지도 알지 못하는 젊은이들의 비뚤어진 사고의 결과라며

모두 싸잡아 비난했다.[15]

 그 후 소련에 이어 동유럽의 공산당과 공산국가가 줄줄이 붕괴되었다. 사망한 루마니아의 대통령 니콜라에 차우셰스쿠(Nicolae Ceausescu)의 관이 CNN에 모습을 드러낼 무렵에는 중국공산당의 내부 메커니즘이 분주히 움직였다. 다른 공산체제의 문제는 무엇이며, 그 문제를 어떻게 피해갈 수 있을지에 관해 고위급 사이에 진지한 논쟁이 벌어졌다. 처음에는 잘못된 이데올로기가 끼칠 악영향에 초점을 맞추었다. 간부들은 친서구적 자유주의 사상에 반역적으로 동조하여 소련의 영토적 일체성을 의도적으로 저해한 미하일 고르바초프(Mikhail Gorbachyov)를 비난했다. 방책과 검문소를 설치하여 경계를 강화하자 1월 초순에 중국공산당 지휘부가 생각했던 최악의 사태는 피할 수 있었다.[16]

 그 후 몇몇 중국공산당 분석가들은 몇 달씩 몇 년씩 걸려서 소련의 붕괴 원인에 관한 방대하고도 상세한 보고서를 살펴보았다. 몇몇 기관과 공산당 간행물을 통해 다양하고도 상충되는 관점이 제기되었다. 그러다 중국공산당 지휘부는 1990년대 중반에 접어들어 소련의 붕괴 원인에 관해 의견을 일치시킬 수 있었다. 그 원인에는 교조주의적인 이데올로기, 세상 물정을 모르는 엘리트들, 사장된 공산당 조직, 정체되고 고립되어 있던 소련 경제 등이 포함되어 있었다.[17]

 몇 가지 이유로 소련의 붕괴 이유에 관한 평가가 중국의 정치체제에 분수령이 되었다. 이제 중국공산당 지도자들은 강압만으로는 장기간 동안 통치할 수 없음을 알게 되었다. 특히 세계적으로 그 합법성과 정당성을 상실해가는 공산주의 이념에 입각한 강압만으로는 충분치 않았다. 동유럽 국가와 소련의 붕괴 속도와 범주를 살피면서 그들은 제대로 무장한 일당(一黨)

국가들 또한 주기적으로 체제를 정당화할 필요가 있음을 깨닫게 되었다.

워싱턴 우드로윌슨센터(Woodrow Wilson Center)의 중국문제 전문가인 데이비드 샘보(David Shambaugh)는 시장 메커니즘의 부재와 계획경제가 소련 체제 붕괴의 근본 원인이라는 점에 중국공산당의 모든 평가가 일치되었다고 말했다. 소련 공산당의 실패는 특정 유형의 개혁이 절실히 필요한 시점에 자본주의의 유산이라서 적합하지 않다고 간주했던 극도의 이념적 교조주의 때문이었다고 그들은 생각했다.[18]

이와 같은 평가에서는 지나치게 공격적이었던 소련의 외교정책을 체제 붕괴의 주요 요인으로 주목하고 있었다. 중국공산당의 이론가이자 정치국 자문위원인 젱비지엔(鄭必堅)은 소련이 혁명의 기치 아래 군사적 패권주의의 길을 추구하여 금융과 에너지, 생필품의 잠재성이 있는 원천에 접근할 수도 없는 막다른 길목에 처해 있었다고 경고했다.[19] 더욱이 외부 세계와 소통하지 못했던 정책입안자들은 사실과 달리 소비에트 체제를 세상에서 가장 앞서 있으며 가장 숭앙받는 형태라고 생각했다(그 후 10년 뒤 이는 미국이 간과한 교훈으로 보인다).

1990년대 말 중국의 관리자와 분석가들은 새로운 슬로건을 개발하면서 이 개념을 활용했다. 결과적으로 이들은 세계 속의 중국의 새로운 모습을 '화평굴기(和平堀起, 평화롭게 우뚝 일어섬_옮긴이)'라고 표현했다. 이 용어는 국제사회에서 팽창주의, 침략주의, 패권추구, 공산혁명의 수출에 관한 모든 열망을 포기한다는 새로운 접근법을 만방에 알리기 위한 것이었다. 중국에 대한 주변국의 우려가 점차 고조되고 있음을 인식해 후진타오 당시 사용된 화평굴기라는 용어는 곧바로 화평발전(和平發展)으로 바뀌었다. 이는 사람들이 '화평'보다 '굴기'에 초점을 맞출 가능성이 있다는 우려 때문이었다.[20]

2008년 필자는 중국에서 가장 저명하며 국무원과 연계되어 있던 중국사회과학원을 방문하여 톈안먼사태와 동유럽의 충격을 통해 터득한 교훈에 관한 요약 보고서를 받아보았다. 무엇보다도 분석가들은 경제발전과 생산성 향상에 주력하라고 중국 정부에 조언했다. 보고서에서는 "국가의 전반적인 권력을 강화해야 할 뿐만 아니라 인민의 물질적 삶의 수준을 향상시키는 데 보다 중요한 의미가 있다"라고 촉구하고 있었다. 계속해서 보고서는 지도자는 '이데올로기에 유연성'이 있어야 하며 '진보적'이어야 한다고 주장했다. 다시 말하지만 이 정책의 핵심은 경제성장이었다. 인종적 정치적 갈등의 복잡성과 근본 원인을 보다 잘 이해하고, 갈등을 해결하는 가장 효과적인 방법으로 경제성장을 추구해야 한다고 중국공산당에 촉구했다.[21]

소비에트 공산주의가 몰락한 이후 중국공산당을 구해준 것은 이와 같은 유연성과 진보적인 변혁이었다. 이데올로기 중심의 정책에서 실용주의로 전환을 추구할 당시 덩샤오핑을 포함한 몇몇 개혁가들은 '흑묘백묘(黑猫白猫)'라는 비유를 인용했다("쥐를 잡을 수만 있다면 흰 고양이든 검은 고양이든 상관이 없다"[22]라고 덩샤오핑은 말했다).

중국 정부가 유연성이라는 개념을 채택했음을 보여주는 증거는 많다. 예를 들어 중국공산당의 예술에 대한 태도 변화다. 시각예술을 관리하는 일은 많은 사회에서 하나의 도전이다. 미국 의회는 헌법 제1조를 통해 언론의 자유와 표현의 권리를 보호하고 있다. 미국 대법원은 이 권리를 포괄적인 의미로 해석했다. 1990년대 후반 중국에서는 자극적인 예술, 특히 당 지도자나 국가 영웅 또는 마오쩌둥 시절을 풍자하는 작품들은 공공장소에 전시할 수 없었다. 그런 전시는 중국중앙선전부가 금지했다. 오늘날 베이징 부근의 다샨쯔(大山子)는 예전에 대규모 군사시설이 있던 곳이다. 그런데 이곳이 중국에서 인기 있는 풍자와 캐리커처의 중심지가 되었다. 립스틱 광고에 마오쩌둥이 등장하고 덩샤오핑이 원숭이처럼 묘사되거나 공산주의의 상징물을 이용해 코카콜라나 말보로 담배를 선전하는 모습은 중국 당국에게 이상하게 보일 수도 있을 것이다. 그러나 중국의 관리들은 이와 같은 경향을 저지하지 않고 어느 정도는 허용했다. 중국 당국은 두 가지 노선을 채택했다. 첫째 중국에서도 반론 제기가 가능하다는 증거로 이들의 풍자를 활용하기로 했다. 둘째 이들의 풍자를 아시아와 서구에서 매우 잘 팔리는 시각예술로 인정하는 것이다. 즉 이들은 사회적 논평이라기보다는 일종의 투자이기 때문에 중국공산당의 권위에 대한 직접적인 도전으로 볼 수 없다는 것이다.

중국공산당은 다양한 방식으로 대나무 정책(Bamboo policy, 양자관계에서 실리와 타협을 추구한다는 의미_옮긴이)을 확대 적용했다. 즉 꼿꼿하게 버티다가 결과적으로 부러지는 것이 아니고 바람에 휘어지는 대나무처럼 유연한 정책을 확대 적용했다. 이는 장쩌민 주석 당시 중국의 지휘부가 강조한 다음과 같은 이론에 매우 잘 반영되어 있다. 2002년 장쩌민은 중국공산당이 다음 사항을 반영해야 한다고 말했다. (1) 사회의 첨단 생산세력 (2) 첨단 현대문화 (3) 일반대중의 이익. 이것이 의미하는 바는 현실과 괴리되어 있는 진부한 사회주의 이념을 지양하고 생산적인 사람과 실용적인 해결안을 추구해야 한다는 것이었다. 이런 정책으로 '생산력이 뛰어난 세력'을 충원하면서 당원도 대폭 늘어났다. 40여 년 전만 해도 재교육과 갱생 차원에서 강제수용소로 끌려가야 했던 지식인이나 학생, 민간 기업가들이 공산당원이 될 수 있었다.

이는 공산주의 철학에서도 중요한 전환이었다. 생산성과 수출 증대 없이는 번영도 없음을 인정한 것이었다. 일자리, 가옥, 보다 좋은 미래에 대한 보장의 형태로 번영이 없으면 중국공산당에 절실히 필요한 사회적 안정이 크게 위협받을 수 있었다.[23] 장쩌민의 뒤를 이어 2003년 후진타오는 '과학적 발전관(科學發展觀)'이라는 슬로건을 도입했다. 장쩌민은 도시와 시골의 단절, 부정부패의 만연과 같은 급속히 부상하고 있던 사회문제에 대처해야 할 필요성을 새롭게 강조했다.[24]

서구사회의 평화적인 진화 전략을 지양하다

그러나 서구의 방식과 개념을 도입해 중국 사회에 적절히 적응시켜야 한다는 교리에는 한계가 있었다. 동유럽의 붕괴와 톈안먼사태를 분석하면서 중국의 지도자들은 정치적 자유화를 겨냥한 소련의 어정쩡한 태도가 결과적으로 일대 재앙을 초래했다는 사실을 터득했다. 중국 대사를 지낸 스테이플턴 로이(J. Stapleton Roy)에 따르면 1991년 이후 중국의 통치 엘리트들은 "고르바초프가 정치적 변화의 충격을 완화해줄 수 있을 정도의 경제개혁을 도입할 능력이 없는 상태에서 정치적 고삐를 풀어주는 근본적인 과오를 범했다"라고 결론지었다. 이 문제와 관련해 중국공산당 정치국은 타협이나 양보는 있을 수 없다고 결론지었다.[25] 톈안먼 광장 시위는 일부 학생들에 국한되었던 운동이 다수 계층의 지원으로 걷잡을 수 없는 상황으로 곧바로 발전해갈 수 있음을 보여주었다. 따라서 유일한 대안은 자본주의를 적극 환영하는 한편 제한된 형태라도 민주적 정치개혁은 결코 수용

하지 않는 것이었다.[26]

2007년 원자바오 총리는 이와 같은 노선을 인민일보에 게재했다. 공산당과 국가의 권력 독점을 존중하지만 공산당 내부에서 보다 자유로운 대화의 창구와 집단 의사결정을 허용해주는 '체제 내부의 민주주의'라는 개념의 가능성 여부를 놓고 중국 정부 내부에서 논쟁이 벌어졌다. 이 부분과 관련해 원자바오는 민주주의를 겨냥한 의미 있는 수준의 진전은 오랜 기간이 지난 이후에나 가능할 것이라는 분명한 입장을 보였다. 그리고 중국의 경이적인 전환을 통해 인민의 삶의 질을 개선하고 경제적 이득을 도출하는 것은 강력한 중앙 통치기구가 관리하는 안정된 사회에서만 가능하다는 논리를 전개했다. 이처럼 강력하고도 효과적인 논리로 인하여 중국공산당 정치국이 정치적 다원주의를 거부하는 일이 정당화되었다. 고전적인 공산주의 용어를 이용해 원자바오는 중국이 아직도 '100년 이상 소요되는 사회주의의 초기 단계'에 있다고 말했다. 원자바오는 중국이 큰 나라이지만 개발되지 않았다고 말했다. 부유하고 강력한 근대 사회주의의 건설은 10억 이상의 인구가 있는 중국과 같은 국가에서는 '오랜 기간과 많은 노력이 요구되는 역사적인 과업'이라는 사실을 그는 강조했다.[27]

중국공산당이 민주적인 진화에 관한 이론을 거부했음을 보여주는 가장 분명한 사례는 2009년 초반에 있었다. 중국 전국인민대회 상무위원장인 우방궈(吳邦國)는 "정치적 방향을 올바로 잡아야 한다"라면서, '중국과 서구 사회의 주요 차이'를 인식해야 한다고 입법위원들에게 촉구했다. 전국인민대회 상무위원회의에서 그는 다음과 같이 말했다. "우리는 중국 인민의회 체제와 서구 자본주의 국가들의 정치권력 체제의 주요 차이를 보다 완벽하게 이해해야 합니다." 미국의 정치권력 모델이 입법, 사법, 행정이라는 3권 분립원칙을 고수하고 있다면 중국의 권력체제는 '중앙 리더십의 협의'에 전적으로 의존하고 있었다. 우방궈가 결론지었듯이 중국이 자유주의적 다원주의 또는 다당제 정치를 겨냥해 점진적으로 발전해갈 가능성은 없었다. 시장개혁 분야에서 인류문명이 달성한 것은 활용해야 하겠지만 중국의 정치체제는 "서구 국가의 체제를 단순 모방해서는 곤란하며, 다수 정당이 번갈아가며 정권을 장악하는 체제를 도입해서도 안 된다. 또한 3권이 분리된 체제 또는 양원제를 도입해서도 안 된다."[28]

따라서 중국의 지도자들은 서구의 경제발전 모델에서 통상관계, 시장, 사유재산, 자산의 유통 등 필요한 부분은 도입했지만, 자유주의 규범과 정치적 다원주의처럼 필요하지 않다고 생각되는 부분은 배제했다.

공자가 말하기를, 인터넷을 뒤져라

이와 같은 정치적 혼합물을 배양하는 수단은 인터넷이다. 오늘날의 중국에서 가장 강력한 변화의 동인은 가치관, 규범, 열망에 그리고 부상하고 있는 중국의 정체성에 보다 큰 영향을 끼치고 있는 인터넷이다. 진화 중인 사회적 관행과 기존 규칙 간의 간극이 블로고스피어(커뮤니티나 소셜 네트워크 역할을 하는 블로그들의 집합_옮긴이)에 있는 네티즌들로 인해 보다 커지고 있다. 이와 같은 현상에 중국공산당 계획가들이 엄청난 부담을 느끼고 있다. 일상생활 공간 너머에 약 3억 명에 달하는 중국의 인터넷 사용자(전년도와 비교해 두 배 증가)들이 거주하고 있는 별도의 세계가 있다. 베이징의 인터넷 모니터들에 따르면 대부분의 중국의 인터넷 사용자들은 중국사회에서 가장 활력이 넘치는 집단이다. 이들의 80퍼센트는 35세 이하다. 다른 나라에서와 마찬가지로 이들이 주고받는 것은 유튜브 동영상, 트위터상의 트윗, 여론, 오락물, 시골 지역의 부패상황에서 상하이의 집값, 사무실 매너, 음란물에 이르는 매우 상이한 주제를 망라하고 있다. 정보의 전파를 놓고 벌어지는 대립은 중국에서 새로운 현상이 아니다. 오늘날 새로운 부분은 중국공산당의 논리에 도전하는 '온라인상의 성난 젊은이들'과 사회의 이단적인 공동체가 지속적으로 등장하고 있다는 사실이다. 중국 경제가 주춤거리자 이들은 일자리, 주거 공간, 의료시설, 교육지원 부족을 격렬히 비난하고 있다.

그러나 이처럼 불평불만을 분출하게 하더라도 중국공산당의 권위는 실추시킬 수 없었다.[29] 일반적으로 인터넷으로 인해 시민들이 관리들의 행위에 대해 집단 차원에서 불만을 토로하고 관리들의 정책에 영향을 끼칠 수 있는 길이 열렸다. 이 점에 관해서는 이견이 없다.

덩유지아오(鄧玉嬌) 사건은 이런 과정의 작동방식을 분명히 보여주었다. 덩은 후베이성(湖北省)의 가라오케 술집의 접대원으로 일하고 있었다. 그 술집 뒤편의 온천에서는 특수 서비스를 제공하고 있었는데 그것은 그 지역에서 특이한 현상은 아니었다. 지역의 관리인 황더지(黃德智)가 방으로 들어와 그녀에게 함께 목욕을 하자고 요구했다. 그녀는 요구를 거부하고는 다른 방으로 도망쳤다. 두 명의 공모자의 도움으로 황이 그녀를 침실로 밀어 넣는 순간 덩은 지갑에서 과도를 꺼내어 황을 수차례 찔렀다. 황은 곧바로 사망했다. 체포되어 조사를 받은 덩은 정신병동에 감금되었다.

그러다 우관(Wu Gan)이라는 블로거가 그녀의 사례를 발견하여 알림으로써 온라인상에서 열띤 논쟁이 벌어졌다. 그러자 그녀의 운명이 바뀌었다. 인터넷상의 논쟁이 지역 뉴스로 보도되었으며, 그 후 전국적으로 확산되었다. 그 순간 후베이성의 법정은 덩에게 예상하지 못한 상소를 허용하고 자위를 위한 행동이었다며 그녀를 석방했다. 이와 같은 공식에 따라 처리된 사례가 너무나 많다. 어린 소녀를 강제 추행하고 자신이 법보다 위에 있다고 큰소리치던 광둥성의 관료, 자신의 월급을 훨씬 초과하는 1만 4500달러짜리 시계를 갖고 있다가 적발된 난징의 관료, 죄수를 폭행하여 살해하고 사건을 은폐하려 한 교도소 간수, 문둥병을 없앤다며 수천 마리의 강아지를 구타해 죽인 특수 살인 집단에 이르기까지 다양한 사례가 있다. 이 모든 경우에서 관료들은 인터넷에 사건의 전모가 공개된 이후 해고되었다.[30]

덩의 이야기가 보여주듯이 중국에서는 대중적 비판이나 학생들의 논쟁이 제대로 살아 있다. 그러나 비판의 많은 부분은 서구사회의 격변기 이야기나 당시로부터 20년 전에 톈안먼 광장의 시위대에게서 느낄 수 있었던 체취와는 전혀 달랐다. 오늘날 중국 학생들은 특정 영역에서 정부의 특정 정책 또는 행동을 비판하고 있다. 그러나 이들의 비판은 일당체제 또는 정치 권력에 대한 정부 독점의 합법성에 도전하는 수준은 아니다.[31] 사실 이와 같은 대중 비판에서는 문제가 체제 차원의 증상이 아니고 개인적인 차원으로 남아 있는 한, 정부당국이 문제를 알게 되면 해결을 위해 노력할 것이라는 가정이 전제되어 있다. 이런 면에서 보면 실제로는 이들의 비판으로 정부의 독점권은 강화된다.

서구인들은 인터넷의 압박 효과에 관한 이야기를 부상하고 있는 자유주의적 다원주의의 새싹으로 해석하고자 한다. 그러나 덩의 사례에는 외국인들이 종종 간과하거나 이해하지 못하고 있는 부분이 있다. 결과적으로 보면 중국에서 인터넷은 사회적 세력을 배가하는 강력한 출처다. 그러나 이는 일당 정치에 대항해 폭넓은 반란을 초래할 만한 동인은 아니다. 오히려 인터넷은 정부가 국민을 보다 잘 지원해주어야 하며, 보다 많은 권리를 국민들에게 부여해주어야 한다고 일반 대중이 요구할 수 있도록 한다. 이들 요구는 필라델피아 독립기념관에 명시되어 있는 원칙들과 매우 다른 형태의 것이다. 즉 거버넌스에 관한 매우 상이한 문화나 정치적 태도를 보여주고 있다. 인터넷 대중들의 요구는 또한 중국이 서구사회와 보다 같아지려는 노력을 거의 하지 않는 또 다른 강력한 이유를 제시하고 있다. 그리고 그 이유는 중국사회의 근원과 거기서 뻗어나온 지류와 긴밀한 관계가 있다.

중국공산당은 공자의 기본 사상에서 정당성과 힘을 얻고 있다. 공자의 사상은 역할 중심의 윤리체계에 근거하고 있다. 공자의 윤리체계에서는 서로가 자신의 역할을 이행하는 한 피지배자와 지배자가 상대방의 입지를 존중하고 보호하려 한다. 따라서 공자가 생각하는 조화로운 사회의 이상은 이와 같은 것이다. 지배자에 대한 피지배자의 복종은 지배자가 피지배자의 삶, 보금자리, 교육 그리고 외세의 위협에서 안전을 보장한다는 중요한 의무를 수행하는 한 지속된다. 중국 농민들에게는 지배자가 자신들의 의무와 역할을 제대로 수행하지 못할 경우 역사상 전례가 없을 정도로 아래로부터의 반란을 추구했던 전통이 있다.

이와 같은 피지배자와 지배자 간의 거래는 오늘날 중국의 경제발전 모델에서 매우 중요한 부분이다. 통치 엘리트는 인민의 삶의 질을 보장하며, 이에 대한 보답으로 인민들은 통치 엘리트들의 정치적 권력의 독점을 묵인하고 있다. 따라서 미국인들에게는 낯설지만 중국인들에게는 친숙한 용어인 '조화로운 사회'와 같은 주제를 후진타오가 강조한 데는 중요한 의미가 있는 것이다.

결과적으로 보면 인터넷은 중국에서 책임과 의무에 관한 복잡하고도 변화무쌍한 역학을 보여주고 있다. 인터넷상에서 중국인들은 티베트와 톈안먼 광장을 우회적으로 언급하기도 한다. 그러나 중국의 체제에 대한 정면 도전은 일반적으로 호응을 얻지 못했다.[32] 그런 상황을 통제하기 위한 고양이와 생쥐의 게임이 지속되고 있는 것은 분명하다. 베이징에만 해도 4만 명의 인터넷 경찰이 있다. 이들은 이단자들의 웹사이트로 접속하려 하는 모든 암호를 생성되는 즉시 해독한다. 이러한 시도는 매번 새로운 형태로 출현하지만 경찰들은 매번 해독해낸다.

지금까지의 전적을 보면 인터넷이라는 공간에서 벌어진 투쟁에서 승리를 얻은 쪽은 안정과 번영, 기회 제공을 대가로 정치적 독점이라는 미묘한 사회적 거래를 유지할 능력이 있는 중국 정부이다. 예를 들면 중국 정부는 부적절하거나 난처한 이야기의 정체를 폭로할 필요가 있을 경우 활동을 개시할 익명의 필자들을 블로고스피어에 뿌려놓는 법을 터득하는 등 지속적으로 전술을 바꿀 정도로 민첩하다. 결과적으로 불협화음을 조성해 정확한 사실이나, 부인하거나 주장하고 있는 일련의 사건과 논거에 대해 제대로 알 수 없을 정도로 내용을 혼탁하게 하는 것이다. 중국 정부는 또한 음란물 단속처럼 비교적 수용 가능한 방법을 통해 인터넷 검열 사실을 교묘히 감추고 있다. 2009년 여름의 어느 금요일 밤 중국 구글의 대부분이 폐쇄되었다. 구글 사이트가 수많은 음란물 그리고 선정적인 내용과 접속되어 있기 때문이라고 했다. 같은 해 6월 중국 정부는 중국에서 거래되는 모든 개인용 컴퓨터에 그린 댐 유스 에스코트(Green Dam Youth Escort)라는 명칭의 감시 프로그램을 설치해야 한다는 지시와 관련해 유사한 논거를 제시했다. 새로운 이 소프트웨어를 이용해 중국 정부는 '건전치 못한 정보'를 전시하고 있다고 생각되는 웹사이트 명부와 국가 내의 모든 개인용 컴퓨터를 업데이트할 수도 있었다. 주요 목적이 음란물 단속이라는 중국 정부의 발언에도 불구하고 검열 당국이 또 다른 내용을 통제할 수 있도록 만들어진 이 소프트웨어와 관련해 블로고스피어의 비평가들은 즉각 불만을 토로했다(델, 레노버, 휴렛팩커드와 같은 대형 컴퓨터 제조업체들의 반대로 중국 정부는 이 소프트웨어의 실행을 잠정적으로 중단했다).[33]

인터넷은 중국 정부가 마음대로 권력을 휘두를 수 있는 것은 아니라는 사실을 보여주고 있다. 또한 서구적 의미의 다원주의를 위한 인민들의 투쟁 동기나 인민의 세력 결집 측면에서 한계가 있음을 보여주고 있다. 기술의 도움으로 일반 대중이 중국 정부를 더 많이 비판하고 더 자주 문제의 시정을 요구할 수 있게 되었다. 그러나 이는 국가에 대한 중국 정부의 이론에 도전하는 문제와 같지 않다. 이들의 욕구 분출은 중앙집권적인 거버넌스의 책임과 목표를 변경하려는 성격이라기보다는 기존의 책임과 목표의 이행을 촉구하는 성격이다.

사회적 변화와 '개인 행복의 사회화'

중국의 경제발전 모델은 자본주의 경제와 독재정치를 혼합한 하이브리드 체제다. 마찬가지로 중국의 지도자들은 오늘날의 소비문화와 중국식 사회주의를 결합하는 하이브리드 유형의 국가적 정체성을 발전시키고자 노력했다. 유물론적 사회주의에 관한 중국공산당의 거대 개념을 살펴보기 바란다. 국가에 대한 중국의 새로운 이론은 중국의 재부상에 관한 거대 개념과 경이적인 경제발전을 하나로 통합하기 위한 노력으로 생각할 수 있다.

중국공산당의 논거를 통해 알 수 있듯이 인민의 삶의 수준 향상은 개인의 행복만을 염두에 둔 것은 아니다. 중국의 경제성장은 보다 폭넓은 역사적 과정의 일환, 즉 세계무대에서의 재부상의 일환으로 생각할 수 있다. 외부인들은 간과하기 쉽지만 이는 중국공산당의 메시지에서 중요한 부분이다. 중국은 단순히 주요 열강으로 부상하고 있는 것이 아니다. 약소국으로 150여 년의 세월을 거친 이후 열강으로 다시 부상하고 있는 것이다. 기나긴 제국주의 역사에서 보면 150년은 비교적 짧은 기간이다. 중국공산당은 진시황제로 거슬러 올라가는 오랜 유산을 보다 강조하는 교육 운동을 통해 마오쩌둥 이후의 중국 정부의 합법성 재건을 위해 노력했다.

중국의 교과서에서는 일종의 예외주의를 강조하고 있다. 이는 자국의 등장이 보편적인 인류 발전 측면에서 축복이라는 거대 개념에 초점을 맞추고 있는 미국의 예외주의와 크게 다르지 않다. 중국 역사에서 일시적인 단절의 시기가 시작된 19세기 후반 이전의 2000여 년 동안 중국이 세계에서 가장 거대한 경제를 유지하고 있었다는 사실을 중국의 교과서는 주목하고 있다.[34] 이와 같은 단절의 기간을 중국공산당의 문헌에서는 종종 '수모의 세기'로 표현하고 있다. '수모의 세기'는 영국이 중국과의 무역 권리와 외국인의 거주 권리를 포함한 몇몇 권리를 중국에 일방적으로 강요했던 1842년의 제1차 아편전쟁과 함께 시작되었다. 이는 19세기 전반(全般)과 20세기 초반에 걸쳐 지속되었다. 1895년에는 일본이 타이완을 점령했으며, 1930년대에는 중국 본토를 침략했다. 그 후 20년 동안 진행된 공산주의자들과 국민당 간의 내전에서 미국은 물자와 자문요원을 제공하는 등 국민당을 지원했다. 아직도 공식적으로는 중극 내전은 끝나지 않았다. 마지막으로 1949년에는 미국의 동맹자인 장제스(蔣介石) 장군이 이끄는 국민당 군대가 미국 7함대의 지원을 받으며 타이완을 점령했다.[35]

경제성장을 통해 중국은 자긍심을 회복하고 국제사회에서 존경을 받을 수 있었다. 중국의 경제개혁 프로그램이 시작된 1978년 덩샤오핑은 "부유해지는 것은 영광스러운 일이다"[36]라고 말했다. 개혁이 심화되면서 중국 공산당은 이 짧은 문구를 발전시켰다. 결과적으로 경제발전이 중국 인민의 새로운 명령이 되었다. 경제적으로 부유해지면 다시 위대해지고, 위대한 문명사 속에서 중국이 합당한 위치를 되찾을 수 있게 된다는 정치적 논리가 도출되었다. 중국인들은 보다 위대한 '중국의 역사'에 속하는 하나의 과정으로 삶의 질 향상에 관한 권리를 추구하고 있다.

이는 "개인 행복의 사회화다."[37] 이는 개인의 물질적 풍요의 추구를 사회적 일관성과 역사적 운명 그리고 예외주의라는 중국의 보다 폭넓은 주제와 연계하고자 하는 새로운 형태의 국가 이론이었다. 따라서 개인의 물질적 풍요 추구가 집단 충성심에 관한 보다 폭넓은 사회적 이야기에 예속되었다. 중국은 결코 외세에 의해 분할되거나 수모를 당해서는 안 되었다. 국가의 분리는 경각심을 높이고 있는 공산주의 정부의 보호를 받으며 피해가야만 했다. 공산당은 변화와 발전의 동인이었다. 또한 중국공산당은 경제적 기적을 부상하고 있는 자국의 위대성의 동인으로 생각하는 체제 보호적인 세력이었다.

따라서 사회적 결속을 고려한 중국 정부의 정책은 성장지속 민족주의에 대한 지속적인 호소라는 두 가지였다. 이 둘은 상호의존적이었다. 상대편

이 없을 경우, 자신의 존재 능력을 상실할 수 있었다. 민족주의가 결여될 경우 시장개혁이 중국공산당의 합법성에 도전하는 사회세력의 조성요인이 될 가능성도 있었다. 한편 경제적 성공이 없을 경우 민족주의는 민족주의 자체에 심취해 중국의 지휘부에 불만의 초점을 맞추게 될 수 있었다. 민족주의는 이 정도로 중국공산당에 압박을 주고 있다.

민족주의라는 양날의 칼

중국인들과 대화를 해보면 오늘날 공산주의를 신봉하는 사람이 거의 없다. 그래서 중국의 지도자들이 중국공산당의 정당성과 합법성을 강화하는 데 민족주의를 조장해왔다. 동일한 맥락에서 1990년대 중반 이후 중국 정부는 학교와 언론매체를 통해 애국심 교육을 강조했다. 학생들의 애국심을 고취하기 위한 새로운 과목이 도입되었다. 중국공산당이 선정한 100권의 책을 읽거나 100편의 영화를 보는 학생들을 포상했다. 애국심을 고취하는 음악, 서적, 역사 간행물이 꾸준히 소개되었다. 학생들은 중국공산당 창당과 관련이 있는 이름난 유적지를 방문했다. 그런 곳들은 '애국심 교육의 산실'로 이름이 바뀌었다. 새로운 역사에서는 또한 일본과 타이완, 미국이라는 세 가지의 적에 초점을 맞추었다.[38]

그러나 이제 중국의 지도자들은 자신들이 만든 부분들 간에 교묘히 균형을 유지하는 법을 터득해야만 했다. 애국심 고취를 위한 노력이 효과가 있었다. 일반 대중의 심리에 외국인을 증오하는 과격한 민족주의가 자리 잡았다. 수모의 세기, 일본의 잔혹성 또는 타이완의 분리주의와 미국의 간섭주의에 관한 친숙한 이야기가 인터넷, 대중신문, 잡지, TV에서 민족주의의 주요 주제가 되었다.

그러나 수전 셔크가 설명했듯이 민족주의를 동원하는 프로그램으로 인해 중국공산당의 지휘부도 궁지에 몰렸다.[39] 베이징 올림픽 성화에 대한 공격, 미국 항공기와 중국 항공기의 공중 충돌 또는 코소보의 중국 대사관에 대한 미국 항공기의 오폭과 같은 계획되지 않는 사건들로 인해 민족주의가 쉽게 폭발할 수 있었다. 그와 같은 상황에서 중국의 지휘부가 제대로 조치를 강구하지 않는 것처럼 보이거나 미약해 보일 경우 지휘부에 대한 분노로 곧바로 전환될 수 있는 계획에 없는 집회, 시위, 인터넷 대화방의 대화가 있을 수 있었다.

한편 중국공산당 관리들은 정치적 라이벌들이 이와 같은 순간을 포착해 이용할 가능성을 우려했다. 즉 언론매체를 이용해 대중을 동원하고, 당의 구조 내부에서 자신들을 압도할 가능성을 우려했다.[40] 마찬가지로 외국인을 증오하는 정서 때문에 일본이나 미국과 같은 주요 경제적 동반 국가들과의 관계가 악화될 수도 있다는 우려가 제기되었다.

이와 같은 맥락에서 종종 언론매체가 문제의 역할을 수행한다. 중국 정부는 언론매체에 어느 정도 자유를 허용했다. 결과적으로 언론매체들이 시장점유율과 대중평가라는 문제를 놓고 여타 언론매체와 경쟁했다. 당연한 현상이지만 이들은 대중이 가장 관심을 보이는 이야기에 초점을 맞추었다. 한편 언론인들은 아직도 중앙선전부의 요구를 대부분 수용하고 있다. 이는 통상 중국인들의 분노를 자극하는 국제사회의 사건들과 관련해 언론매체가 강력한 민족주의 노선을 따르게 되었음을 의미한다.

그러므로 집권당 엘리트의 입장에서 보면 민족주의는 양날의 칼과 같다. 이는 당원들을 하나로 결집하기 위한 중요한 수단이다. 그러나 공격 대상을 찾고 있는 대중 분노의 원천이라는 점에서 보면 민족주의는 또한 중국 정부를 위협하거나 통제 불가능한 상태가 될 수 있다. 잘 알고 있듯이 중국 정부의 정치적 생존은 대중이 공산당을 중심으로 통일되어 있는지에 달려 있다. 한편 이는 중국을 현대화된 위대한 국가로 만들어줄 성공 이야기와 경제적 기적을 고양시켜야 한다는 의미이기도 하다.

도넛의 정중앙에 생긴 구멍

미국의 작가인 거트루드 스타인(Gertrude Stein)은 "거기에는 아무것도 없다"라는 유명한 말을 했다. 많은 사람들이 그것을 인용했다. 이런 맥락에서 보면 오늘날의 중국은 핵심을 파악하기가 쉽지 않다. 중국 정부의 문제는 중국인에 관한 생산적인 의미를 발전시키는 한편 긍정적인 방향으로 중국을 변화시키는 일이다. 이러한 과정에서는 신중하고 긴밀히 조정되어 있는 유연성이 관건으로 보인다. 2009년의 티베트와 신장성의 경우처럼 별다른 대안이 없다고 생각되는 경우를 제외하면, 이단자들이 공산당의 지시에 공개적으로 의문을 제기하는 경우를 제외하면 중국 당국은 변화 관리라는 측면에서 유연성과 미묘한 태도를 견지했다. 아직도 중국 동부해안의 대도시에서 목격되는 변덕스러운 모습은 혼돈과 무질서에 대한 불안을, 그리고 주민들에게 일자리와 주택을 마련해주고 행복을 선사해줄 성장의 필요성을 일깨우고 있다.

하지만 이는 결코 간단한 일이 아니다. 중국에서 사회적 역학은 매우 신속히 발전하고 있다. 오늘날에는 '우리 중심의 세대'에서 '나 중심의 세대'[41]로의 문화적 이동이 목격되고 있다. 그것이 형성되는 방식과 무관하게 이들 역학은 중국의 일당 체제가 일부 민감한 영역에서 어떤 행위를 선택하고, 종종 제한하는 이유와 방식의 타당성 여부를 판단하는 척도가 되고 있다. 오늘날 중국의 젊은이들은 부모 세대와는 전혀 다른 환경에서 성장하고 있다. 물질적 소유, 부모의 관심과 생활공간 등에서 타인과 공유하는 부분이 점차 줄어들고 있다. 1가구 1자녀 정책의 산물인 이들은 거의 모든 것을 독점하고 있으며, 자신들의 부모가 가졌던 것 이상을 갖고 있다. 이 신세대들에게 삶이란 자기 자신에 관한 그리고 자신들을 행복하게 만들어줄 것을 할 수 있는 자유에 관한 것이다.[42]

선택의 폭이 많은 중국인들에게 전례가 없을 정도로 넓어졌다. 중국인의 의미에 관해 질문을 받았을 때 동부해안에 살고 있는 사람들은 대부분 1990년대 당시와 달리 자신을 훌륭한 당원(집단의 일원)으로 묘사하려 하지 않을 것이다. 대신 주거지역, 인기 있는 상가에서 구입한 물건으로 집을 얼마나 장식하고 있는지에 관해 이야기할 것이다. 직장, 새로운 시장경제에서 가능한 부분, 의류와 가사용품 구입 장소, 자녀들의 학교, 가족들의 하계휴가 장소에 관해 이야기할 것이다. 중국의 새로운 국조(國鳥)가 건설용 크레인이라고 농담하면서 도시의 변화에 관해 말할 수도 있다. 또한 도처에서 발견되는 인터넷카페, 라이브콘서트와 커피숍에 관해 언급할지도 모른다.[43]

물리적 변화가 또한 사회적 변화를 초래했다. 상하이와 베이징에는 유명한 농담이 있다. 즉 저녁 식사하러 레스토랑에 가기 전에 전화로 확인을 해봐야 한다는 것이다. 이는 좌석을 예약하기 위함이 아니고 건물이 아직

파괴되지 않았는지 확인하기 위해서다.[44] 이 이야기의 이면에는 기존의 삶의 방식과 사회조직의 전통적인 모습이 건물과 함께 사라지고 있다는 사실이 있다. 예를 들면, 오래된 도시의 단층 또는 이층집이 늘어서 있는 좁은 길을 지칭하는 전통적인 용어는 후퉁(胡同)이다. 이는 대문이 항상 열려 있으며, 힘없어 보이는 의자를 길가에 내다놓고 노인네들이 앉아 있는 모습을 연상하게 한다. 사람들이 오고가며 어린 아이들이 놀고 있는 동안 뽕나무와 은행나무를 배경으로 노인네들이 마작을 하고 있다. 그러나 지난 10년 동안 모든 것이 바뀌었다. 새로운 고층빌딩과 상업용 플라자를 건설하기 위해 이들 좁은 길을 불도저로 밀어버린 것이다. 이곳에 살던 사람들은 보잘 것 없는 지역으로, 즉 새로운 빈민가가 시작될 것으로 보이는 지역으로 강제 이주되었다.[45] 예전의 중심가에서 몇 시간 떨어져 있는 새로 이주한 아파트에는 문이 닫히면 어느 누구도 찾아오는 사람이 없다. 말하자면 이들은 홀로 생활하고 있다. 결과적으로 상하이에는 다음과 같은 유명한 문구가 등장했다. "(변두리인) 후퉁의 집보다는 (중심가인) 푸시(浦西, 상하이의 가장 큰 지역_옮긴이)의 단칸방이 훨씬 좋다."[46]

   중국인들의 생활공간과 기대수준의 변화로 개인의 습관이 바뀌었다. 이들 중 프라이버시라는 개념의 변화가 있다. 서구식 관점에서 보면 프라이버시는 중국에서 아직 새로운 개념이다. 프라이버시에 해당하는 중국어 단어인 인시(隱私)는 전통적으로 비밀, 음모, 불법적인 행동을 의미했다. 이는 개인의 권리나 자유와 연계되어 있는 서구식 관점의 프라이버시와는 전혀 달랐다. 그러나 오늘날 중국의 젊은 노동자들은 고용주가 자신의 이메일을 훔쳐보는 행위에 반대하고 있다. 1가구 1자녀 정책을 지원하면서 지역 당국은 더 이상 여자들의 생리주기를 조사할 수 없다. 부모가 자신의 침실을 살펴보는 행위에 열두 살 어린이들이 반발하고 있다. 공공 서비스를 받는 사람들이 식수, 전기, 쓰레기 처리와 관련해 당국자들에게 의문을 제기하고 있다. 불과 몇 년 전까지만 해도 중국인들은 주거지, 일자리, 식량, 여행을 제공해주는 국가에 정보를 기꺼이 제공했다. 또한 여자들은 원치 않는 임신을 하지 않도록 생리주기를 검사하는 국가의 절차에 순순히 응했다. 불과 몇 년 사이에 이와 같은 변화가 생긴 것이다. 서구식 프라이버시 개념(인터넷을 통해 중국에 전파되었다)에서는 노출되어도 괜찮은 부분과 자신만 알고자 하는 부분 간의 경계가 항상 문제였다.

케임브리지 대학교의 중국 문제 권위자인 앤 론스데일(Anne Lonsdale)은 이러한 변화를 '수면 위에 생긴 조그만 물거품'[47]이라고 표현했다. 아직도 전혀 변하지 않은 부분이 많다는 것이다. 결과적으로 중국의 하이브리드 발전이 어정쩡한 상태에 있다는 의미다. 많은 공중화장실에서는 아직도 사람들이 쪼그리고 앉아서 용변을 보고, 면회객들이 보는 앞에서 환자들이 진료를 받기도 한다. 중국의 예의 문화에서는 대화 도중 은밀한 주제에 관한 질문이나 코멘트를 거침없이 하기도 한다. 예를 들면 '훨씬 늙어 보입니다' 또는 '몸무게가 왜 그렇게 늘었나요?'와 같은 질문을 어렵지 않게 한다. 분명히 말하지만 중국의 특성에 맞게 프라이버시를 창조하는 과정은 서구의 경우와 다를 것이다. 그 고-정에서 예기치 못한 결과가 생길 수도 있을 것이다.

또한 공산주의 이데올로기가 남긴 공백을 메우기 위해 종교가 성장했다. 여기서 중국공산당은 불법적인 종교와 허용 가능한 종교 간에 적정 균형을 맞추는 일이 정부가 모든 종교를 금했던 시절보다 훨씬 어렵다는 사실을 발견하고 있다.

아직도 중국 정부는 공식적으로는 무신론을 고수하고 있다. 그러나 시장개혁이 시작된 이후 종교 활동에 보다 관용적인 입장을 취했다. 2005년 국무원에서는 국가가 활동을 허용하는 종교집단에게 법적인 권리를 부여하는 새로운 지침을 마련했다. 아직도 일부 종교집단은 박해를 받고 있는데, 이는 이들 구성원의 충성심과 헌신이 사회정치적으로 공산당에 위협적이라고 생각되기 때문이다.

예를 들면 1990년대에 파룬궁이 급속히 성장했다. 결국 중국 정부는 이에 대처하기 위해 긴급회의를 소집했다. 파룬궁은 불교와 도교를 중국의 전통 운동인 기공을 포함한 전통 문화와 결합한 정신운동이다. 1999년에 파룬궁 요원들이 벌인 시위를 보며 중국 당국은 경악했다. 1만여 명의 파룬궁 요원들이 중국공산당 본부 청사 앞에 갑자기 나타나 조용히 절제된 모습으로 시위를 벌였던 것이다. 중국공산당은 이 사건을 위협으로 인식했으며, 그 후 파룬궁을 무참히 진압했다.

중국에는 또한 불교를 믿는 400만에서 500만에 달하는 티베트인이 있다. 이들의 정신적 정치적 지도자인 달라이 라마는 인도 국경 너머의 다름살라(Dharmsala)에서 망명 정부를 이끌고 있다. 이곳에서 그는 티베트의 자율성 보장을 촉구하는 운동을 국제적 차원에서 전개하고 있다. 중국공산당 지도자들을 가장 놀라게 하는 것은 분리주의다. 중국어로 '펜리에(分裂)'로 번역되는 이 말은 갈기갈기 찢는다는 의미다. 분리주의라는 개념에는 일부 분리주의자들로 인해 도처에서 유사한 정서가 조장될 수 있으며, 궁극적으로 중국의 전반적인 주권이 위협받을 수 있다는 중국 지도자들의 만성적인 두려움이 내재해 있다. 수년 동안 중국 당국은 이것을 경멸적인 의미로 사용했다. 결과적으로 오늘날 이것이 보편적으로 경멸적인 의미가 되었다. 종종 중국은 티베트인들을 분리주의자라고 비난한다. 중앙정부가 비디오와 전자식 녹음기를 이용해 많은 티베트 승려들의 일상생활을 감시하고 있으며, 중국공산당이나 티베트의 한족을 비난하는 승려를 체포하기도 한다. 또한 신앙심이 깊은 티베트인의 차세대들에게 중국 정부가 인정한 유형의 불교를 가르치는 '애국교육 운동'을 통해 이들의 사고의 틀을 바꾸고자 노력하고 있다. 중국공산당은 일체감과 민족주의에 관한 공산당의 논리를 반복해 교육하고 있다.[48]

두 번째 분리주의자는 위구르족이다. 신장성에 있는 이 아랍인종들은 1980년대 이후 보다 많은 자율성을 요구하며 시위를 벌이고 있다. 최근 몇 년 동안 중국공산당은 위구르족의 도전을 받는 일이 잦아지고 있다. 이들은 폭발물을 이용해 공격하거나 독립을 목적으로 시위를 벌이고 있다. 소수 아랍인종들이 또한 다른 지역에도 거주하고 있다. 그들은 한족과 차별대우를 받고 있다면서 문화적 종교적 자유를 요구하고 있다.

한편 1980년대 이후에는 중국 전역에서 그리스도인들이 크게 번성했다. 중국 정부는 그리스도인들의 '대규모 집회'를 두려워하고 있다. 결과적으로 개개의 교회에 다닐 수 있는 사람의 수를 제한했다. 그러나 그런 조치로 그리스도인의 수가 줄어들기는커녕, 거대한 지하공동체가 출현했다. 미국의 여론조사 기관인 퓨리서치센터(Pew Research Center)의 최근 보고서에 따르면 지하에서 활동하는 중국의 그리스도인들이 대략 5000만에서 7000만 명에 달한다.[49]

그리하여 중국공산당은 개혁의 산물로서 신념이나 사회적 표현을 보다 많이 허용하지 않을 수 없게 되었다. 그러나 또한 그들의 표현이 중앙 당국에 도전이 되지 않도록 해야 하는 입장이다. 파룬궁, 불교, 위구르족, 그리스도인들로 인해 중국 당국은 새로운 시민문화의 형성과 인도라는 난제를 가장 중요한 문제로 생각해야 했다. 원자재와 에너지 그리고 개발도상국들의 고분고분한 정권에 대한 접근을 통한 지속적이고도 경이적인 성장만이 새로운 중국이 활기 넘치는 시민문화의 구축에 필요한 시간을 누리게 만들 수 있을 것이다.

사회적 계층화

변혁의 또 따른 부작용에 민족주의, 개인주의, 종교 말고도 사회적 계층화의 문제가 있다. 내륙지역을 희생해가며 해안지역을 따라 수출산업을 발전시킨 결과로, 아프리카를 제외한 어느 지역에서도 볼 수 없는 수준으로 빈부 격차가 벌어졌다. 지난 10년 동안 도시지역에서 수입, 산업, 소비시장이 비약적으로 성장하면서 부와 고용의 기회 측면에서 내륙지역과 해안지역에 엄청난 격차가 생겼다. 이로 인해 여기저기 떠돌아다니는 저층계급이 출현했다. 도시지역에는 보다 높은 임금과 일자리를 찾아 몰려다니는 유랑민과 영구 시민이라는 두 계급으로 구성된 카스트 제도가 출현했다.

  보다 높은 사회 계급에게는 일을 해줄 사람들이 필요하기는 하지만, 이 떠돌이계층은 점차 증오의 대상이 되어 통상 소수민족과 연계되던 낮은 신분으로 곧바로 전락했다. 시골에서 이주해온 사람들은 도시인들이 하기 싫어하는 일거리, 즉 집안청소와 차량세척에서 시작해 건설, 폭발, 테이블 봉사, 도시 청소 등의 일들을 해야 했다. 그러나 도시인들은 이주자들이 하고 있는 일뿐만 아니라 이주자들 자체를 싫어했다. 이주자들은 도시의 인구과잉, 범죄율 증대와 같은 몇몇 사회적 문제를 초래한다는 비난을 받았다. 정부기관에서는 높은 비용을 부과함으로써 특정 지역에 입주하지 못하도록 이주자들의 행동을 규제하고 있다. 2005년 상하이 외곽의 호화 지역에는 다음과 같은 안내문이 쿠착되어 있었다. '촌스러운 복장을 한 사람 출입 금지.'[50] 더욱이 중국 정부마저 이와 같은 사회적 분열을 조장했다. 충칭(重慶)에서 교량이 붕괴되어 40여 명이 사망하자 중국 정부는 사망한 도시민 가족들은 사망한 이주 노동자 가족보다 보상을 많이 받을 것이라고 발표했다.

이주 계급에 대한 차별은 이들 자녀가 받는 신분과 교육을 통해 보다 강화되었다. 통상 이들은 도시 학교에 입학할 수 없다. 중국 정부는 어린이가 영구 주민으로 등록되어 있는 지역에 유아 교육비를 배정한다. 또한 도시 학교에는 시골 학교와 매우 다른 기준을 적용하고 있다. 결과적으로 시골 어린이가 학업 기준을 충족하려면 통상 2년 내지 3년의 교육을 반복적으로 받아야 했다.[51]

이처럼 갖가지 시련을 겪으면서 도시에는 색다른 공동체가 형성되고 있다. 도시의 노동자들이 자신들의 실정에 맞는 학교와 의료시설을 세우고 있다. 그러나 이는 포괄적인 해결안이 아니다. 왜냐하면 법적으로 등록되어 있지 않으며, 모든 공적 기준을 충족하지 못하여 지역 당국이 언제든지 폐쇄할 수 있기 때문이다.[52] BBC 특파원인 던컨 휴잇(Duncan Hewitt)이 2007년에 기술했듯이 이런 요인들이 결합되어 사회적 불만을 초래하고 있다. "귀하의 자녀는 이 학교에 다닐 수 없습니다. 귀하의 가족은 함께 살 수 없습니다. 귀하는 사회복지가 없습니다. 귀하는 외지에서 온 노동자입니다. …… 귀하의 집은 고향에 있습니다."[53] 이들 집단 중 일부가 향후 10년 동안 점차 쓰라린 감정을 느끼게 될 것이다.

일반적으로 시골 출신의 가난한 사람들이 지속적으로 주목의 대상이 되고 있다. 2005년에는 토지분규, 불법행위, 부정부패, 부당취득 문제와 관련해 8만 7000건의 이의가 제기되었는데, 이 중 상당수는 격렬한 양상을 보였다. 그런데 이와 같은 이의가 2004년에는 7만 8000건, 2003년에는 5만 8000건이 있었다. 양쯔강 유역의 산샤댐과 같은 건설 프로젝트의 경우 125만 명을 강제 소거하며 진행되었다. 이들은 통보받은 지 몇 주 또는 며칠 이내에 수세대에 걸쳐 수백 년 동안 살아왔던 고향을 떠나야 했다. 이 대규모 이주가 통상 관리들의 심각한 부정부패, 뇌물, 가로채기, 협박 상태에서 진행되었다.[54]

이런 관행들은 시골 사람들과 도시로 이주해온 사람들이 가장 불만스러워하는 부분이다. 이들은 경제개발 스트레스의 산물인 부정부패에 가장 취약하다. 중국공산당 총서기를 지낸 자오쯔양이 언급했듯이 점진적인 과정을 통해 자국 경제를 자유화하고자 하는 일당 레닌체제는 심각한 부정부패의 가능성이 있다. 한편 부정부패는 다양한 형태를 띠고 있다. 부분적으로 개혁된 경제와 정치 제도에서는 이른바 더블 디핑(double-dipping, 이중 혜택_옮긴이) 신드롬이 자리 잡기 쉽다. 정치적으로 결탁한 집단들은 시장경제에 따른 새로운 기회와 개혁되지 않은 과거 체제가 제공하는 이점 모두를 활용하게 된다. 이른바 정부 기관과 지역의 막후 실력자들은 상세 조사나 책임을 벗어나 자유롭게 부정행위를 일삼고 있다.[55]

중국의 언론매체는 대형 부정부패 사건을 매우 자주 보도하고 있다. 부정부패에 관한 이야기는 중국인들에게 인기가 있다. 부정부패 관련 기사를 보도하면 신문이 잘 팔린다. 사람들의 시선을 특히 집중시켰던 사건으로 2009년 11월에 충칭의 범죄 조직들이 대거 심판을 받은 일이 있다. 당시의 공판으로 인해 대도시의 부패한 경찰과 공산당 간부들로 구성된 조직망이 폭로되었다. 언론매체는 '16명의 애인을 거느렸다는 혐의가 있는' 범죄 세계의 사악한 대모(代母)에 관한 생생하고도 완벽한 드라마를 보도했다. 그녀는 부당취득, 고리대금업, 지역 관리에 대한 뇌물공여 등의 혐의로 18년형을 선고받았다.[56] 부정부패의 비용을 계량화하니 중국 국내총생산의 4퍼센트에서 17퍼센트에 달했다.[57]

　부정부패는 동부 해안에서 떨어져 있는 정도에 따라 심해졌다. 이는 부정부패의 충격이 중국에서 가장 가난한 인민들에게 가장 심각하다는 의미다. 이와 같은 측면에서 보면 중국은 중앙정부가 지역 관리의 행동을 제한적으로만 통제할 수 있는 권력이 분권화된 약탈국가가 되고 있다.[58]

부정부패의 물리적 및 정치적 영향

부정부패 그리고 종교의 자유와 관련해서도 문제가 없지 않다. 그러나 그 문제와 비교하면 경이적인 경제성장의 부산물인 환경공해는 상상을 초월하는 수준이다.

　놀랍게도 중국공산당 정치국은 여타 집단을 두려워하는 것과 동일한 이유로 환경문제 전문가들을 두려워하고 있다. 이들은 중국정치의 중심인 정치국에 대항해 분통을 터뜨리는 조직화된 사회적 개체가 될 가능성이 있다. 중국공산당은 환경오염 자체보다 환경문제 전문가들을 보다 큰 위협으로 간주하고 있다. 그런데 이는 심각한 잘못이다.

중국의 오염물질 배출량은 미국과 유럽의 경우를 합친 것보다 많다. 중국에는 지구상에서 가장 오염이 심한 10대 도시 가운데 5개 도시가 있다. 1억 2000만 명의 중국인들이 화학물질을 흡입하며 생활하고 있다. 중국의 하천은 3분의 2 이상에서 물고기가 살지 못할 정도로 심각하게 오염되어 있다. 중국에서는 매년 수백 종의 동식물이 사라지고 있다. 중국의 10개 도시 중 9개 도시는 오염된 지하수에 의존하고 있으며, 중국의 가장 큰 강인 양쯔강은 2015년경에 70퍼센트 이상 오염될 것으로 보인다. '암(癌) 마을'에서 보듯이 시골 지역이 가장 크게 영향을 받고 있다. '암 마을'에서는 지난 10년 동안 주민의 50퍼센트 정도가 암에 걸렸다. 이곳은 물이 흐르던 곳이 검은 진흙으로 뒤덮인 제방으로 변했으며, 어둠침침한 구름이 주변을 감싸고 있다. 이곳의 토지는 식물이 성장할 수 없을 정도로 오염되었다.[59]

최근 몇 년 사이 중국은 기후 변화의 위험을 인식하기 시작했다. 중국 정부는 환경오염이 국가경제에 끼치는 영향을 점차 인지하고 있다. 중국사회과학원은 환경오염으로 인해 매년 국내총생산의 8퍼센트에서 12퍼센트 정도가 사라지고 있다고 평가했다.[60] 전국인민대표회의는 모든 공해물질의 10퍼센트 감축, 에너지 사용량의 20퍼센트 절감, 물 소비량의 30퍼센트 절감이라는 야심찬 계획을 선언했다.[61] 중국은 또한 재생에너지 분야에 투자하고 있다. 실제로 2007년 이후 중국은 보다 효율적이고 오염이 적은 화력발전소를 선도적으로 건설하면서 기술의 이점을 이용했다(같은 시기에 미국에서는 오염이 적은 화력발전소의 건설이 좌절되었다).[62]

그러나 전문가들이 주목했듯이 지구환경을 지키기 위한 이들 노력의 이면에는 단서가 있다. 노력과 그 결과는 다르다는 것이다. 가장 분명한 사실은 중국 정부가 매우 야심한 계획을 통해 추구하는 목표를 달성하지 못할 가능성이 높다는 점이다. 지구상에서 이산화탄소를 가장 많이 배출하고 있는 국가인 중국은 경제에 악영향을 주지 않으면서 에너지 낭비를 줄이고자 노력하고 있다. 그러나 중국 국가통계청이 2008년에 보도했듯이 에너지 효율을 개선하고자 하는 중국의 노력은 이미 동력을 상실했다.[63] 환경문제 전문가들이 말하고 있듯이 석탄의 연소 관련 기술을 이용한 환경오염 개선에는 불편한 진실이 있다. 환경 친화적인 석탄을 사용하는 공장 또한 천연가스를 사용하는 공장보다 2배나 많은 이산화탄소를 배출한다는 사실이다. 오늘날 중국은 전기의 80퍼센트를 석탄을 이용해 생산하고 있다. 석탄에 크게 의존하는 한 중국은 엄청난 분량의 이산화탄소를 지속적으로 배출하게 될 것이다.[64]

여기서도 가장 중요한 문제는 권력의 분권화라는 부분이다. 중국은 새로운 규정을 만들어도 지역 정부에 이것을 강요하기가 쉽지 않다. 〈뉴욕 타임스〉의 하워드 프렌치(Howard French)가 말했듯이 중앙정부가 에너지 소비를 줄이기 위한 야심찬 계획을 선언하자 칭퉁샤(靑銅峽)와 같은 지역 소재지의 관리들은 중앙정부의 요구사항을 지키지 않기 위해 독특한 방안을 강구했다.[65] 이와 같은 측면에서 보면 환경오염 문제는 절반만 개혁된 국가경제로 인해 악화되었다. 오늘날 지역 관리들에게는 스스로 판단하여 결정을 내릴 수 있을 정도의 자유가 있다. 그러나 아직도 이들은 책임과 의무를 진정 효과적으로 이행하기 위한 메커니즘을 정립하지 못한 체제의 이점을 교묘히 이용하고 있다.

디젤 연료를 놓고 벌어지는 중국 정부의 고민은 이와 같은 난제를 보여주는 또 다른 사례다. 팽창일로에 있는 중국 경제를 이끄는 원동력에 산업용 트럭이 있다. 그러나 이 트럭들은 또한 환경오염의 주범인 유황을 유럽과 미국에서 허용 가능한 수준의 130배 이상 함유하고 있는 오염된 디젤 연료를 연소시키고 있다. 한편 중국 정부는 인플레이션을 막고 디젤가격을 안정시키기 위해 정부보조금을 지원하고 있으며 연료 가격을 규제하고 있다. 이처럼 디젤연료에 대한 정부보조금의 효과가 파장처럼 번져나가 전반적인 수출 기반구조에 도움이 되고 있다. 그러나 가격통제로 인해 매우 좋지 못한 악순환이 초래되었다. 예를 들면 시노펙(Sinopec, 중국석화)과 같은 거대 석유회사는 이윤을 보다 많이 남기기 위해 민간회사로 전환했다. 디젤연료의 시중 가격이 매우 낮으므로 디젤을 정제할수록 손해다. 즉 이들이 원유의 정제를 위해 적극적으로 노력하지 않을 것이라는 의미다. 또한 비용 효율이 큰 디젤을 생산하기 위해 유황이 많이 들어 있어 환경에 나쁜 영향을 주는 가장 저렴한 석유를 사용하고자 할 것이라는 의미다.[66]

중국 정부가 연료 가격의 인상을 거부하는 상황에서 거대 석유회사들은 정유시설에 대한 투자를 늘려야 할 이유를 찾지 못하고 있다. 중국 정부는 연료 가격이 중국 경제와 트럭 운전사들에게 끼칠 악영향을 두려워하여 획기적인 조치를 거부하고 있다. 이 트럭 운전사들에게는 많은 가족이 딸려 있으며, 트럭을 장만하기 위해 여러 사람이 공동으로 출자를 하는 경우도 많다. 이는 부분적으로 시장경제, 부분적으로 계획경제 또는 중앙집권적인 계획경제 체제에서 목격되는 해결 불가능한 실상의 전형적인 모습이다. 중국 정부가 디젤연료에 지속적으로 자금을 지원한다면 국민들이 아황산가스와 같은 독가스에 서서히 중독되는 현상이 벌어질 것이다. 그러나 시장의 조건에 따라 디젤가격이 자유롭게 변하도록 내버려둘 경우 트럭 운전사들이 일거리를 잃게 되어 사회적 불안과 국가경제 측면에서 많은 혼란이 초래된다. 중국 정부는 트럭 운전사들을 두려워하고 있다. 일의 특성상 이들이 이곳저곳으로 이동하면서 좋지 못한 소문을 전파할 수 있기 때문이다.

따라서 환경오염 문제는 중국의 지도자들이 안고 있는 '개발의 덫'의 통렬한 사례다. 고속 경제성장으로 인해 심각한 부작용이 초래되었다. 그러나 경제성장에 대한 국민들의 기대감으로 인해 중국공산당은 환경오염 문제를 제대로 해결할 수 없는 입장이다. 이와 같은 난관은 2008년의 베이징 올림픽 직전 베이징의 환경오염을 줄이는 과정에서 분명히 목격되었다. 올림픽 기간에 베이징 시내의 공기를 정화하기 위해 중국 정부는 베이징 주변의 공장들을 폐쇄했다. 반면에 7일에서 10일 간격으로 석탄을 이용하는 화력발전소를 지방에 신설했다.[67] 환경을 보호할 것이라는 중국 정부관리들의 공약에도 불구하고 경이적인 경제성장을 지속적으로 유지하는 데 필요한 수준으로 대체에너지를 생산하지 못하는 것이 오늘날 중국의 현실이다. 한편 많은 공장을 신설하여 일자리를 만들지 못할 경우 사회적 안정과 성장 능력이 위협받게 된다.

내부 문제와 그것이 해외에 미치는 영향

이러한 모순과 갈등에도 불구하고 오늘날 중국이 끄떡없이 유지되는 이유는 중국공산당에게 인민들의 삶의 수준을 유지하고 개선할 수 있는 능력이 있기 때문이다. 향후에도 경제적 기적에 관한 중국의 이야기가 병행적으로 진행 중인 주민에 대한 억압, 외국 개념의 유입, 신분차별, 부정부패,

토지점거, 환경오염의 이야기를 지속적으로 압도할 수 있어야 할 것이다. 지난 15년 동안에는 이것이 가능했으며, 문제가 중국공산당의 통치력를 위협할 정도로 심각하지 않았다. 그러나 이는 중국 정부가 지속적으로 경이적인 경제성장을 이룰 수 있을 때만 가능할 것이다. '경제성장'은 국영기업을 이탈한 노동자, 시골에서 이주한 노동자, 중학교나 고등학교를 졸업한 사람들에게 일자리를 주고 이들의 삶의 수준을 높여줄 수 있는 원동력이다.

보다 포괄적으로 말하면 중국은 인상적인 경제성장을 자랑하고 있지만 내부의 특이한 타성으로 인해 고통스러워하고 있다. 최근 보다 자신감을 갖게 되었지만 중국 정부는 아직도 공동의 가치와 개인의 정체성을 국가에 관한 폭넓은 이야기와 연계하기 위해 '개인 행복의 사회화'라는 융합 논리를 펼치고 있다. 개발도상국들에게 서구사회의 개념을 대체할 개념, 금융, 성공적인 경제발전 사례를 제공하고 있지만 이 융합의 논리는 1945년 이후 유럽의 마셜플랜 유형의 또는 19세기 당시 라틴아메리카에서 사회주의혁명의 기저를 이루었던 유형의 영감을 이들 국가에게 제공할 수 없을 것이다. '중국인이 된다는 것은 어떤 의미인가?'라는 질문에 답변하지 않고 있다는 점에서, 그리고 지역의 개개 국가와의 관계에서 중국 나름의 목적을 전달해줄 능력이 없다는 점에서, 중국과 개발도상국들 간의 상호작용은 주로 절차의 문제에 초점을 맞추고 있는 실정이다.

중국의 정치인이나 기업 지도자들은 아프리카의 도시에 가거나 아시아 무역사절단을 대상으로 연설할 때 세상을 보다 훌륭한 곳으로 만들려는 사람들의 열망을 사로잡을 만한 것은 거의 제공해주지 못했다. 자유시장과 일당 정치에 관한 중국식 모델에서 사회를 인도하는 유일한 이상(理想)

은 경제성장이다. 경제성장은 열악한 작업환경, 저임금, 부정부패, 정치적 탄압, 환경오염, 인권 침해를 감수해가며 얻고자 하는 전부다. 여기에 파푸아뉴기니, 수단, 나이지리아 등 각국에서 진행 중인 중국 프로젝트에서 볼 수 있는 노사분규, 작업현장 분규, 시스템 차원의 적개심 등의 문제를 추가해야 할 것이다. 이런 문제들은 대부분 인종과 문화에 대한 중국인들의 인식을 반영하고 있다.

따라서 중국의 국내 문제는 보다 폭넓은 맥락에서 대단한 의미가 있다. 이번 장에서 주장했듯이 이런 문제들이 중국의 지도자들에게 압박 요인이고, 결과적으로 중국이 국제사회에서 서구 자유주의 규범을 제대로 준수하지 못하도록 하는 요인이 되었다. 중국에 가장 중요한 것은 경제성장이다. 그러나 이와 같은 성장은 천연자원, 외국시장 그리고 중국의 세계적 포트폴리오를 지원해주는 외교적 능력이 있어야만 가능해진다. 중국의 체제가 중국의 지속적인 고속 성장에 발이 묶여 있는 한, 보다 폭 넓은 세계와 중국의 관계는 현재의 수준을 벗어나지 못할 것이다. 이 책의 결론에서 살펴보겠지만 중국의 경제발전 모델에 내재해 있는 이와 같은 결함은 서구사회 입장에서 보면 문제일 뿐만 아니라 기회이다. 그러나 먼저 우리는 중국 문제의 또 다른 부분인 취약성과 기회라는 부분을 살펴보아야 할 것이다. 이는 미국의 공공정책 논쟁에서 중국의 도전, 그리고 거대 시나리오와 미국의 예외주의를 미국이 어떤 식으로 바라보고 있는가의 문제다.

미국의 문제

중국 논쟁의 '패거리들'과 거대 시나리오

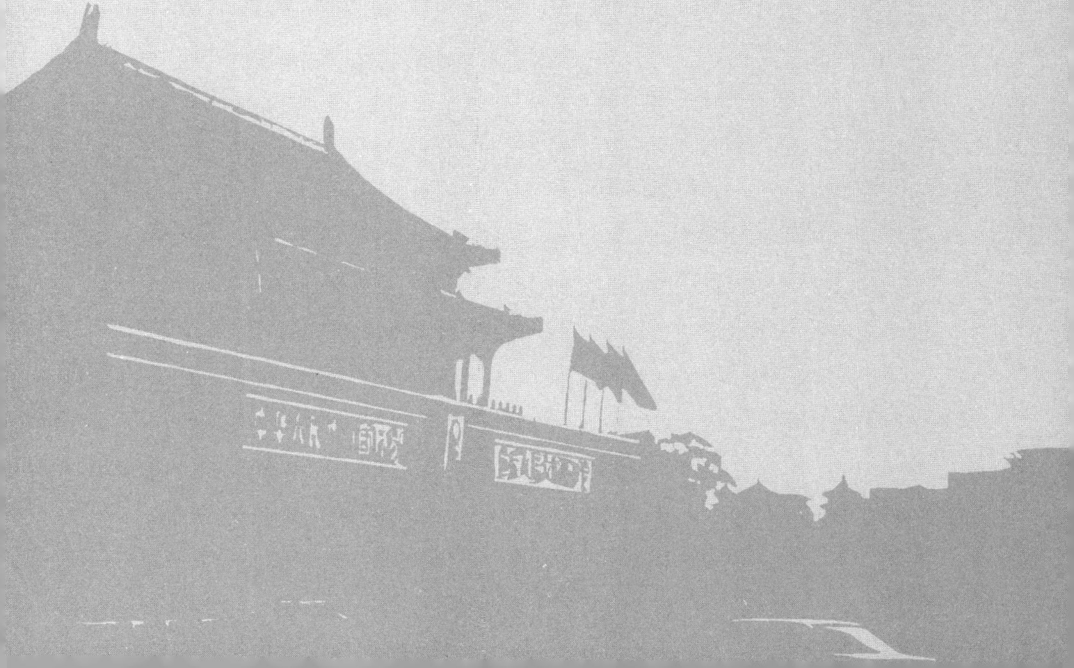

Beijing Consensus

힐러리 클린턴이 오바마 행정부의 국무장관 지명자로 참석한 미국 상원외교안보위원회의 청문회에서는 5만 3000여 개의 단어가 사용되었다. 여기에는 미국의 최고위층 외교관인 국무장관이 시급히 다뤄야 할 문제들, 즉 세계경제 위기, 테러, 핵확산, 아랍 이스라엘 분쟁, 기후변화, 미군의 이라크 철수 계획, 아프가니스탄에서 알카에다를 소탕하는 문제가 망라되어 있었다. 이처럼 장시간 진행된 청문회에서 거의 거론되지 않은 중요한 문제가 있었다. 주제 자체로 보면 중국에 관해서는 오직 여섯 개의 문장이 언급되었다.[1]

힐러리 클린턴의 미국 상원 청문회에서는 서구사회에 대한 중국의 도전의 특정한 면, 즉 미국 입장에서의 도전을 조명했다. 티베트의 과격시위처럼 이따금 신문의 전면을 장식하는 사건과 베이징 올림픽을 제외하면 중국 문제는 워싱턴의 '중국 문제 패거리'에 소속되어 있지 않은 정치가나 단일 쟁점 집단에서는 간과하거나 간단히 언급하고 지나간다. 미국 국방장관을 지낸 제임스 슐레진저(James Schlesinger)는 내게 다음과 같이 설명해주었다. 중국에 관한 미국의 논쟁은 압력단체에 따라, 관심 주제별 집단에 따라 그 내용이 달라진다.[2] 이런 집단에서는 중국 문제의 특정 부분에 초점을 맞추고 있다. 즉 중국의 군사발전, 무역 및 노동 문제, 인권 문제, 기술 이전 문제, 지적재산권 침해 또는 통상 및 교역 차원의 접촉에 따른 비즈니스의 기회와 이점을 다룬다.

집단에 따라 다루는 내용은 대부분 상이하지만 종합해보면 '중국이 미국을 따라잡고 있다', '중국이 미국을 돈으로 사들이고자 한다' 또는 '중국이 미국에 합류하고자 한다'와 같은 거대 시나리오에 의해 주도되는 중국 논쟁을 조성하고 있다. 한편 이와 같은 시나리오로 인해, 아시아에 서구식 민주주의가 뿌리내릴 것이며 통상 및 교역에 이점이 있음을 설파하는 '중국 포용론자'들로 구성된 캠프와, 다양한 모습으로 위장한 채 중국 위협을 경고하는 '중국 혐오론자'들로 구성된 캠프로 자연스럽게 입장이 양분되어 있다.

문제는 이들 시나리오로 중국 이야기의 실상을 제대로 설명할 수 없다는 사실이다. 중국의 서구사회에 대한 도전의 성격을 들여다보면 이들 중 어느 집단도 문제에 대한 해답은 고사하고 문제를 정확히 정의조차 하지 못하고 있다. 중국은 서구사회의 경제적 동반자이자 정치적 라이벌이다. 지난 30여 년 동안 시장개혁을 성공적으로 추진해왔다는 점을 미루어보면 중국공산당은 붕괴되지 않을 가능성이 크다. 그러나 자유주의로 녹아들지도 않고 있다. 공산주의의 세계적 몰락을 견뎌내고 살아남은 중국은 오늘날 세계에서 가장 막강한 부상 세력이다. 그러나 소련의 붕괴 이후 20년 동안 중국은 미국 주도 체제와 정면 대결하지 않았을 뿐만 아니라 미국의 세계관에 동화되지도 않았다. 이들 모순된 상황에 대응하기 위한 방법을 마지막 장에서 논의하기 이전에 서구사회에 대한 중국의 도전이라는 문제를 올바로 공식화할 수 없도록 일해온 미국의 방식과 미국의 문제를 알아보기로 하자.

매파 집단

워싱턴 엘리트들 내부의 중국 관측통 가운데 가장 잘 알려져 있는 집단은 중국을 주로 군사적 위협 측면에서 바라보는 매파 분석가들일 것이다. 매우 분명한 사례가 오바마가 대통령에 취임하기 직전에 있었다. 이라크를 신속하고 쉽게 침공할 수 있다는 미국의 희망과 더불어 신보수주의자들이 사라져버렸다고 생각했던 사람들 입장에서 보면 부시 행정부가 종료되기 마지막 몇 주 전의 10월의 사건은 기습적이었다. 폴 월포위츠(Paul Wolfowitz)가 갈수록 증대되는 중국의 군사적 위협에 관한 정부 보고서를 작성한 것이다. 보고서에서 월포위츠는 "중국이 태평양 지역 이외의 목표를 겨냥한 폭넓은 정책으로 인해 대거 증진된 군사력과 전력투사 능력을 추구하고 있다"라고 엄숙하게 경고했다. 또한 지난 20년 동안 핵무기를 방치하고 있었다며 미국을 비난했다.[3]

상세사항과 단서조항은 제외하더라도 이 보고서는 군사적 측면에서 중국의 위협을 강조했던 사람들에게 좋은 재료가 되었다. 월포위츠의 보고서를 가장 먼저 배포한 언론인은 〈워싱턴타임스〉와 폭스뉴스의 빌 거츠

(Bill Gertz)다. 미국에 대한 중국의 가장 심각한 위협은 '중국의 군사력 증강', 대량살상무기 개발 그리고 타이완에서의 전쟁 가능성이라고 거츠는 주장했다.[4] 「중국의 위협(The China Threat)」과 《중국이 미국을 공략하는 방법(How the People's Republic of China Targets America)》이라는 제목의 논문과 책에서 그런 주제를 강조했던 거츠는, 중국이 군사적으로 심각한 위협이 되고 있다고 주장하며 지난 10년 동안 워싱턴에서 생활해온 많은 언론인, 냉전 당시의 국방 지성인, 연구소의 연구원들과 동일 부류의 인물이었다.[5] 이 집단의 일부 요원들은 냉전 당시의 워게임에서 미국 측에 부여했던 색상을 고려해 자신들을 '청팀(Blue Team)'이라 지칭했다.[6]

〈워싱턴타임스〉나 〈위클리 스탠더드(Weekly Standard)〉와 같은 잡지뿐만 아니라 안보정책연구소(Center for Security Policy), 미국기업연구소(AEI), 헤리티지재단과 같은 연구기관들이 중국 문제에 관한 중요하고도 강경한 논쟁의 무대를 마련했다. 이들 포럼에서는 미중정책을 점차 증대되고 있던 중국의 핵, 우주 또는 해상 능력과 미국의 세력에 도전하려는 중국의 의도 측면에서 거론했다. 미국기업연구소 소속의 게리 슈미트(Gary Schmitt)와 댄 블루맨털(Dan Bluementhal)은 "중국이 단순히 억제정책을 지원하기 위해 이들 군사력을 추구하고 있는 것이 아님이 거의 분명하다"라고 말했다. 중국의 보다 큰 목표는 "치명성이 있는 전략 핵능력, 주로 미국을 겨냥한 능력이다"라고 이들은 경고했다.[7]

헤리티지재단의 브리핑에서도 유사한 사실을 주장했다. 즉 "신속히 현대화되고 있는 중국의 전략적 군사력이 미국에 가장 위협적이다"라고 주장했다.[8] 국무성에 근무한 경험이 있으며 미국기업연구소의 석좌연구원인 마이클 레딘(Michael Ledeen)은 〈위클리 스탠더드〉에 다음과 같이 기고했다. "중국이 무자비한 공산 독재국가로 남아 있는 한 …… 중국과의 분쟁이 필연적이라는 사실에 근거해 생각하고 계획해야 한다."[9] 펜실베이니아대학교의 중국 문제 전문가인 아서 월드런(Arthur Waldron)은 다음과 같은 암울한 주장을 펼쳤다. "중국은 일정한 종류의 세력 확보를 그 이유로 가정하지 않으면 도무지 말도 안 되는 엄청난 군사력을 개발하고 있습니다."[10] 「중국과 싸우기 위한 방법(How We Would Fight China)」이라는 글에서 로버트 캐플런(Robert Kaplan)은 중국이 "태평양에서 이동 중인 함정을 미사일로 정확하게 공격할 능력을 준비하고 있다"라는 사실에서 중국과 미국의 군사적 경쟁이 "21세기를 정의할 것이다"라고 주장했다.[11]

이 저널들과 연구소와 더불어 지난 10년 동안 워싱턴에서 중국 문제 관련 매파의 가장 강력한 지지 세력은 국방부였다. 도널드 럼스펠드(Donald Rumsfeld)가 국방장관으로 재직하고 있을 당시 신보수주의자를 포함한 일부 사람들은 중국이 심각하고도 확대되는 군사적 위협이라고 말하면서 펜타곤의 정책적 수준에서 나름의 관점을 정립했다.

월포위츠, 더글러스 페이스(Douglas Feith)와 같은 인물과 함께, 럼스펠드의 아시아 문제 관련 주요 보좌관 중 한 사람으로서 중국 관리와 럼스펠드 간의 회담에서 종종 통역을 맡았던 통찰력 있는 분석가이자 중국 문제 전문가인 마이클 필스베리(Michael Pillsbury)가 특히 이와 같은 관점을 조성하고 조장했다. 〈월스트리트저널〉은 필스베리를 "중국 문제와 관련해 펜타곤에서 가장 영향력 있는 보좌관"이라고 말했다. 〈월스트리트저널〉에 기고한 글에서 그는 대부분의 미국인들이 중국을 경제적 번영만을 추구하는 평화로운 국가로 바라보고 있는 등 잘못 이해하고 있다고 말했다. 국무성의 말단 관리에서 정보기관, 기업 및 학계에 이르기까지 미국의 중국 문제

관측통들이 너무나 자주 '중국 포용론자'가 되고 있다고 필스베리는 말했다. 즉 중국이 타이완 문제를 훨씬 초월하는 야망을 꿈꾸고 있으며, 늘어나는 에너지 수요를 충족하기 위해 소규모 전쟁 도발까지 계획하고 있다는 사실을 제대로 알지 못하고 있다고 주장했다. "중국은 미국을 필연적인 적국으로 간주하고 있으며, 그에 맞추어 계획을 수립하고 있다. 미국이 그렇게 하지 않으면 임무 태만에 다름이 없을 것이다"[12]라고 그는 주장했다.

필스베리는 자신의 관점과 맥을 같이하는 펜타곤의 2006년 4개년국방검토보고서(QDR)를 구상하는 과정에서 핵심 역할을 수행했다. 2006년의 4개년국방검토보고서에서는 중국의 군사적 팽창으로 인해 이미 태평양에서 '군사력 균형'이 깨졌다고 주장했다. 또한 군사력 또는 강압 수단을 이용한 타이완에 대한 모든 도발을 격퇴할 것이라는 미국의 주장에 중국의 군사력 발전이 주요 도전이 되고 있다고 주장했다.[13]

더욱이 이처럼 지적인 측면의 강력한 흐름을 권위 있는 기관이 지원해 주고 있다. 케이토연구소(Cato Institute)의 에반 일런드(Evan Eland)는 부시 대통령 시절 국방성에 정착한 국방 지성인들 외에 이와 같은 토론에 영향을 준 권위 있는 기관이 있었다고 암시했다. 위협에 관한 펜타곤의 예측에서는 당연히 중국 문제를 강조하는 경향이 있다. 결국 국방성은 중국의 모든 군사적 도전에 대응해야 할 직접적인 책임이 있는 기관이다. 또한 싸워서 이기기 위한 무기, 인력, 연료 및 요원들을 구비하고자 하는 경우 국방성은 의회의 지원을 받아야만 했다. 따라서 자신의 임무가 다음번 위협을 정확히 예측하는 일인 국방성의 입장에서는 어느 날 미국이 대적해야 할 열강으로서 중국에 초점을 맞추어야만 했다.[14]

미국 정부 안팎의 저명 정책분석가들이 발전시킨 이처럼 강력한 논거를 중국이 주목하지 않을 수 없었을 것이다. 중국의 정책입안자들은 워싱턴의 논쟁에서 이들 집단이 상황을 주도하고 있는 현상에 대해 최근 몇 년 동안 불만을 토로했다. 예를 들면 2009년 3월 중국 외무부 대변인 친강(秦剛)은 중국의 군사력 발전과 관련해 펜타곤이 지원하는 보고서에 대해 공식적으로 불만을 토로했다. 친강은 보고서에서 '냉전의 냄새'가 나며, "보다 긴밀한 군사적 경제적 관계를 방해하는 장애물로서 미중관계를 해치고 있다"라고 주장했다.[15]

중국의 군사력 발전상 개관

분명히 말하지만 중국군의 현대화를 포함해 세계무대에서 중국의 증대되고 있는 역할과 관련해 미국과 서구사회가 우려해야 할 심각한 이유가 있다. 지난 10년 동안 중국은 매년 국방비를 기하급수적으로 늘려왔다. 중국은 미군의 타격 능력을 무력화할 우주 및 해저 기술의 연구 개발을 가장 중요시하고 있다. 그러나 이 발전상을 보다 포괄적인 상황과 연계하여 묘사해야 하는데, 미국의 매파들은 대체로 그러지 못하고 있다. 중국 문제는 미국의 군사적 우위에 도전하기 위해 중국군이 미군을 따라잡고자 노력하고 있다는 사실 이상으로 복잡하다. 중국은 군사력을 미국과 대등하게 갖추려 할 경우 입게 될 재정적인 문제와 미국이 보일 부정적인 반응을 모두 피하고자 했다.

항공모함 공격용인 '해면 저고도 비행 미사일(sea-skimming missile)'에서 시작하여 인공위성을 격추할 수 있는 탄도미사일에 이르는 새로운 세대의 기술 및 군사 하드웨어를 개발하기 위해 중국이 상당한 노력과 자금을 투자했음은 의문의 여지가 없다. 그러나 이는 미국에 도전하고 미국과 싸우기 위한 정책이라기보다는 태평양의 괌에 이르는 도서들로 연결되는 중국의 영향지역과 중국 본토 및 타이완 주변에 '거부 지역'을 설정하기 위한 정책의 결과다. 적어도 당분간 중국에 중요한 것은 타이완이 독립을 천명할 경우에 대비한 신뢰할 만한 군사적 위협 능력을 확보하는 일이다.

지난 수십 년 동안 중국의 진화에서 핵심은 많은 비용이 소요되는 미국과의 군비경쟁을 피하는 것이었다. 중국은 이와 같은 군비경쟁이 아니고 미국의 전장공간 정보, 감시, 표적획득, 정찰 및 통신 능력 관련 첨단 과학기술 무기를 겨냥한 억지력을 추구했다. 이와 같은 군사력의 신뢰성은 미국과 타이완 이외에 일본과 남중국해를 걱정해야 하는 중국군에 대단히 중요한 의미가 있다. 또한 티베트인과 신장성의 위구르족 내부의 인종 분규를 고민해야 하는 중국공산당에 중요한 의미가 있다.

럼스펠드의 후임자인 로버트 게이츠(Robert Gates)의 지도 아래 2009년 3월에 발간된 펜타곤의 보고서는 어느 정도 중도적인 입장을 보였다. 보고서는 "중국이 미군의 전통적인 이점을 와해하기 위한 기술과 무기를 추구하고 있지만 …… 군사력을 원거리에서 지속적으로 유지하는 능력은 제한적이다"라고 지적했다.[16] 중국군은 "방대한 규모의 육군을 지양하고 첨단 장비로 무장한 적에 대항해 중국 국경 주변에서 단기간 동안 고강도 분쟁을 수행할 능력이 있는 군대"로 전환하기 위한 '포괄적인 변환'을 추진하고 있다고 보고서는 언급했다. 이와 같은 접근 방안을 중국군은 '정보화 상황의 국지전쟁 준비'라고 지칭했다.[17] 보고서는 중국군의 은밀성, 외부 노출을 자제하는 관행, 불충분한 군사교류로 인해 미중 간에 오해의 소지가 있다는 사실을 강조했다. 예를 들면 2008년 중국 해군은 해상 우발사태를 고려한 미국과의 프로토콜 협상을 거부했다. 그런데 이는 미중 간의 대결 가능성을 피하기 위한 절차를 정립하기 위한 것이었다. 국제사회는 중국군 현대화 계획을 지원하는 이와 같은 계획의 동기나 의사결정방식 및 주요 능력에 관해 잘 알지 못한다. 그러나 확인 가능한 데이터에 따르면 "중국군 현대화의 주요 동인은 미국의 간섭 가능성을 포함한 타이완해협에서의 우발사태에 대비하는 것이다."[18]

국제전략문제연구소(CSIS)의 찰스 프리먼(Charles Freeman)은 중국이 던지는 진정한 메시지는 '중국이 미국을 따라잡고 있다'가 아니고 '조용히 내버려두시오. 우리 문제를 우리가 관리하게 해주시오'에 보다 가깝다고 말하고 있다.[19] 그는 지난 10년 동안 중국의 지도층이 중동과 동남아시아, 라틴아메리카 같은 곳에서 미국의 안보우산을 탈취하거나 여기에 도전하는 인상을 주지 않으려고 많은 노력을 기울였다는 사실에 주목하고 있다. 오늘날 중국공산당은 내부지향적이다. 결과적으로 국제사회에서 분쟁이 일어날 가능성에 민감한 반응을 보이고 있다. 이는 믿을 만한 사실이다. 그렇다고 미국과 중국 또는 중국과 타이완 간에 분쟁이 불가능한 것은 아니다. 중국 전투기와 타이완 전투기 간의 공중 충돌과 같은 우발상황에서도 분쟁은 가능하다. 그러나 전쟁 가능성은 보다 낮다. 경제적 이유로 인해 중국공산당에게 전쟁은 일대 재앙에 다름이 없을 것이다. 전쟁이 일어나면 중국 국민과 공산당을 묶어주는 사회계약을 공산당이 파기하는 결과가 초래될 것이다.

무역 관측통, 제1부

중국 문제 관련 미국의 매파들이 '중국이 미국을 따라잡고 있다'라는 개념의 형성에 일조하고 있다면 무역 관측통들은 '중국이 미국을 돈으로 사들이려 한다'라는 워싱턴의 또 다른 논쟁 틀의 형성과 긴밀한 관계가 있다.

지난 5년 동안 중국은 중국투자공사, 중국해양석유총공사(中國海洋石油總公司), 중국인민은행과 같은 정부기관을 통해 미국 경제에 투자하고자 했다. 이와 같은 노력에 미국은 우려를 표명했다. 가장 분명한 사례는 2005년에 있었다. 당시 중국해양석유총공사는 미국의 석유회사인 유노컬(Unocal)을 인수하고자 노력했다. 그 과정에서 셰브론(Chevron)이 제시한 경쟁 입찰을 묵살했다. 거래가 완료되기 이전 미국 의회는 선정적인 논리를 전개하며 이 일을 방해했다. 미국 의회는 트로이의 목마처럼 이와 같은 중국의 투자가 미국의 국가안보를 위협한다고 주장했다.

미국 상원과 하원의 41명의 의원들이 국가안보를 위협한다며 당시의 거래를 비난하는 공식 서신을 작성했다.[20] 하원 에너지 및 통상 위원회 위원장인 조 바튼(Joe Barton)은 미국 대통령에게 다음과 같은 서신을 보냈다. "우리는 미국의 주요 에너지 자산이 중국 정부에 매각되지 않도록 함으로써 대통령이 미국의 국가안보를 지켜줄 것을 촉구합니다."[21] 하원의원인 리처드 폼보(Richard W. Pombo)는 중국의 유노콜 석유회사 인수가 "미국의 국가안보를 해칠 수 있다"라고 천명하는 결의안을 지지했다. 그는 국가안보를 직접 위협할 경우 미국 헌법 제1장 8조에 따라 '외국과의 무역을 규제'할 권한을 의회가 갖고 있다는 사실을 강조했다.[22] 국방차관을 지낸 프랭크 가프니(Frank Gaffney)는 하원군사분과위원회 주관 청문회의 증언에서 중국

해양석유총공사의 유노콜 인수 허용은 심각한 잘못이라며 다음과 같이 발언했다. "세계 최고의 경제대국인 미국을 대체하고 필요한 경우 군사적으로 미국을 격파하는 것이 중국의 포괄적인 전략이기 때문이다."[23] 클린턴 행정부 당시 중앙정보국장이었던 제임스 울시(James Woolsey)는 이 거래는 "순진하고 위험스러운 형태다"라고 언급했다. 울시는 하원군사분과위원회에서 다음과 같이 말했다. "이것이 에너지시장과 서태평양을 주도하겠다는 중국의 국가전략과 관련이 없는 순수 상업적인 성격의 것으로 믿고 있는 사람들에게 나는 그런 관점이 대단히 순진한 것이라는 점을 말하고자 합니다."[24] 미국기업연구소는 중국에 관해 우려하는 관측통들의 패널을 주관했다. 여기에는 이와 같은 거래가 미국의 군사적 경제적 안보에 주는 위기를 논의했던 토머스 도넬리(Thomas Donnelly), 대니얼 블루멘털(Daniel Bluementhal)과 같은 사람도 포함되어 있었다. 헤리티지재단은 「중국해양석유총공사의 유노콜 매입 입찰에 반대한다(Say No to CNOOC's Bid for Unocal)」라는 제목으로 브리핑을 했다. 브리핑에서 헤리티지재단은 미중관계가 군사적 대립으로 치달을 경우 그 거래의 성격은 중국에 강력한 전략적 자산을 제공해주는 것이라고 주장했다.[25] 전미해외무역협의회(National Foreign Trade Council)의 의장인 윌리엄 라이니시(William Reinsch)는 이 거래가 미국의 안보를 은연중에 위협하고 있다고 주장했다. "왜냐하면 미국의 육군과 해군, 공군이 석유를 이용해 운용되고 있어" 중국과 일대 교전이 벌어질 경우 중국이 미국의 접근을 막을 수도 있기 때문이다.[26]

한편 대서양 건너 유럽에서 〈이코노미스트(Economist)〉라는 잡지는 다음과 같은 분명한 질문을 제기했다. '정치가들이 주장하고 있듯이 미국의 에너지안보가 진정 위험에 처했는가?' 이처럼 주장하기가 진정 어렵다고 잡지는 암시했다. 가프니와 울시, 그리고 몇몇 국회의원과 연구소들의 과장된 주장을 제외하면 유노콜은 세계 석유 및 가스 시장에서 작은 회사였다. 규모 측면에서 보면 이곳은 상위 40위 석유 회사 또는 가스 회사 안에도 들지 못했다.[27] 뒤늦게 발간된 미국 의회조사국(CRS) 보고서가 말해주듯이 유노콜은 미국의 원유, 응축물 및 천연액체의 0.8퍼센트를 생산하고 있었다. 이 회사의 원유 생산량이 미국의 소비에서 차지하는 비중은 0.3퍼센트에 불과했다.[28]

이 일화는 문제의 사안인 서구세계에 대한 중국의 도전에 관한 논쟁을 격상시키지 못했다. 그러나 이는 거대 시나리오가 중국 관련 논쟁에 즉각 엄습할 수 있음을 매우 잘 보여주고 있다. 시장 측면에서 보면 소규모 입찰로 시작된 일이 중국 정부가 미국의 삶의 방식을 위협하지 못하도록 하자는 토론으로 발전한 것이다.

강대국 관측통

중국의 위협을 주장하는 또 다른 학파에 '강대국들의 역사를 강조하는 학자들'이 있다. 이들이 경종을 울리는 부분은 미국에 대한 중국의 투자가 아니고 역사다. 이들 학자는 중국 문제를 거대한 역사적 맥락에서 바라보면서 부상하는 열강은 기존의 패권국과 전쟁을 할 수밖에 없다고 주장하고 있다. 왜냐하면 부상하는 열강은 패권국의 영향권에 도전할 수밖에 없기 때문이다.

이와 같은 논거에서 가장 일반적인 비유는 빌헬름 2세(Kaiser Wilhelm II)

시절의 독일의 부상이다. 독일 제국의 산업화와 군국화를 지켜본 것으로 잘 알려져 있는 빌헬름 2세는 독일을 영국의 패권을 위협하는 유럽 열강으로 발전시켰다. 전형적으로 이와 같은 관점을 제시하는 사람은 미국기업연구소의 게리 슈미트(Gary Schmitt)다. 그는 "오리처럼 걷고 소리를 지르면 오리일 수밖에 없다. 부상하는 고전적인 열강처럼 행동한다는 점에서 중국은 빌헬름 2세 당시의 독일과 매우 유사하다. 이와 같은 이유로 어느 순간 미국과 충돌하지 않을 수 없을 것이다"라고 말했다.[29] 지금으로부터 10여 년 전에 〈위클리 스탠더드〉에 기고한 글에서 로버트 졸릭은 "독일의 부상에 효과적으로 대처하지 못하여 75년 동안 전쟁이 진행되었다"라고 경고했다.[30] 거기서 그는 중국을 언급했다. 미국 대통령 선거에 출마했던 팻 부캐넌(Pat Buchanan)은 2005년 다음과 같이 말했다. "미국과 중국은 부상 중이던 열강과 기울어져 가던 열강을 모두 파괴한 75년간의 전쟁을 시작하게 했던 독일의 빌헬름 2세와 영국의 조지 5세의 운명을 피해야 합니다."[31]

미국의 외교관계에서 소프트파워를 보다 많이 사용해야 한다고 강조하고 있는 공화당위원회(Committee for the Republic) 소속의 존 헨리(John B. Henry)와 같은 사람들에게는 중국이 우려를 자아내고 있다. 그는 다음과 같이 말했다. "미국과 중국 간에 분쟁은 필연적입니다. 기존의 패권국이 부상하는 열강의 요구를 수용한 사례가 없습니다. 분쟁이 필연적일 것임을 역사는 보여주고 있습니다. 미국은 패권국의 모습인 반면 중국은 도전국의 모습입니다."[32]

그러나 미중관계를 이처럼 분석하는 학파에 문제가 없지 않다. 이는 내셔널 인터레스트(National Interest)에 기고한 「서구가 없는 세계(The World Without the West)」라는 논문에서 나즈닌 바르마(Naazneen Barma), 엘리 래트

너(Ely Ratner), 스티븐 웨버(Steven Weber)와 같은 사람들이 묘사한 시대에 뒤처진 서구 중심의 세계관에 입각해 있기 때문이다. 논문에서 이들은 미국 내의 경향이 미국을 허브로 하는 체제에서 리더십을 놓고 미국에 도전하여 분쟁을 초래하든가, 미국 중심의 체제에 통합되어 서구 자유주의 질서에 순응하는 평화로운 진화를 추구하든가 냉엄한 선택을 해야 하는 것으로 부상 중인 국가들을 묘사하고 있다고 비판했다.[33]

따라서 거대 게임 관측통들은 잘못된 가정과 질문을 제기함으로써 패권국인 미국과 중국이 대결하게 될까 봐 우려하고 있다. 그러나 국제관계의 실상은 이처럼 간단하지 않다. 앞서 논의했듯이 엄청난 자금이 오늘날 서구 이외의 지역에서 순환되고 있다. 개발도상국들 간의 경제적 상호작용의 수준은 이들 국가와 서구 국가들 간의 상호작용의 수준에 버금갈 정도가 되었으며 이것을 초월하기 시작했다. 예를 들면 [도표 6.1], [도표 6.2], [도표 6.3]은 가장 빠르게 성장하고 있는 개발도상국 경제권인 브라질, 러시아, 인도, 중국 가운데 3개국과 지구의 다른 국가 간에 이루어지고 있는 무역규모를 10억 달러 단위로 나타낸 것이다. 개개 사례에서 남아메리카, 아프리카, 중동, 러시아, 아시아와의 무역규모가 북아메리카나 유럽과의 무역규모보다 큰 실정이다.

신흥 시장들이 점차 비즈니스와 원조 측면에서 상대방에게 눈을 돌리고 있다. 따라서 세계경제와 개발도상국들의 통합은 이들 국가와 서구와의 보다 큰 통합을 예고하는 것이 아닐 수 있다. 그렇다고 반드시 분쟁을 의미하는 것도 아니다. 중국은 전통적인 유럽 역사의 경계 밖에서, 그리고 기존의 패권국가인 미국에 도전하거나 미국의 규범과 관습에 순응하는 차원이 아닌 또 다른 차원에서 나아갈 길을 다지고 있다.[34]

[도표 6.1] 브릭스와 국제무역: 브라질의 상품 수출, 2007

(단위: 미국 달러)

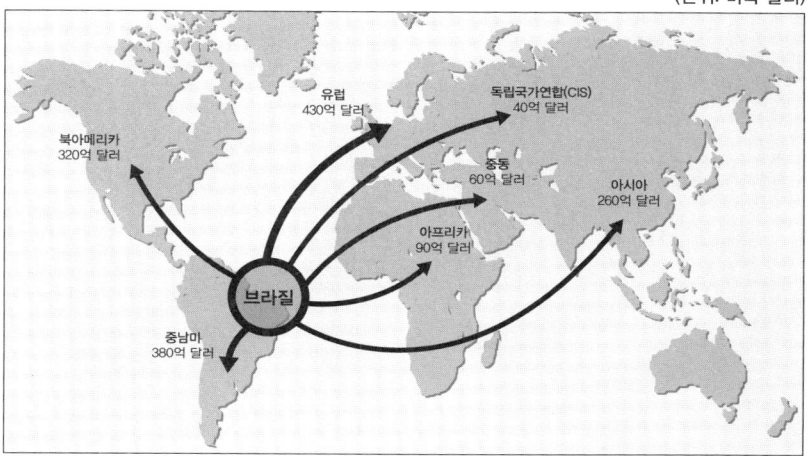

출처: David Barlett, "African Investments by the BRIC Countries," Symposium on Foreign Investment in Africa, Barlett Ellis LLC, April 1, 2009, 5, http://sabusinesscouncil.org/wp-content/uploads/2009/04/african-investments-by-bric-countries.pdf

[도표 6.2] 브릭스와 국제무역: 인도의 상품 수출, 2007

(단위: 미국 달러)

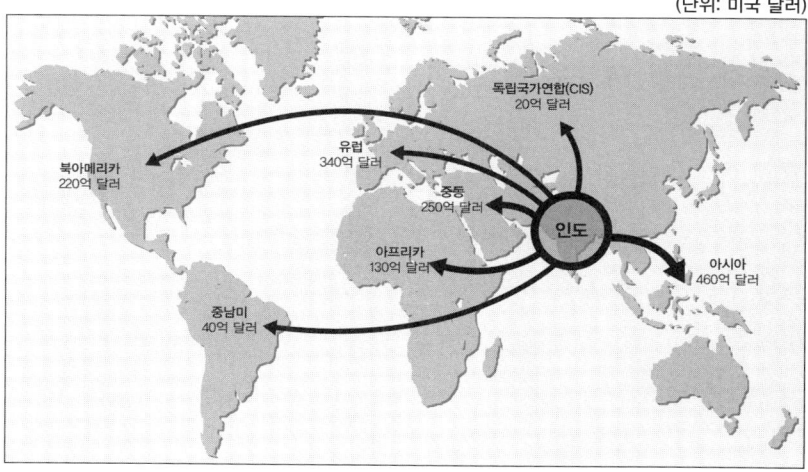

출처: David Barlett, "African Investments by the BRIC Countries," Symposium on Foreign Investment in Africa, Barlett Ellis LLC, April 1, 2009, 5, http://sabusinesscouncil.org/wp-content/uploads/2009/04/african-investments-by-bric-countries.pdf

[도표 6.3] 브릭스와 국제무역: 중국의 상품 수출, 2007

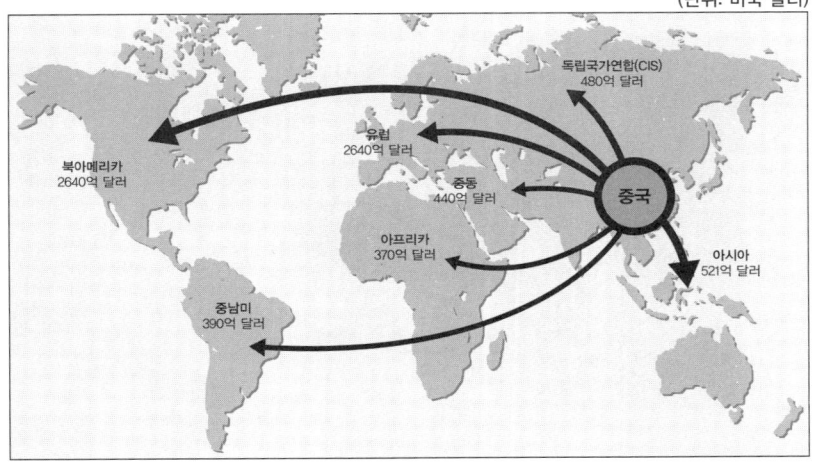

출처: David Barlett, "African Investments by the BRIC Countries," Symposium on Foreign Investment in Africa, Barlett Ellis LLC, April 1, 2009, 5, http://sabusinesscouncil.org/wp-content/uploads/2009/04/african-investments-by-bric-countries.pdf

무역 관측통, 제2부

중국에 관한 암울한 미래를 구상하며 국가안보를 강조하는 사람들이나 강대국 관측통들은 전반적인 정치적 전망에서 일부분에 불과하다. 중국과, 그들의 동기와 실재에 관해 회의적인 시각을 견지하고 있는 대부분의 일반대중을 제외하고 오늘날의 정책적 경향에 특히 불만을 토로하는 집단으로 미국 국회의사당의 노동 및 무역 관련 이익집단이 있다. 이들 집단에서는 타당성이 있는 우려를 제기하고 있다.

중국이 미국의 일자리를 위협한다는 주장은 새로운 현상이 아니다. 중국 노동자들이 국가적으로 미국인들의 관심을 끈 것은 1850년대 중반이었다. 많은 중국인들이 캘리포니아의 금광을 찾아 서부해안으로 몰려왔다. 황금러시가 주춤해지고 광산이 폐쇄되자 중국인들이 건설 현장이나 레스토랑, 세탁소뿐만 아니라 가정의 잡일로 몰려들었다. 이들은 곧바로 차이나타운을 조성했는데, 이들 중 일부는 오늘날까지 샌프란시스코와 로스앤젤레스에서 번창하고 있다. 그러나 1870년대 미국의 노동자와 노동운동가들은 인종 편견을 이용해 서부지역에서 반중국 운동을 전개했다. 이들은 황화(黃禍, 황인종 우세에 대한 백인종의 두려움을 강조한 말_옮긴이)의 공포를 확산시켰다. 살롱의 문에는 '중국인과 강아지 금지'라는 안내판이 부착되었다. 미국인의 일자리를 차지한 중국인들은 보다 적은 임금을 받고도 거의 모든 일을 하고자 함으로써 임금 하락을 조장했다.

  미국의 노동자 집단과 무역 관측통들은 오늘날까지 유사한 우려와 불평불만을 토로하고 있다. 이들이 지적하듯이 미국 회사들이 보다 낮은 임금에도 보다 장시간 일하고자 하는 중국으로 생산시설을 옮기면서 미국인들이 일자리를 잃고 있다. 저가의 중국제 수입품이 봇물처럼 밀려들어오면서 미국의 소형 비즈니스들이 시장에서 퇴출되었다. 미국 제조업체들의 주장처럼 위안화의 저평가로 인위적으로 저가에 물건을 팔고 있는 중국의 수출업자들이 많은 이득을 보고 있다. 위안화 저평가로 인해 중국에서 미국 수출품의 단가가 인위적으로 높아졌다.[35]

  모두 합당한 우려다. 그러나 미국 내부의 정치적 논쟁거리가 되면서 정치가들이 이러한 우려를 이용해 지나치게 단순화된 답변을 제시하고 있다. 미국 대통령에 출마한 적이 있으며, 미국 무역대표, 유엔 주재 미국 대사였던 뉴멕시코 주 주지사 빌 리처드슨(Bill Richardson)은 2008년 다음과 같이 주장했다. "중국은 전략적 수준의 경쟁자입니다. …… 환율을 갖고 더 이상 장난치지 말라고 중국에 말해야 합니다."36 미국 민주당 상원의원인 찰스 슈머(Charles Schumer)와 공화당 상원의원인 린지 그레이엄(Lindsey Graham)은 '수년 동안 환율을 조작'하는 등 자유무역 법칙을 위배했다며 중국을 비난했다. "자유무역 법칙을 준수하지 않을 경우"37 중국제 수입 물품에 27.5퍼센트의 관세를 부과하자고 이들은 제안했다. 금융위기로 인해 보다 상황이 좋지 않았던 최근 미국 하원 대표들은 보호주의로 회귀하자고 촉구했다. 7890억 달러에 달하는 경기촉진 자금의 비준을 위해 신속히 움직이던 오바마 행정부 출범 직후 미국 의회는 슈머, 린지, 피테 비스클로스키(Pete Visclosky) 같은 사람들의 지지에 힘입어 '미국 물건 구입' 관련 문구를 법안에 추가하고자 노력했다. 이와 같은 법안에서는 경기촉진 자금의 지원을 받는 다수의 공공사업과 건축 프로젝트에서 철강처럼 미국 제품만 사용하도록 요구하고 있었다. 결과적으로 인도, 브라질, 러시아뿐만 아니라 중국의 주요 수출업자들의 미국시장 점유율이 줄어들 상황이었다.38

　이들의 주장은 매우 인기가 있었다. 그러나 실제적인 관점에서 보면 거의 도움이 되지 못했다. 먼저 이들은 상황을 절반만 묘사하고 있었다. 일부 영역에서 보면 중국기업이 미국 경제를 악화시킬 수도 있을 것이다. 그러나 또 다른 영역에서 미국 경제를 촉진하고 있음에 의문의 여지가 없다. 프린스턴 대학교의 경제학 교수인 버튼 멜키엘(Burton Malkiel)이 말했듯이 중국의 수출업체들이 미국에 제초기, 마이크로 오븐, 스키나 지갑을 수출하여 얻은 이윤을 땅속에 묻어놓는 것은 아니다. 이윤을 저축하고, 자금을 중국중앙은행을 통해 미국 정부에 빌려줄 뿐만 아니라 미국기업의 주식에 투자하고 있다. 결과적으로 미국의 이자율이 낮아지고, 미국인들이 보다 쉽게 대부를 받을 수 있으며, 미국의 비즈니스가 확장될 수 있게 된다. 금융대부가 용이하다는 점으로 인해 모기지 비율이 낮아지면서 보다 많은 사람이 부동산을 구입할 수 있게 된다.

결과적으로 미국 정부는 보다 낮은 세율을 유지하면서 일거리를 만들 수 있게 된다. 자유무역이 쉽지 않은 경우가 있는데, 상황이 어려운 시절에 특히 그렇다고 멜키엘은 말한다. 그 이유는 모든 사람이 자유무역의 영향을 동일하게 받는 것이 아니기 때문이다. 예를 들면 중국제 수입품 때문에 도산한 직물공장의 노동자가 느끼는 경제적 고통은 저가의 의복, 보다 쉽게 사용 가능해진 신용카드, 보다 낮은 모기지 비율과 같은 중국 경제의 긍정적인 효과를 사람들이 느끼고 있는 정도와 비교해 심각한 수준일 것이다. 이와 같은 경제적 고통은 적은 사람에 국한되고, 이득은 보다 넓게 확산되는 경향이 있다.[39]

둘째 미국의 정치가들은 중국을 초월하는 문제에 대한 조잡하고도 실제적이지 않은 해결안을 제시하느라 중국 위협론이라는 거대 개념을 이용했다. 미국 연방준비은행장을 지낸 앨런 그린스펀(Alan Greenspan)은 중국제 수입품에 대한 관세를 강화하면 중국을 대신해 또 다른 국가가 미국에 저가로 물건을 수출하게 될 것이라고 말했다.[40] 미중 경제안보검토위원회(USCC)에 제출된 보고서에 설명되어 있듯이 최근 몇 년 동안에는 미국의 생산시설이 해외로 가속적으로 이전되었다. 이것은 오늘날 세계적으로 기업의 구조조정이 진행되고 있으며, 보다 많은 자본이 이동하고 있음을 보여준다. 미국이나 외국 소유의 다국적기업들이 임금 수준이 높은 국가에서 낮은 국가로 생산시설을 옮기고 있다.[41] 예를 들면 미국에서 중국이 정치적으로 가장 많이 부각되고 있는 국가임은 분명하다. 그러나 이는 중국을 겨냥한 보호주의적인 법안을 통해 바꿀 수 없는 보다 큰 그림의 일부다. 지난 5년 동안에는 미국의 생산시설이 중국뿐만 아니라 멕시코, 인도, 동남아시아, 라틴아메리카, 카리브해 국가들, 동유럽, 캐나다로 대거 이전해갔다. 예를 들면 3개월 동안의 미국의 생산시설 이전 현황을 조사해본 바에 따르면 이들 중 23퍼센트가 중국, 27퍼센트가 멕시코, 12퍼센트가 인도, 15퍼센트가 여타 라틴아메리카 국가와 카리브해 국가로 나머지 7퍼센트가 벨기에, 캐나다, 프랑스, 아일랜드, 이스라엘, 뉴질랜드, 스웨덴, 영국으로 이전해갔다.[42]

따라서 미국 의회의 주장과 달리 달러화에 대한 위안화의 급격한 평가절상이 만병통치약은 아닌 것이다. 그렇게 하면 미국의 성장 사이클을 지원해주는 중국 자금이 미국으로 들어오지 못하게 된다. 빈번한 주장과 달리 위안화를 평가절상한다고 미국의 제조업이 성장하는 것도 일거리가 늘어나는 것도 아닐 것이다. 예를 들면 컴퓨터, 장난감, 유사 제품과 더불어 미국의 면직물 수입이 중국에서 아시아와 라틴아메리카의 또 다른 신흥 시장으로 단순 이전하게 될 것이다. "이렇게 한다고 보호되는 미국의 일자리는 거의 없다"라고 그린스펀은 말했다.[43]

제임스 팰로스(James Fallows)가 지적했듯이 미국의 정치가들은 중국이 미국의 일자리와 비즈니스를 위협하고 있다고 말하기 좋아한다. 이들은 무역흑자를 줄이고 보다 공정한 게임을 하라고 중국에 촉구하고 있다. 그러나 마찬가지로 이들은 무역흑자를 통해 축적한 달러를 향후에도 지속적으로 미국의 국채와 미국회사 주식에 투자하라고 중국의 금융업자들에게 촉구하고 있다. "우리는 이 일을 동시에 할 수 없습니다. 중국인이 미국에 자금을 빌려주거나 미국에 일자리를 돌려줄 수는 있습니다. 그러나 그 둘을 동시에 할 수는 없습니다"라고 팰로스는 말했다.[44]

무역 관측통들이 영향력이 있는 것은 사실이다. 그러나 이는 중국 위협론을 강조하는 많은 집단 가운데 일부에 불과하다. 앞에서 언급한 집단 외에 티베트를 위해 로비하는 인권 집단, 식량과 의료품의 안전 문제를 강조하는 소비자 집단, 건설업 로비 집단, 중국의 해커들이 기술과 국가비밀을 훔치기 위해 미국의 컴퓨터를 공격하고 있다고 경고하는 사이버 관측통, 중국의 벤처자금에 미국의 자산이 헐값에 팔려나가고 있다고 주장하는 집단, 중국이 개밥에 첨가하는 이물질을 우려하는 애완용 강아지 주인들로 구성되어 있는 집단 등 다양하다. 이들은 중국이 미국의 최대 적국이라는 이미지를 구축하고자 애쓴다. 그러나 이들과 달리 미국에는 이와 같은 이미지를 바꾸고, 중국이 미국의 최대 동반 국가라는 이미지를 조성하려고 애쓰는 집단도 있다.

통상 관련자들

중국 포용 논리를 주장하는 사람들을 살펴보자. 여기에는 정치가부터 기업위원회와 학교기관에 더불어 다양한 집단이 있다. 본질적으로 이들은 5장에서 확인한 것에 못지않은 인기 있는 개념들을 제안하고 있다. 이들의 논거는 다음과 같다. 서구 기업들이 중국 경제에 투자하면서 국내외 모두에서 중국이 점차 서구식 자유주의 규범을 준수하게 될 것이다.

이와 같은 메시지를 주장하는 주요 창구는 워싱턴에 기반을 둔 미중무역위원회(US-China Business Council)이다. 이 위원회는 다음과 같이 두 가지 역할을 한다. 첫째는 중국시장에서 활동하고 있는 250여 미국회사들에게 비즈니스 차원에서 조언하는 것이다. 두 번째 또한 못지않게 중요한데, 이는 중국과 관련된 미국의 논쟁에서 일종의 지원이나 로비활동을 하는 것이다. 이 위원회의 관리들이 설명했듯이 이들 임무의 상당 부분은 "자유로운 통상 및 교역 관련 접촉과 무역이 미국과 중국 모두에게 좋다는 구체적인 메시지를 적극 강조하는 것이다." 따라서 이 위원회는 "미중 간의 접촉을 독려하고, 고객 회사들에 악영향을 끼칠 수도 있는 좋지 못한 법에 대항해 저항하기" 위한 문헌을 발간하고 미국 의회의 지원세력들을 동원하고 있다. 그 과정에서 "우리의 접근 방식에 적개심을 품고서 우리의 행동의 자유를 저지하고자 하는 의원들과 지속적으로 대립하게 된다"라고 이 관리들은 말했다.

이 메시지를 통해 위원회가 하는 일이 사회적 정치적으로 이득이 된다는 사실을 잘 알 수 있을 것이라고 주장하고 있다. 이들은 "정치적 사회적 발전의 시각에서 중국의 발전을 도와주고 있다. 중국이 진전을 보이고 있으며, 우리가 그 과정을 주도하고 있다. 우리는 중국에서 논쟁이 가능하도록 도움을 주고 있다. 중국의 상황 발전에 기여하고 있다고 강력히 느끼고 있다. 우리가 하는 일과 세계무역기구에서 중국이 확보한 입지로 인해 중국 회사들에게 보다 많은 투명성을 요구할 수 있게 되었다. 우리 때문에 중국이 지적재산권과 관련해 보다 압력을 받고 있다. 따라서 우리는 중국이 보다 자유롭고 보다 질서 잡힌 사회로 발전해가는 과정에서 도움을 주고 있다"라고 말했다.[45]

미중무역위원회가 미중 간의 경제적 접촉의 위력에 관해 워싱턴에서 낙관론을 펼치고 있는 유일한 기관은 아니다. 대통령직에서 물러나기 직전 빌 클린턴은 중국의 경제적 자유화로 "일정 기간이 지나면 자유의 정신이 높아질 것이다. …… 베를린장벽의 붕괴와 마찬가지로 그렇게 될 수밖에 없다"라고 말했다.[46] 2000년 대통령 선거 당시 중국과의 자유무역을 옹호하면서 부시(George W. Bush)는 다음과 같이 주장했다. "경제적 자유로 인해 자유의 습관이 조성됩니다. 자유의 습관으로 인해 민주주의에 대한 기대가 조성됩니다."[47] 2005년 그는 중국시장에 "자유의 조짐이 보인다. 결과적으로 중국에서 민주주의에 대한 요구가 높아질 것이다"라고 말했다.[48] 2008년의 대통령 선거에서 공화당의 대통령 후보였던 마이크 허커비(Mike Huckabee)는 중국에 대한 전형적인 낙관론을 피력했다. 그는 "중국이 경제를 발전시키고, 자국 국민에게 보다 많은 자유를 허용하면서 국제사회의 주류가 되고 있는데, 모두 중국에 관한 좋은 소식이다"라고 말했다.[49] 미국기업연구소의 정책문서에서는 다음과 같은 비교 가능한 논지를 언급했다. "중국에서 민주적 변화를 달성하기 위한 수단이 외부와의 경제적 접촉을 통해 증대되었다. 중국의 경제적 번영으로 중국공산당이 정당성을 확보했지만 정치적 다원주의를 겨냥한 세력이 또한 분출되었다."[50]

20여 년 전만 해도 이와 같은 생각은 어느 정도 타당성 있는 낙관론으로 용서받을 수 있었다. 그러나 신중히 생각해보면 경제적 자유주의와 정치적 독재라는 중국의 하이브리드 체제가 향후에도 1세대 이상 지속될 것으로 보인다. 적정한 균형과 합법성을 유지하는 한편 지나친 변화를 거부하는 강력한 세력이 작동하고 있는 권위주의적인 중국의 정치체제는 결과적으로 보면 지속력이 있는 현상유지 세력이다.[51] 중국에서 2년 동안 안식년을 보낸 이후 2009년 3월에 팰로스가 기술했듯이 "중국인들의 불만은 일반적으로 시스템 또는 통치자가 아니고 잘못된 중간 보스, 시장(市長), 관료 또는 보도자에 관한 것이다."52

중국: 워싱턴 엘리트들의 나쁜 습관의 축소판

그리하여 우리는 워싱턴에서 특정 주제에 관심이 있는 이익집단들이 중국의 도전 중에서 특정 부분에 초점을 맞추고 있으며 대부분 변수를 고려하지 않은 채 왜곡하는 그러한 경향을 목격하고 있다. 중국의 도전에 대한 미국인들의 이해 정도를 설명하면서 장님과 코끼리의 비유를 거론하지 않을 수 없다. 처음 들어보는 사람들을 위해 설명하면 다음과 같다. 장님 몇 명 이 코끼리가 있는 방에 들어갔다. 장님들은 각각 코끼리의 다른 부분을 만지고는 동료 장님들과 전혀 다른 모습을 연상했다. 이빨을 만진 장님은 코끼리가 부드럽고 작다고 생각한다. 배를 만진 사람은 코끼리가 평평하다고 생각한다. 귀를 만진 사람은 가죽처럼 생겼으며 예민하다고 생각한다.

이는 중국의 도전에 관한 이야기처럼 다양하고 광범위한 정책 논쟁의 문제점을 보여준다. 그러나 이 이야기에서는 그 저변에 깔려 있는 보다 깊은 문화적 문제, 이와 같은 논쟁이 순환론적인 이분법으로 고착하는 문화적 문제는 설명하지 않는다. 미국의 외교정책 문제에서와 마찬가지로 중국의 도전에 관한 논쟁에서도 예외주의라는 두꺼운 렌즈를 통해 바라보는 현상이 목격된다.

예외주의는 미국이 역사와 인류발전 측면에서 독특한 역할을 부여받은 예외적인 조건에서 탄생했다는 18세기 당시 미국의 건국이념이다. 물론 여타 국가와 미국을 구분해주는 부분과 관련해 지난 200여 년 동안 미국의 지성인들은 끊임없는 질문을 던졌다. 찰스 디킨스(Charles Dickens)는 금전에 열광하는 미국의 물질주의에 필적할 만한 것은 없다고 주장했다. 제임스 브라이스(James Bryce)는 미국 연방체제의 고유성에 탄복했다. 윈덤 루이스(Wyndham Lewis)는 인종 분포의 다양성이 우주인(Cosmic man)의 가능성을 보여준다고 말했다. 허버트 크롤리(Herbert Croly)는 미국 생활방식 특유의 새로운 약속에 관해 기술했다. 왈도 프랭크(Waldo Frank)는 신생 미국의 정치의식에 권력과 천진난만이 공존하고 있다고 믿었다. 데니스 브로건(Sir Dennis Brogan)은 미국의 연방체제와 까다로운 개인주의적 문화 사이에 독특한 모순이 존재한다고 암시했다. 앙드레 지그프리트(André Siegfried)는 미국사회는 이민 집단과 앵글로색슨 전통의 혼재를 통해 만들어진 새로운 문명이라고 주장했다. 소스타인 베블런(Thorstein Veblen)은 미국 기업이 새로운 신분상승 기회를 통해 새로운 사회를 구성했다고 생각했다.[53]

이와 같은 전반적인 토론을 시즈한 사람은 프랑스 출신의 미국인인 알렉스 토크빌(Alexis De Tocqueville)이라고 할 수 있다. 1830년대 당시 토크빌은 프랑스혁명은 실패했는데 미국혁명(독립전쟁)이 성공한 이유가 무엇인지 알고자 미국으로 건너왔다. 그는 미국에 봉건주의의 잔재가 없었기 때문이라고 판단했다. 즉 유럽인들과 비교해 미국인들을 개인주의적이고, 사회적으로 보다 평등하며, 보다 자유분방하게 만들어준 것은 봉건주의 잔재의 부재라고 생각했다.[54]

진정 예외적인 존재인지와 무관하게 미국이 이와 같은 개념을 끊임없이 믿고 있다는 사실은 예외적인 현상이다. 미국에서 생활해보거나 여행해본 외국인들이 주목하듯이 미국인들은 애국심이 높다. 많은 국가의 국민들과 비교해 이와 같은 애국심이 특히 미국인들의 일상생활을 일깨워주고 있는 듯 보인다. 미국의 예외주의에 관한 수사적인 틀은 정치인, 교사, 종교지도자, 상인들의 일상 언어에서 지속적으로 목격된다. 이와 같은 수사적인 심벌이 이들 심벌을 이용해 돈을 버는 기업인 월마트(Wal-Mart), 코스트코(Costco), 타겟(Target)의 선반에 즐비해 있다(월마트만 해도 9·11 이후 24시간 동안 국기와 장신구 등 미국인의 애국심을 보여주는 물건을 50만 개나 팔았다). 이 심벌들은 그 영향력을 보존하고자 케이스트리트(K Street, 워싱턴 D.C의 주요 도로. 많은 연구소와 로비스트들이 상주하고 있음_옮긴이), 선셋 대로(Sunset Boulevard, 로스앤젤레스의 서부 지역_옮긴이), 중서부 도시의 흰 피켓 담장, 2000명 이상이 참석하는 대형교회인 메가교회에 이르기까지 워싱턴의 곳곳에 정교히 제작되어 정치적 메시지를 전달하는 데 도움을 주고 있다.

따라서 중국과 관련해 단일 주제에 초점을 맞추고 있는 집단과 중국 관측통들의 이면에는 외교정책 문제를 두 가지 기본 개념으로 압축하려 하는 미국의 태생적인 경향이 숨겨져 있다. 이 두 가지 개념은 모두 미국의 건국 이야기에 근거하고 있으며, 중국 관련 주제에서 대중적인 영향력이 있다. 이들 중 첫째는 미국의 민주주의와 외국의 독재가 제로섬 게임 또는 승리와 패배의 게임이라는 항구적인 개념이다. 이것이 자유세계의 선구자인 미국과 중국 간에 역사적이고도 필연적인 대결이라는 개념의 형성에 도움이 되고 있다. 이들에 관해 알고 싶다면 《대결: 왜 중국은 미국과의 전쟁을 원하는가?(*Showdown: Why China Wants War with the United States*)》, 《전쟁의

기초: 자유세계를 위한 중국과의 전쟁에서 승리하기 위해 미국이 취해야 할 10단계(*War Footing: 10 Steps America Must Take to Prevail in the War for the Free World*)》,《중국과의 다가올 분쟁(*The Coming Conflict with China*)》,《패권국가: 아시아와 세계를 지배하기 위한 중국의 계획(*Hegemon: China's Plan to Dominate Asia and the World*)》과 같은 책들을 권한다. 이들 책을 읽다 보면 중국이 세계 유일의 초강대국인 미국의 입지를 대체하려는 욕망으로 가득 차 있다고 확신하게 될 것이다.[55]

두 번째는 자유와 인류발전의 보편적인 체제를 선도적으로 주창하는 국가인 미국이라는 개념이다. 이것이 미국 독립전쟁의 보편적인 운명과 중국 포용론이라는 '필연성의 논거'에 관한 대중적인 개념을 조장하고 있다. 이와 같은 틀의 고전적인 연출을 보려면 윌리엄 보몰(William Baumol) 등의 공저《훌륭한 자본주의와 좋지 못한 자본주의(*Good Capitalism, Bad Capitalism*)》라는 제목의 책을 참조하기 바란다. 책에서 이들은 '경제성장이 중국을 민주화할 것이라는 낙관적인 주장은 실현 가능성이 높다'고 말하고 있다. 이들이 주장하고 있듯이 "이처럼 낙관적일 수 있는 이유에 비즈니스 기술이 셀프거버넌스의 달성과 유지에 필요한 재능을 갈고닦아줄 수 있음을 입증한 미국의 초기 역사, 특히 미국의 건국 시조들의 경험이 있다."[56]

영국과 프랑스의 정치문화에서는 1688년의 명예혁명 또는 1793년의 루이 16세 교수형에 관한 이야기에 근거하여 오늘날의 대중국 정책을 분석하는 현상은 이례적일 것이다. 그러나 미국에서는 중국의 정치발전을 포함한 외교정책에 관한 대부분의 참조점이 미국인들이 무릎 높이의 바지와 가발을 착용했던 시절의 틀에 자연스럽게 맞춰져 있다.[57]

미국의 신화에 관한 친숙한 주제에 근거한 이 포괄적이고도 인기 있는 가정들로 인해 중국 문제를 잘못된 선택과 지나치게 단순화된 틀로 바라보는 경향이 생겼다. 중국은 전략적 동반자인가 아니면 전략적 경쟁자인가? 중국은 미국 주도의 체제에 통합될 것인가 아니면 도전해올 것인가? 미국 입장에서 중국은 기회인가 아니면 위협인가? 중국은 자유시장 민주주의를 수용할 것인가 아니면 독재국가로 남을 것인가? 물론 그 실상은 이런 공식화보다 복잡하며, 정서적으로 만족스럽지 않다. 점차 중국은 기회와 경제적 자유의 땅이 되고 있다. 그러나 중국은 자유 언론을 허용하지 않고 있으며 중국 정부는 정책 방향을 놓고 공산당원들이 열정적으로 토론하고 협의하는 일종의 '자문형 민주주의'를 선호하고 있다. 그러나 중국은 다원주의를 수용하지 않으며, 정당을 허용하지 않고 있다. 중국은 국제사회의 굿 거버넌스에 관한 자유주의 규범과 가치를 따르고자 하지 않는다. 그러나 중국은 또한 '부상하는 열강' 또는 강대국 경쟁자로서 서구사회를 협박하는 느낌을 주지 않고자 노력하고 있다.

이처럼 복잡한 중국 관련 논쟁은 워싱턴의 대중정치적 과정에서 볼 수 있는 보다 폭넓은 체제 차원의 약점들의 축소판과 같다. 방송국, 연구소, 정책집단, 정부 정치집단의 중국 관련 토론에는 효과적인 담론을 곤란하게 만드는 상호 경쟁적인 로비와 광신자들의 집단 고성 등 일종의 바벨탑과 같은 요소가 없지 않다. 초점이 맞추어져 전략적 우려사항과 여타 관심사항들을 통합하는 중국의 외교정책 토론과 달리 미국의 외교정책 논쟁은 모든 이익집단이 각자 나름의 역할을 하는 등 너무나 빈번히 '소음의 장송곡'이 되고 있다. 이번 장에서 살펴보았듯이 미국기업연구서, 헤리티지재단, 안보정책연구소(CSP)와 같은 연구소들은 미중무역위원회와 마찬가지로 사전 조정된 반응을 내놓으라는 압박을 많이 받고 있다.

불행히도 전자 언론매체 또한 여기서 예외가 아니다. 이들은 구조적 한계를 벗어나지 못한 상태에서 중국에 초점을 맞추려는 경향이 있다. 뉴스와 정치적 논쟁이 시장점유율, 대중 인기도, 광고효과를 극대화하기 위해 적어도 부분적으로는 오락물 형태로 진행되고 있다. 오늘날 이것은 거의 비밀이 아니다. 결과적으로 언론매체의 편집인들은 독자들이 좋아하는 부분을 중심으로 내용을 편집하고 있다. 그 내용이 선정적이고도 애국적인 내용을 결합한 형태를 보여주는 경우가 너무나 많다. 중국에 관한 주제에서도 상황은 마찬가지다. 〈로스앤젤레스타임스〉의 베이징 특파원이 주목했듯이 언론에서는 올림픽게임과 음식물 소동에 관해 2분 정도 할애하고 일반적으로 문제 사안은 가능한 한 신속히 다루고 지나간다. 미국의 대형 언론매체들은 중국과 관련해 워싱턴의 엘리트들을 주도하고 있는 동일한 프레임을 준수하고 있다. 이는 냉전 유형의 경쟁자인 중국이든, 미국의 일자리 또는 식량에 위협적인 대상인 중국이든 아니면 모든 사람을 부유하고 행복하게 만들어주는 밝고 새로운 '건전한 중국'이든 무관하다.[58]

외교정책 환경에 관한 이와 같은 포맷은 서구사회에 대한 중국의 도전과 같은 매우 중요한 주제에는 적합하지 않다. 오랜 세월이 지난 이후에나 서구 언론매체는 '중국: 부분적으로 개혁된 국가에서 나타나는 모순(China: The Contradictions of a Partly Reformed State)' 또는 '중국: 개념을 놓고 벌어지는 전투의 투사(China: Protagonist in a Global Battle of Ideas)'와 같은 주제로 해외뉴스를 다루게 될 것이다. 그러나 이러한 프레임은 간단하지도 않고 흥행에도 도움이 되지 않는다.

미국의 외교정책 논쟁의 거대한 주기

미국 역사에서 지속적으로 등장했던 부분들이 오늘날의 외교정책 논쟁에서도 나타나고 있다. 이는 중국 문제에 영향을 미칠 수도 있는 일종의 주기적인 현상이다.

지난 60여 년 동안 미국의 외교정책 관련 논쟁은 신의 섭리를 따르는 것이라며 해외에서 벌어지는 일에 적극 간섭하는 경우와 외국에 대한 관심을 접어둔 채 미국 본토에서 치유의 기간을 갖는 고립주의 사이를 왕래했다. 제2차 세계대전 이후, 불명예스러운 뮌헨회담에서 초기의 유럽 국가들이 히틀러에 저항하지 않으려는 태도를 취한 이후 정치적 논쟁의 주류는 뮌헨의 비유에 근거를 두게 되었다. 자유가 공격받을 때마다 영국 수상 체임벌린(Neville Chamberlain)의 우산에서 빗방울이 떨어져 뮌헨의 조약돌에 떨어지는 소리를 상기하며 뮌헨의 비유를 거론했던 것이다.

그 후 미국은 베트남전쟁에 개입했다. 베트남전쟁에서 크게 상처를 입은 이후인 1990년대 초반 미국에서는 발칸 문제에 개입하기를 꺼리는 문화가 조성되었다. 그 후 신보수주의자들을 중심으로 지나치게 열정적이고 활동적인 접근 방식으로 회귀했다. 결과적으로 이는 2002년의 미국 국가안보전략서에 반영되었다. 월간 〈애틀랜틱(Atlantic Monthly)〉에 따르면 지난 수십 년 동안에는 뮌헨의 비유와 베트남 전쟁의 비유라는 두 가지 비유가 미국의 외교정책 집단 내부에서 상호 경합을 벌였다. 뮌헨의 비유는 장기간 번영과 평화를 누린 결과로 인해 전쟁의 상처와 대가가 추상적인 현상으로 보일 때 기승을 부렸다. 베트남전쟁의 비유는 국가적 재앙을 겪고 난 뒤에 기세를 부렸다.[59]

서구사회에 대한 중국의 도전과 관련해 미국의 정책입안자들이 직면했던 문제는 주로 인류 보편적인 임무라는 이데올로기의 추구와 외부 세계에 대한 관심을 지양하고 본국의 일에만 전념한다는 개념 사이에서 중국 문제의 위치를 식별하는 것이었다. 워싱턴의 엘리트들 내부에는 이들 두 입장을 지지하는 막강한 세력이 있다. 그러나 이들 중 어느 것도 대안이 될 수 없다.

서구 자유주의 질서에 관한 개념과 규범을 해외에 투사하던 부시 대통령 당시의 수사학은 미국의 설교를 더 이상 듣고자 하지 않는 세계 대중에게 의미를 잃었다. 또한 미국은 매우 보수적이며 좁은 범위에서 국익을 정의하던 시절로 되돌아갈 수 없게 되었다. 남반구와 수많은 개발도상국들에서 미국은 이미 정신적인 매력과 영향력을 잃었을 뿐만 아니라 자유주의의 의제를 놓고 벌어진 전투에서 패배했다. 지금은 세계적으로 미국이 자신의 힘을 확대하고 새롭게 적용해야 할 시점이다. 물론 매우 특이한 방식으로 해야 할 것이다. 이 책의 서두에서 설명했듯이 신흥 시장과 제3세계에 소프트파워를 적용한다는 측면에서 중국은 미국과 서구사회에 승부수를 던졌다.

결론에 해당하는 다음 장에서는 국제사회에서 미국이 미국식 개념과 개입을 다시 강화해야 할 것이지만 일종의 탈신보수주의적인(Post-neoconservative) 접근 방식을 통해야 한다는 사실을 보다 상세히 주장하고자 한다. 물론 말은 쉽지만 이행은 결코 쉽지 않을 것이다. 미국의 저변을 형성한 약점은 미국의 주요 강점이기도 하기 때문이다. 즉 미국의 정치적 담론에서 개념이 우위에 있다는 사실이 약점이자 다수의 강점 중 하나이기 때문이다. 예외주의에 집착했을 때 종종 미국은 파멸을 경험했다. 그러나 예외주의는 또한 미국이 지구상에 제공하는 가장 강력한 선물 중 하나였다.

　미국의 지도자들은 한 번 이상 자국 영토를 훨씬 벗어난 대의를 중심으로 미국인들을 결집시키기 위해 신의 섭리와 임무라는 본질적인 인식에 호소했다. 종종 고립주의를 즐겼던 정치적 문화에서 예외주의 패러다임으로 인해 미국은 주요 순간에 대중의 지지를 얻을 수 있었다. 1940년 당시 프랭클린 루스벨트 대통령이 말한 '민주주의의 병기창(Arsenal of democracy)'과 그 후 7년 뒤 해리 트루먼(Harry Truman) 대통령이 외친 '유럽 원조(Aid to Europe)'는 이와 같은 경우였다.

　미국 이외의 국가들에게 영감을 주고 이들 국가를 사로잡은 미국의 개념이 위력을 보여준 사례로 버락 오바마 대통령의 당선 이상의 것은 없다. 여기서 우리는 오바마의 당선이 세계 공동체에 끼친 의미에 초점을 맞추고자 한다. 당분간 우리는 미국 내부의 프로그램과 관련이 있으며 오바마의 지지율을 하락시킬 수밖에 없는 엄청난 규모의 정치와 예산, 프로그램 차원의 문제, 오늘날의 미국 입장에서 오바마 행정부가 정부의 역할과 관련해 제기하고 있는 철학적 문제는 제쳐놓을 생각이다.

　오바마의 당선은 국내외적으로 어려움을 겪고 있는 미국이 엄청난 수준의 재발명 능력과 자기갱신 능력이 있음을 만천하에 입증한 사건이었다. 대통령에 취임한 2009년 1월 오바마는 미국 국민들만 기대하고 있는 인물이 아니었다. 세계경제 위기, 중동 지역에서 새로 시작된 전쟁, 장기간 진행 중인 아프리카의 전쟁, 이란과 북한의 핵확산 문제, 아프가니스탄에서 실패한 서구의 임무, 전쟁으로 상처를 입은 이라크 낙관론의 본질, 새롭게 부상하는 러시아, 부상 중인 중국, 환경위기에 처한 지구촌 등 오바마에게는 또한 전 세계 시민들의 희망이 걸려 있었다.[60] 이 중 미국 정부의 굳은 신념과 힘 없이도 해결될 문제가 있다고는 어느 누구도 진지하게 주장할 수 없을 것이다.

  많은 희생에도 불구하고 아프가니스탄과 이라크에 대한 미국의 간섭이 해결되지 않고 있다. 이런 점에서 미국은 자기성찰의 시기를 맞았다. 미국 본토에서 경제가 악전고투하고 있는 반면 해외에서는 미국이 신뢰성을 인정받고 있으므로 미국은 국제사회에서 일장 설교를 늘어놓거나 자기성찰과 고립주의를 추구할 수도 있을 것이다. 그러나 자신의 브랜드에 다시 활력을 불어넣고자 한다면 미국은 이들 간에 절묘한 균형점을 찾아야 한다. 국제사회는 미국의 간섭을 피곤하게 여길 수도 있을 것이다. 그러나 국내 문제를 치유하기 위해 고립주의를 추구한다면 자신뿐만 아니라 지구상 국가들에게도 도움이 되지 않을 것이다.[61] 마지막 장에서는 서구사회에 대한 중국의 도전이 어떤 성격을 띠고 있는지 요약해보고 미국이 선택할 수 있는 대안을 보다 상세히 살펴볼 것이다.

CHAPTER 07

결론

모순투성이 중국에 대처하는 미국의 자세

Beijing Consensus

중국의 개방을 위해 1972년에 키신저 박사와 중국을 방문했으며 중국 대사를 지냈던 윈스턴 로드(Winston Lord)에게서 대중국 정책을 효과적으로 구상하기가 쉽지 않다는 이야기를 들을 수 있었다. 윈스턴은 중국은 모든 것이 동시에 사실일 수 있는 모순적인 이미지를 담고 있는 국가라고 했다. "중국이 경제적 괴물이라는 주장이 사실일 수 있다. 그러나 중국이 경제적으로 많은 문제가 있으며 집권 공산당이 항상 불안에 떨고 있다는 주장 또한 사실일 수 있다. 중국군이 우려를 자아낼 만큼 엄청난 속도로 성장하고 있다는 주장도 사실일 수 있다. 중국공산당이 정치적 군사적으로 중국 인민을 완전히 장악했다고 주장할 수도 있을 것이다. 또한 톈안먼사태와 같은 급변사태가 조만간 발생할 가능성이 있다고 주장할 수도 있을 것이다."[1]

2008년 베이징에서 2년 동안 생활한 적이 있는 유명한 언론인 제임스 팰로스도 유사한 주장을 했다. "중국에 대한 분석에서 가장 중요한 부분은 중국에 관한 진실 또는 중국의 전반적인 모습을 어느 누구도 제시할 수 없을 것이라는 사실이다. 간단히 말해 중국은 너무나 방대하고 너무나 모순이 많은 국가다."[2]

중국 대사를 지냈던 제임스 릴리는 "이런 모순이 미국과의 관계에서 일종의 정신분열증 환자의 모습으로 나타난다. 중국의 행위 중에 설명이 곤란하거나 비생산적으로 보이는 부분이 많은 것은 이와 같은 이유 때문이다"라고 말한다.[3]

따라서 현대 중국을 올바로 이해하기는 결코 쉽지 않다. 지난 10년 동안 중국은 1945년 이후 유럽 국가들이 겪었던 것만큼이나 많은 변화를 겪었다. 변화의 속도를 따라잡기 위해 노력하는 새로운 중국의 국민과 정치인들은 중국 속에는 수많은 중국이 있으며, 이들이 제각기 수많은 방향으로 움직이지만 (내가 집필 초기에 생각했던 것과는 반대로) 중국공산당이 그 모든 것을 동시에 유지하는 방법을 터득했음을 깨달았다.

그냥 보기에도 이는 원만한 결합은 아니다. 이른바 보수적인 구시대 인물들이 새로운 인물인 개혁 성향의 기업가들과 보조를 맞추고, 전국적으로는 티베트와 신장성의 소수 민족 또는 종교 집단들을 무참히 억압하는 한편 '조화로운 사회'를 주장하면서, 국가적인 신화를 강조하지 않는 정부에 군의 고급 간부들이 충성하도록 만드는 일은 결코 쉽지 않을 것이다. 마찬가지로 정보를 검열하면서 정보기술을 적극 수용하고, 법적 책임에 대한 요구를 회피하면서 비즈니스를 훌륭하게 수행하도록 계약법 등 법적 골격을 다지고, 부정부패를 소탕하면서 당의 통제를 분권화하는 일은 결코 쉽지 않다. 가장 중요한 부분으로, 중국의 동부 해안과 강변 도시 주변에 출현한 새로운 중산층들의 삶의 질 향상에 보탬이 되었던 6억 5000만

명 가량의 시골 사람들 내지는 도시로 이주한 하층 계급들의 삶의 질을 높이는 문제는 결코 쉽지 않을 것이다.

그렇다면 현대 중국은 모순투성이다. 그러나 통치 엘리트들은 지난 20년 동안 여러 부분으로 나뉜 거대한 공동체를 통치한다는 거의 불가능해 보이는 일을 위해 부러뜨리기보다는 구부리고 변화에 적응하면서, 지속적으로 전략을 수정하면서 균형을 유지해왔다.

혼돈에 대한 중국의 두려움

중국 내부의 많은 모순을 인식함으로써 새로운 사실을 발견할 수 있었다. 말하자면 내가 애초에 찾고자 했던 중앙통제력의 부식은 분명치 않거나 존재하지 않을 수도 있다. 그러나 정부 지휘부가 중앙통제력의 부식을 우려하고 있는 것은 분명한 현실이다. 중국의 다양한 모습 중에서 관심이 요구되는 부분이 있다면, 그리고 급속히 변화하는 오늘날의 중국에서 변함없는 부분이 있다면, 이는 중국공산당이 느끼는 두려움이라는 부분이다. 보다 구체적으로 말하면 혼돈의 두려움, 정치적 사회적 통제력을 상실할 수도 있다는 두려움이 통치체제 전반에 걸쳐 면면히 깔려 있다.

역사적으로 보면 이와 같은 우려는 매년 봄 재현되는 양쯔강의 범람만큼이나 오래되었다. 중국의 지도자들은 왕조의 역사에 대해 일종의 공포감을 느끼고 있다. 중국의 왕조들은 오랜 역사를 통해 경제적 혼란, 농민봉기, 왕조의 붕괴를 반복해왔다. 진나라, 한나라, 수나라, 원나라, 명나라를 포함한 적어도 5개 왕조가 이와 같은 방식으로 멸망했다.[4] 중국에는 세계 어

느 곳에서도 찾아볼 수 없는 아래로부터의 반란의 역사가 있는 것이다.5

이와 같은 두려움이 세계 속의 중국의 모습 전반에 걸쳐 깔려 있다는 사실을 서구의 정책입안자들이 이해하기는 쉽지 않다. 로버트 스티븐슨(Robert Louis Stevenson)은 다음과 같이 진기한 부분을 간파하여 문제의 핵심을 짚었다. 지킬 박사와 하이드 씨가 중국에서 살아 숨 쉬면서 세계무대에서 기이한 이중성을 보이고 있는 것이다. 이 책의 여러 곳에서 언급했듯이 세계는 '훌륭한 이웃'이라는 새로운 중국의 정체성에 점차 익숙해지고 있다. 지킬 박사의 중국은 평화유지활동 부대를 파견하고, 재난구호활동을 지원하며, 6자회담을 주관하고, 세계경제가 경기침체에서 벗어날 수 있도록 도와주고 있다.

그러나 훌륭한 이웃인 중국의 이면에는 색다른 두 번째 모습이 숨겨져 있다. 하이드 씨의 중국은 지구상에서 가장 잔혹하고 낙후된 정권에 자금을 지원하고 있다. 이와 같은 중국은 우리가 알고 있는 최악의 핵확산국가에게 대량살상무기 제조를 위한 전문지식과 하드웨어를 제공하고 있다. 종종 불량국가를 제재하려는 국제사회의 외교적 노력을 비웃고 있는 실정이다. 이 두 개의 중국, 즉 훌륭한 이웃인 중국과 불량국가인 중국이 국제사회에서 공존하고 있다. 필자가 깨달은 것은 이와 같은 이중적인 모습은 중국에 대한 서구사회의 접촉 의지 내지는 강압적 성격의 서구의 영향력을 통해 쉽게 바꿀 수 있는 성질이 아니라는 것이다. 전반적으로 이는 세계적으로 높아지고 있는 국가적 위상이 자국 내부에서 통치력을 유지하려는 중국공산당의 노력과 긴밀하게 연계되어 있기 때문이다. 즉 불변의 역사적 사실인 중국 내부의 혼돈에 대한 두려움에서 기인한 것이기 때문이다.

미국의 시각에서 중국을 바라보면 분석의 폭이 매우 넓을 수 있다는 사실에 놀라곤 한다. 그러나 6장에서 살펴보았듯이 이와 같은 논의는 중국을 주로 군사적 문제, 무역 문제, 인권 문제 또는 패권 문제 등 단일 사안을 강조하는 집단들을 중심으로 구분될 수 있다. 각각 상이한 계통을 따르고 있지만 종합적으로 보면 그와 같은 논의는 보다 큰 문제를 보다 애매하게 만든다.

서구사회에 대한 중국의 도전

미국과 서구사회에 대한 중국의 도전은 갈수록 증대되고 있다. 그러나 중국이 제기하는 문제는 군사적, 인도주의적 또는 경제적 성격의 것이 아니다. 진정한 의미에서 중국의 도전은 정치적이고 문화적인 것이다.[6]
　중국은 서구 자유주의적 질서의 도달 범위와 영향력을 저해하는 두 가지의 병행적인 경향을 촉진하는 세력이다. 더 이상 개발도상국들과 신흥시장은 금융지원을 받기 위해 서구와 접촉하면서 서구사회가 제시하는 조건을 따를 필요가 없다. 더 이상 이들은 서구식 경제발전 모델을 모방할 것인지 자본주의를 거부할 것인지 둘 중 하나를 선택할 필요가 없다. 예를 들면 중국은 자본주의를 적극 수용했지만 서구식 경제발전 모델을 모방하지 않았다. 결과적으로 미국 주도의 정치경제체제는 정치경제적 블록으로서 가진 영향력과 정치경제적 모델로서 가진 매력을 상실해가는 중이다. 이 두 가지 발전 양상은 각자의 경로를 따르고 있다. 그러나 지원 세력이 중국이라는 공통점이 있다. 이 과정은 다음과 같이 작동하고 있다.

5장에서 설명했듯이 중국공산당은 지난 30년 동안 자유주의적 시장개혁을 수용함으로써 소련이 실패한 곳에서 성공을 거두었다. 중국은 자국민들에게 미래에는 삶의 질이 보다 좋아질 것이라는 사실을 설득할 수 있을 정도의 경제적 기회와 높은 생활수준을 제공했다.

중국처럼 방대한 국가에서 이 정책은 국영기업과 공산주의 사회안전망을 이탈한 수백만의 사람들에게 충분한 일거리를 제공해줄 수 있는 개인사업과 '규모의 경제'를 통해 가능해졌다. 따라서 중국 내부의 안정은 무수히 많은 사람을 먹여 살릴 수 있는 높은 경제성장에 의존하게 된다. 한편 이는 해외의 자원과 시장에 쉽게 접근할 수 있어야 함을 의미한다. 공장을 끊임없이 가동하고 대량으로 물건을 생산할 수 있을 정도로 충분히 많은 자원과 시장에 접근할 수 있어야 함을 의미한다. 또한 석유, 철강, 구리, 주석, 납, 아연, 우라늄을 위해 아프리카에, 콩, 철강, 석유를 위해 라틴아메리카에 접근할 수 있어야 함을 의미한다. 급속히 성장하고 있는 거대한 원거리통신과 건설 산업을 위해 일정 수준의 계약을 전 세계 여러 곳에서 체결할 수 있어야 함을 의미한다. 끊임없이 생산되는 면직물, 신발, 의류, 전자제품, 가전제품, 사무용품을 팔기 위해 유럽에서 남아시아에 이르는 소비시장에 접근할 수 있어야 함을 의미한다. 그 결과가 보여주고 있듯이 이는 독재국가든 민주국가든 상관없이 가능한 한 모든 비즈니스 동반자를 찾아나서야 함을 의미한다.

미국과 서구사회에 대한 중국의 진정한 도전은 중국과 이들 국가의 관계에 의해 좌우된다. 중국은 자금 능력이 있는 국가라면 좋은 국가, 나쁜 국가, 추한 국가를 가리지 않고 모든 국가와 거래하고 있다. 3장에서 살펴보았듯이 베이징은 굿 거버넌스에 관한 서구사회의 기준에 못 미치는 모든 국가에게 서구사회를 대신해 원조, 무역, 차관, 투자를 제공하고자 지난 10년 동안 열심히 노력했다. 서구의 관측통들은 이와 같은 정책으로 특정 행위와 독재가 유지되고 있을 뿐만 아니라 그와 관련해 서구사회가 할 수 있는 부분이 거의 없다는 사실에 기분이 상했다.

워싱턴 컨센서스의 문제점

중국은 단일의 정책 결정을 통해 서구 개발경제학 이론에 치명타를 입혔다. 냉전에서 승리한 이후 적어도 20년 동안 제1세계 국가들은 국제체제의 미래를 조성할 능력, 이 서구사회의 보편적인 규범과 가치관을 겨냥해 이와 같은 미래를 점차 유도할 능력이 있다고 가정했다. 우리는 또한 그런 자질이 워싱턴 컨센서스와 같은 경제개발 개념을 적용하는 데서 나온다고 가정했다. 워싱턴 컨센서스에서는 보다 가난한 국가들이 서구사회에 도움을 요청할 수밖에 없다고 가정했다. 도움을 받는 과정에서 그 국가들은 경제적 정치적 거버넌스 측면의 조건과 구조개혁을 고려한 수많은 처방전을 수용해야만 했다. 즉 투명성, 법의 지배, 반부패 조치, 사회적 투자, 보다 효과적인 예산운용과 같은 조치를 취해야 했다. 그러한 처방전은 서구사회가 생각한 일종의 당근과 채찍이었다. 그런 것을 통해 개발도상국들에게 다원주의와 민주주의를 설득할 수 있을 것이라고 여겼던 것이다.

    그러나 결과적으로 이것이 제대로 기능하지 않았다. 세계은행의 선임 경제 전문가인 조지프 스티글리츠는 많은 경우에서 워싱턴 컨센서스는 경제발전을 위한 "필요조건도 그리고 충분조건도 아니었다"라고 말했다. 동아시아와 라틴아메리카의 많은 국가들은 1980년대 후반부터 21세기 초반까지 스티글리츠가 말한 '잃어버린 10년'을 경험했다. 이 기간에 경제 분야의 구조개혁으로 경제성장률이 하락했는데, 6퍼센트 이상에서 2퍼센트 이하로 하락하기도 했다.[7] 빈곤층과 실업률은 증가하고 개인의 수입이 감소했다.

이 기간에 서구 경제개발 처방전의 본질은 민영화와 자유화, 가격안정을 강조하는 자유시장 근본주의 공식을 완벽하게 적용하는 것이었다. 그 과정에서 성공의 척도로 국내총생산에 상당한 비중을 두었다. 그런데 국내총생산은 국가가 보다 빈곤해지는 상황에서도 증가할 수 있었다. 여기서는 또한 토지개혁, 금융부문의 건전성, 교육수준, 공공 및 민간 부문의 좋지 못한 거버넌스의 문제와 같은 주요 요인들을 간과했다. 이런 개혁의 많은 부분은 기술 관료와 특정 집단에는 도움이 되지만 소득분배와 사회 정의 측면에서는 거의 의미가 없었다. 결과적으로 보면 중국이 세계적인 국가로 부상하기 시작한 2000년 이전에조차 개발도상국들의 여러 정치학자나 경제학자들은 이미 개발경제학에 관한 서구식 이론의 대체 이론을 받아들일 준비가 되어 있었다.[8]

G20과 새로운 지정학적 판도

21세기 이후 10년이 지난 지금 이 순간, 개발도상국들과 중국 사이에서 고조되고 있는 애정행각이 다양한 효과를 불러일으키고 있다. 지구상에서 가장 심각하게 인권을 짓밟고 있는 국가들이 핵물질 확산 국가나 인종 대학살을 일삼는 국가와 마찬가지로 새롭고도 자애로운 지원 세력을 갖게 되었다. 국제사회에서 중국의 자세와 태도가 서구적 정서에 중요한 의미가 있는 가치관과 자유를 저해하고 있다.

그뿐 아니라 서구사회가 창설했으며 주도하고 있다고 생각되는 유엔, 국제통화기금, 세계은행, 세계보건기구와 같은 세계적인 포럼의 논쟁에도 점차 많은 영향을 끼치고 있다. 이 기관과 기구에 새로 가입한 국가들이 클럽과 모임을 형성하면서 기존의 회원국들을 수적으로 압도하고 있다. 결과적으로 서구 국가들은 자신들이 만든 기구에서 점차 이방인의 신세가 되었다. 2009년 초반 런던에서 개최된 G20 회의의 테이블 크기는 새로운 현실을 보여주었다. 즉 세계적인 문제에 대해 주로 워싱턴과 브뤼셀이 답변하는 시대가 종료되었다. 점차 경제적 측면에서 새로운 중심을 형성한 국가들이나 나토 회원국들 간의 협조를 넘어선 새로운 유형의 세계적 협조를 통해 답변이 가능해졌다.

그 후 우리는 정치경제적 브랜드로서의 서구의 매력이 점차 감소하고 있음을 알게 되었다. 세계경제의 중요한 부분들이 서구 자유시장 교리를 전략적 측면에서 거부하고 있으며, 중국이 다시금 그 과정에서 중추적인 역할을 하고 있다. 4장에서 살펴보았듯이 세계의 많은 국가에서 경제력과 영향력을 점차 정부가 행사하고 있다. 러시아, 브라질, 베네수엘라, 사우디아라비아, 이란, 모로코, 알제리, 리비아, 앙골라, 두바이, 카자흐스탄, 말레이시아, 베트남에 이르는 많은 국가에서 정부가 나서서 주요 경제 부문을 지시하고 있는 실정이다.[9]

대중적으로도 미국이 내세운 개념의 매력이 감소했다. 부시 행정부 후반에 퓨리서치센터가 47개국에서 여론을 조사했는데, 일부 놀라운 결과가 나왔다. 여론조사에 응한 거의 모든 국가에서 2002년 당시와 비교해 2007년에 민주주의에 관한 미국식 개념을 그다지 좋아하지 않게 되었다고 답했다. 많은 국가에서 그 하락폭이 컸는데, 베네수엘라의 27퍼센트, 터키의 25퍼센트, 인도네시아의 23퍼센트였다([표 7.1] 참조).[10] 인터내셔널 헤럴드 트리뷴의 로저 코헨(Roger Cohen)은 중국식 경제개발 모델이 세계적으로 부상한 시점과 서구식 개념의 위력과 자유시장이 국가의 간섭 앞에 움츠러들던 시점이 정확히 일치하고 있음을 일깨운다. 어떤 측면에서는 이와 같은 서구사회의 후퇴는 어느 날 갑자기 "자신이 조롱하던 유럽의 모델에서 일부 장점을 발견"했던 "어느 정도 태도가 유순해진 미국"이 주도했다.[11] 이안 브래머(Ian Bremmer)는 새로운 유형의 자본주의가 출현했다면서 다음과 같이 말한다. "이와 같은 자본주의는 최근의 세계적 경

[표 7.1] 민주주의에 관한 미국식 개념에 호감을 잃은 국가

(단위: 퍼센트)

하락폭이 큰 국가들	2002	2007	변화
베네수엘라	67	40	-27
터키	33	8	-25
인도네시아	51	28	-23
프랑스	42	23	-19
체코	64	46	-18
슬로바키아	54	36	-18

출처: Pew Research Center, "Global Unease with Major World Powers," 47, Nation Pew Global Attitudes Survey, Pew Global Attitude Projects, Washington, DC, June 27, 2007, 25, http://pewglobal.org/reports/pdf/256.pdf.

기후퇴로 가속화되었다. 그러나 이번에는 신흥 시장 소속의 국가들이 아니고 세계에서 가장 부유한 국가에서 정부가 자국 경제에 간섭하고 있었다."[12]

물론 지난 10년 동안의 가장 두드러진 경제발전 사례는 베이징에서 나왔다. 많은 개발도상국들의 의사결정권자들이 비서구의 금융을 손쉽게 얻을 수 있는 출처로 중국을 바라보고 있다. 그뿐 아니라 국가 자본주의라는 점차 인기 있는 교리를 밝고도 산뜻하게 보여준 국가로 중국을 바라보고 있다. 한때 키신저 어소시에이트(Kissinger Associate)에서 컨설팅을 했던 조슈아 쿠퍼 라모(Joshua Cooper Ramo)는 중국이 보다 규모가 작고 가난한 국가의 정부에 단순히 자국 경제를 발전시키는 방법뿐만 아니라 정치적 선택권을 유지하면서 세계경제에 적응하는 나름의 방법을 알려주고 있다고 말했다.[13]

부의 새로운 중심과 새로운 자본주의 모델이 히드라의 머리를 가진 동물처럼 성장하고 있다. 이들은 새로운 세계 속의 중국을 중심으로 강력한 단일 세력을 이루고 있다. 그러나 중국이 서구 불록의 위력 내지는 서구 브랜드의 매력을 고의적으로 훼손하려고 했던 것이 아님을 상기할 필요가 있다. 암울하지만 실상은 중국공산당이 중국 본토에서 지속적으로 권력을 유지하겠다고 결심한 사실과 관계가 있다. 더욱이 중국 내부의 정치체제에 변함이 없는 한 이런 실상은 달라지지 않을 것이다. 5장에서 살펴보았듯이 중국의 지도자들은 일종의 '성장의 덫'에 빠져 있다. 이와 같은 사실로 인해 국제사회에서 서구가 중국의 지도자들에게 영향을 줄 수 있는 정도에도 한계가 있다. 중국공산당은 경제 자유화를 통해 권력을 유지할 수 있었을 것이다. 그러나 이는 환경문제뿐만 아니라 빈부격차에서 만성적인 부정부패, '암(癌) 마을', 토지의 무단점거에 이르는 무수히 많은 사회적 문제의 대가로 얻어진 것이다. 이처럼 예기치 못한 결과로 인해 국내에서 불안이 초래될 수 있는데, 이것을 중국의 지휘부가 우려하고 있다. 그러나 정치적 불만세력을 잠재우기 위해 중국의 지휘부가 발견한 유일한 방안은 지속적이고도 놀라운 경제성장이다. 따라서 중국은 내부 문제로 인해 국제사회에서 서구 자유주의 규범에 온전히 순응할 수 없는 입장이다. 중국 내부의 정치적 안정은 국제사회에서 윤리적 불감증과 불간섭의 원칙에 입각해 다져진 다양한 형태의 국제적 통상 및 교역에 의해 좌우되고 있다.

미국에서 중국이 동반 국가인가 아니면 라이벌 국가인가를 놓고 끊임없는 논쟁을 벌이며 허송세월하고 있는 것은 이와 같은 이유 때문이다. 동반이냐 라이벌이냐는 유용한 관점이 아니다. 이는 중국의 도전의 성격을 파악하는 데서 유용하지 않다. 세계적 차원에서 어느 부분에 초점을 맞추는지에 따라 중국은 동반국이자 라이벌일 수도, 둘 다 아닐 수도 또는 둘 사이에 있는 모든 것일 수도 있다. 당연히 중국은 자국의 이익을 위해 지속적으로 글로벌 거버넌스의 구조에 의존하고 또는 그것을 지원하게 될 것이다. 동시에 통상 및 교역의 이점과 중국 내부의 정치적 안정을 위해 이들 구조를 전복하고자 할 것이다.

이와 같은 점을 고려해보면 서구에 대한 중국의 도전은 시나리오 A와 시나리오 B를 비교하거나 '중국은 이것인가 아니면 저것인가?'와 같은 질문을 초월하는 문제가 되어야 한다. 적어도 지난 50년 동안 워싱턴의 정책통들은 거대 슬로건의 관점에서 생각하고자 했다. 주요 도전에 맞닥뜨릴 때마다 통상 및 교역의 문제와 전반적인 대처 방안을 함축한 정책 차원의 또 다른 캐치프레이즈를 서둘러 만들었다. 중국의 도전은 너무나 복잡하다. 따라서 신축성이 있는 양말처럼 다수의 다양한 시각을 완벽하게 망라할 수 있는 단일의 해결안은 없을 것이다. 달리 말하면 중국에 적용할 수 있는 대(大)전략은 없다. 중국과 관련해 제시된 모든 해결안의 문제점은 특정 측면에 초점을 맞추고 있다는 사실이다. 현학자들은 봉쇄 또는 포용(접촉)과 같은 개념을 모든 문제를 해결해줄 만병통치약처럼 생각한다. 해봐야 거의 아무것도 달성하지 못하는 공허한 개념일 뿐이다. 최악의 경우, 중국의 도전에 내재된 다양한 수준을 애매모호하게 만들 가능성도 없지 않다.

G2는 없다

이와 같은 수준에서 첫 번째 문제는 자연히 미중관계의 관리다. 따라서 이 책에서는 미중관계를 어떻게 바라볼 것인지에 관해 다음과 같이 분명하고도 간단하게 제안한다. 더 이상 중국이 국제사회의 자유주의적 규범을 준수하도록 만들 수 있을 것으로 생각하지 말자. 이처럼 기대 섞인 사고는 접어두자. 중국이 국제체제에 동참한다는 것이 미국의 규칙을 준수한다는 의미는 아니다.[14] 이처럼 잘못된 기대로 인해 미국은 중국 내부의 자원의 필요성이 중국의 외교정책을 주도하고 있다는 사실을 고려하지 못했다.

  물론 미국은 세계 금융체제를 재건하고 핵문제와 관련해 북한에 압박을 가하는 등의 다양한 공동이익을 놓고 중국과 접촉해야 할 것이다. 그러나 이들 노력의 이면에는 미국과 중국은 동반 국가가 아니라는 불변의 진리가 숨어 있다.

2009년에 신용경색(규제 또는 은행의 경영난 등에 의한 최고 금융긴축 상황. 고금리를 물어도 자금을 모을 수 없는 극단적인 상황_옮긴이) 현상이 생기고 미국에 신정부가 등장하면서 미중관계를 새로운 수준으로 격상하자는 제안이 많았다. 이처럼 제안한 사람에는 즈비그뉴 브레진스키(Zbigniew Brezinski)와 클린턴 국무장관도 있었다. 미국에서만 이런 현상이 있었던 것은 아니다. 유럽의 정책통들 또한 이처럼 제안했다. 예를 들면 2009년 5월 영국의 외무장관인 데이비드 밀리밴드(David Miliband)는 중국은 '없어서는 안 될 세력'이라고 천명했는데, 이는 당시로부터 10년 전에 미국 국무장관이던 매들린 올브라이트(Madeleine Albright)가 미국을 묘사하기 위해 사용해 유명해진 것과 동일한 문구다. 밀리밴드는 미국과 중국은 새로운 유형의 G2라며, 유럽이 집단 차원에서 효과적으로 목소리를 낼 수 있다면 G3에 포함될 수도 있을 것이라고 말했다.[15]

이에 대해 이 책에서는 주의를 권고한다. 미중관계를 특별한 G2 관계로 격상한다고 문제가 해결되는 것은 아니다. 미국과 중국은 이해관계, 가치관, 우선순위가 서로 다르다. 엘리자베스 이코노미(Elizabeth Economy)와 애덤 시걸(Adam Segal)이 말했듯이 좋은 소식은 미국과 중국이 경제성장 증진, 개방된 세계경제 유지, 동아시아의 평화와 안정 유지, 기후변화 근절과 같은 공통목표가 있다는 사실이다. 그러나 좋지 못한 소식은 30여 년 동안의 접촉에도 불구하고 국제체제의 작동 방식에 관해 미국과 중국이 근본적으로 동의하지 않고 있으며, 주권의 문제, 제재, 무력사용의 조건에 관해 관점이 전혀 다르다는 사실이다.

미국은 정치와 경제가 긴밀히 연계되어 있으며, 폭넓게 수용 가능한 공동의 가치관에 의해 좌우된다고 생각하고 있다. 반면에 중국은 정치와 경제는 분리되어야 한다고 믿고 있다. 아시아에 투자하는 외국계 회사들은 자회사의 특허권을 보호할 필요가 있다. 반면에 중국에는 지적재산권을 강화하기 위한 법적인 틀이 마련되어 있지 않다. 미국의 정책입안자들은 후천성면역결핍증 완화 계획과 지속 가능한 경제개발 지원계획 등 진정 아프리카를 위한 새로운 계획을 발전시켰다. 중국은 아프리카 대륙의 모든 독재국가들과 통상관계를 맺고 있다. 미국은 미얀마, 이란, 수단의 정부를 유엔의 이름으로 비난했다. 중국은 이런 비난에 이의를 제기하며 제동을 걸었다. 백악관은 미중 군사관계 측면에서 투명성을 촉구했지만 중국은 지속적으로 미온적인 입장을 보이고 있다. 여기서의 요지는 중국의 지도자들이 자국 내부에 초점을 맞추고 있으며 생존을 위해 노력하고 있다는 사실이다. 결국 미국과 중국의 목표는 같지 않다. 미국과 중국의 목표가 조화를 이룰 수 있을 것처럼 보이는 수사(修辭)를 사용하며 미중관계를 묘사하는 것은 현명하지 않다. 결과적으로 성공적인 동반자 관계보다는 비난과 실망만 초래할 것이다.[16]

 여기에 또 다른 개념이 있다. 미국에는 더 이상 국제사회에서 중국과의 접촉 조건을 정의할 능력이 없지만 국제체제의 많은 부분을 이용할 수 있는 특유의 능력이 있다는 것이다. 마찬가지로 중국도 더 이상 미국의 명령과 회유를 받아들여야 한다고 느끼지 않겠지만 보다 넓은 세계적 차원에서 자신의 위상에 관해 크게 고민하고 있다는 것이다. 왜냐하면 이것이 중국 내부의 안정을 유지하는 데 대단히 중요한 의미가 있기 때문이다. 미국이 중국과의 관계를 관리할 수 있는 보다 생산적인 길은 위와 같은 사실에 있다.

쇠락과 단극체제 사이

세부 사항을 언급하기 이전에 아직도 미국은 세계에서 가장 막강한 국가라는 점을 상기할 필요가 있다. 대중문학에서는 미국의 국력에 관한 허무맹랑한 이야기와 잘못된 극단이 난무하고 있다. 일반적으로 이런 시각은 미국이 다시 하락하고 있다는 관점과 아직도 유일한 강대국이라는 관점의 중간에 위치해 있다. 예를 들면 이 특정 시각의 극단에는 2009년 초반에 로버트 페이프(Robert Pape)가 〈내셔널 인터레스트〉에 기고한 「제국의 몰락(Empire Falls)」이 있다. 페이프는 미국이 '로마, 중국 왕조, 베네치아, 스페인, 프랑스, 영국, 소련'의 역사에서 익숙한 모습인 권력 하강기에 접어들었다고 주장했다. 보다 좋지 못한 현상은 "미국이 나폴레옹 전쟁 이후부터 제2차 세계대전에 이르는 유럽 열강 내부의 권력이동과 비교해 보다 짧은 기간에 상대적으로 보다 많은 권력을 상실했다는 사실"이라고 그는 주장했다.[17]

또 다른 극단에 대외문제와 관련해 온라인상에서 인기 있는 두뇌집단인 스트랏포닷컴(Stratfor.com)의 창시자인 조지 프리드먼(George Friedman)의 관점이 있다. 주변 사람들의 권유로 《향후 수백 년: 21세기 예측(*The Next Hundred Years: A Forecast for the 21st Century*)》이라는 제목의 그의 책을 읽어보았다. 결과적으로 이 책은 워싱턴 엘리트들에게서 볼 수 있는 고전적인 오류에 빠져 있었다. 프리드먼은 일반적으로 선정적인 논평가들에게서 볼 수 있는 신드롬을 반영하고 하드 파워 측면에서 미국의 우위에 집착했다. "남아시아, 동아시아 또는 태평양을 잊어라. 북아메리카가 세계의 중심으로서 유럽을 대체했다. 북아메리카를 지배하는 국가가 세계에서 거의 주도적인 세력일 것이다. …… 21세기에 이는 미국일 것이다"라고 프리드먼은 주장했다. 주요 이유는 "북대서양과 태평양을 통제하는 국가"가 세계 무역체제를 통제하기 때문이라고 한다.[18]

분명히 말하지만 미국의 세력은 하락하고 있다는 시각과 주도적인 글로벌파워라는 시각의 사이에 위치해 있다. 그러나 첫 번째 시각에서는 미국의 세력이 지닌 항구적인 특성을 간과하고 있다. 두 번째 시각에서는 1990년대 이후 국제사회의 세력들이 복잡한 양상을 띠면서 다수 국가로 분산되고 있다는 사실을 망각하고 있다.

세상은 평평하지 않다: 피라미드다

최근 몇 년 동안의 분석 중에서 가장 그럴듯한 것은 미국 외교협회(Council on Foreign Relations)의 회장이었으며 국방성과 국무성에서 근무했던 레슬리 겔브(Leslie Gelb)의 시각이다. 그는 다음과 같이 말한다. "우리는 탈미국 이후의 시대에 있는 것이 아니며, 그와 같은 시대로 접어들고 있지도 않다."[19] 그러나 미국은 과거처럼 주도적인 세력일 수 없다. 미국은 지구상에서 가장 막강한 국가이지만 원초적인 수치에도 불구하고 더 이상 세계를 주도할 능력이 없다. 미국은 일인당 국민총생산이 4만 8000달러에 달하는 등 세계에서 가장 막강한 경제력을 갖고 있다. 지구상에서 기술이 가장 발전되어 있고, 국방비가 미국을 제외한 상위 15개국에서 20개국의 국방비를 합한 것보다 많을 때도 있다.[20] 그러나 오늘날의 지구상에는 너무나 많은 유형의 세력이 있으며 너무나 많은 세력 중심들이 성장하고 있다.[21]

겔브는 오늘날 국제체제의 세력 구조가 상이한 수준의 피라미드처럼 보인다고 생각하고 있다. 가장 높은 수준에 미국이, 바로 아래에 영국, 프랑스, 독일, 일본, 브라질, 러시아, 인도, 중국이라는 주요 8강이 위치해 있다. 이들이 미국과 함께 세계 권력을 공유하고 있다. 다음 단계에 석유와 가스를 많이 보유하고 있는 사우디아라비아, 베네수엘라, 이란, 나이지리아, (또다시) 러시아가 있다. 이들은 천연자원으로 엄청난 권력을 행사하고 있다. 그 아래에 멕시코, 파키스탄, 남아프리카공화국, 대한민국, 타이완과 같은 중간 수준의 지역 국가가 있다. 이들은 자국 영역에서 문제가 발생하면 국제사회에서 주도적으로 발언권을 행사할 수 있다. 다음 단계에 자신만을 돌보며 어느 누구에게도 거의 불편을 주지 않는 책임감 있는 국가들이 있다. 그런 국가에는 스위스, 싱가포르, 노르웨이, 보츠와나, 칠레가 있다. 그 아래에 내전과, 대량살상과 무시무시한 독재로 인해 앞에서 언급한 국가들에게 다수의 문제를 던지고 있는 불량국가와 실패한 국가들이 있다. 마지막으로 언론매체 집단, 테러집단, 비즈니스 집단과 같은 비국가행위자라는 급속히 부상 중인 계층이 있다. 이들이 세계적으로 정부나 사회와 긴밀히 연계된 상태에서 세력을 공유하고 있다.[22]

따라서 칼럼니스트 토머스 프리드먼(Thomas Friedman)이 2005년에 주장했듯이 국제사회의 세력들은 평평한 모습이 아니다. 겔브의 표현처럼 '전적으로 피라미드' 형태이다. 그러나 국제사회의 세력들은 또한 그 전례가 없으며 복잡한 수준으로 확산되고 있다. 이와 같은 세력 확산은 다음과 같은 세 가지의 놀라운 역사적 발전과 관련이 있다.

첫째, 17세기 이후부터 제1차 세계대전까지 유럽의 권력정치를 주도했던 강대국들 간의 군사 분쟁은 너무나 파괴적이고 위험하여 어느 누구에게도 도움이 되지 않는다. 둘째, 약소국은 민족주의와 반란전을 적절히 결합하여 그리고 자신을 지원하는 강대국들을 적절히 이용하여 강자에 대항할 능력을 구비했다. 오늘날 이는 강대국의 지배 능력에 못지않은 능력이다. 셋째, 순수 군사력의 의미가 줄어들고 있는데, 이는 국제사회의 경제발전 시점과 일치하고 있다.[23] 세력을 축적하고 보호하는 주요 수단이던 전쟁의 의미가 반감되면서 오늘날 국익은 상거래와 국가의 경제력을 통해 가장 잘 표현되고 있다.[24]

지나치게 막강한 미국 국력의 패러독스

이 책에서 주장하는 것처럼 경제적 세계화의 경향으로 인해 미국의 국력에는 일종의 패러독스가 조성되었다. 전쟁과 군사력 확장에 맞춰져 있던 초점이 자본주의와 국제시장으로 이동하고 있다. 이런 움직임은 가장 방대한 소비 집단과 기축통화를 갖고 있으며 최근까지만 해도 가장 막강한 금융체제를 유지하고 있었던 세계 최대 자본주의 경제로서 국제사회에서 미국의 입지를 보강하는 데 도움이 되었다. 한편 국제금융체제의 문제는 규제와 복구를 통해 최근의 경기후퇴를 만회하는 경우 기존 위상을 복원할 가능성이 높다. 또한 경제적 세계화로 인해 조지프 나이(Joseph Nye)가 말하는 '한밤중의 어린 고양이의 발자국 소리'[25]처럼 쥐도 새도 모르는 사이에 미국의 세력이 심각한 도전을 받고 있다. 세계적으로 자본주의가 심화되면서 미국의 절대 및 상대적인 우위가 약화되고 있다.

따라서 자신이 거머쥔 모든 능력에도 불구하고 미국은 전 세계에 산재한 자국의 국익을 모두 보호할 수 없는 상황이다. 이라크 침공 직전에 조지프 나이가 기술했듯이 미국의 국력은 엄청난 수준이다. 그러나 여타 국가들의 도움이 없으면 테러, 기후변화, 핵확산과 같은 도전에 대처하기에 충분치 않다.[26] 문제를 관리하기 위한 유일한 방안은 국제사회 동반자와 주요 국가들로 구성된 연합세력과 함께, 그리고 국제사회의 정치적 무대에서 민첩한 협상을 통해 대처하는 것이다.

그러나 미국의 새로운 위상에는 또 다른 측면이 있다. 9·11 테러 직후와 달리 미국은 단극 세력이 아닐 수 있다. 그러나 미국은 타국을 선도할 능력이 있으며, 여타 국가들의 기대를 받고 있다. 미국 혼자서 해결할 수 없는 많은 문제가 있을 수 있지만 미국의 도움이 없으면 여타 열강들이 해결할 수 없는 문제들이 또한 있다.

열강들은 이와 같은 사실을 잘 알고 있다. 6장에서 주장했듯이 심각한 초국가적 문제를 미국의 노력과 리더십 없이 해결할 수 있다고는 어느 누구도 주장할 수 없을 것이다. '미국의 세력 하락'을 주장하는 사람들은 다음과 같은 부분을 명심해야 할 것이다. 미국의 주변에는 과거 로마의 경쟁자였던 카르타고와 같은 국가가 없다. 미국이 세력 독점권을 상실할 수는 있을 것이다. 그러나 21세기에는 미국을 제외한 어느 열강도 금융체제의 두뇌로서 또는 아시아 태평양 지역의 균형자로서 미국의 역할을 진정 탐낼 수 없을 것이다. 아시아 태평양 지역을 보면 미국의 안보우산으로 인해 지역 열강들이 중국과 군비경쟁을 하지 못하고 있다. 세계경제의 추진체이던 미국의 위상이 실추되는 것을 어느 열강도 원치 않고 있다. 이들이 원하는 것은 모두가 비즈니스를 하고 오늘날 세력 크기의 척도인 부를 창조할 수 있도록 국제체제를 안정시키는 것이다.

도움 확보

이런 역학이 중국이 제기하는 문제에 접근하는 과정에서 중요한 의미가 있다. 중국의 위협에 대응하면서 미국은 지구상의 나머지 국가들에게 도움을 요청할 필요가 있다.[27] 이와 같은 접근을 대중국 전략 구상의 두 가지 단계로 생각할 필요가 있다. 첫째 단계가 중국을 국제적 시민문화로 성장해가도록 만들 수 없다는 사실을 인정하는 것이라면 둘째 단계는 G2 국가인 중국에 대한 포용정책(접촉정책)이라는 신화를 또 다른 것으로 대체하는 것이다. 7장의 서두에서 기술했듯이 두려움이라는 요소가 중국의 정치체제 전반에 걸쳐 면면히 깔려 있다. 경제성장의 문제를 항상 정치적으로 대처하려는 중국사회의 통치 엘리트들의 모든 주요 결정에 이와 같은 두려움이 영향을 주고 있다.[28] 따라서 두려움이라는 요소는 중국에 대해 미국이 영향력을 행사할 수 있는 부분이다. 보다 구체적으로 말하면 두려움이라는 지렛대는 국제사회에서 고립되거나 국제사회의 비판에 맞닥뜨린다는 두 가지 시나리오에 대한 중국공산당의 우려와 관련이 있다. 이들을 차례대로 살펴보자.

중국이 국제사회에서 고립되거나 배척당하고 싶어하지 않는다는 사실을 적절히 이용하면 보다 생산적인 방식으로 미중관계를 재정립할 수도 있을 것이다. 미국은 보다 큰 동반자관계라는 통합된 경로를 통해 미중관계를 이끌고 갈 필요가 있다. 중국을 포위하기 위해 동맹을 구축하겠다는 가능성 없는 개념과 중국을 양자적 차원에서 포용(접촉)하겠다는 과도한 개념 사이의 또 다른 방안은 바로 이것이다. 보다 넓은 국제사회에서 미국의 방식을 따르라고 주장할 수 있는 시절은 이미 지나갔다. 미국의 목표에 중국이 협조하도록 하기 위한 가장 효과적인 모델은 국가들의 연합과 세력 연합에 근거한 보다 방대한 다자적 노력을 추구하는 것이다. 그런데 이런 노력은 중국에 중요한 의미가 있어야 하며, 미국이 추구하는 목표에 도움이 되어야 할 것이다. 여기서 중국의 부담은 책임감 있는 주요 열강들을 중심으로 하는 다자적 노력에 동참하지 않으면 열강에서 제외될 것이라는 사실이다. 그런데 책임감 있는 주요 열강은 중국이 열망하는 모습이다.

동반자 관계의 검증 사례: 기후변화와 에너지

동반자 관계 검증 측면에서 가설적인 사례로 기후변화를 살펴보자. 미국과 마찬가지로 중국은 이산화탄소를 가장 많이 배출하는 국가다. 지난 10년 동안 기후변화가 국제사회에서 주요 문제가 되었지만 미국은 이 논쟁에서 최소한의 역할만을 수행했다. 한편 중국은 탄소 저장과 관련해 일본과 기술 협력을 추구하는 등 양자관계에 근거해 여타 국가들과 제한된 수준에서 노력하기는 했지만 미국의 소극적인 태도를 빌미로 스스로는 거의 아무것도 하지 않았다. 이와 같은 상황에서 미국이 중국에 기후변화 문제에 합심해 대처할 필요가 있다고 아무리 강조를 해도 소용이 없다.

또 다른 접근 방안은 보다 바람직한 환경을 만들기 위한 원칙을 담은 공동헌장에 입각해, 환경 관련 노력을 단일하게 조정한다는 생각에서, 프랑스, 독일, 캐나다, 일본 그리고 보다 최근에는 인도와 같은 강력한 동맹국들과 협의할 수 있을 것이다. 그 과정에서 이 헌장에 기반구조 개발 프로젝트와 기술 지원처럼 중국이 관심이 있는 사안을 포함할 수도 있을 것이다.²⁹ 이와 같은 노력에 관해 〈뉴욕타임스〉의 데이비드 생어가 말했듯이 "'매우 흥미롭다'는 말을 제외하면 처음에 중국은 아무런 반응을 보이지 않을 것이다." 그러나 시간이 지나면 "분명이 효력이 있을 것이다." 기반구조, 기술과 공학 분야의 초국가적인 협조에 기반을 둔 지정학적인 동맹에서 배제된다면 중국 지도자들의 마음은 편치 않을 것이다.³⁰

유사한 모델이 에너지 안보 분야에도 적용될 수 있다. 퇴역한 미국 공군 대장 브랜트 스코크로프트(Brent Scowcroft)가 질문했듯이 '중국을 포함한 국가들과 에너지 관련 대화를 시작하지 않는 이유는 무엇인가?' 그는 세계적으로 에너지 소요가 너무나 많다고 말했다. "미국은 '부족한 자원을 공유하고 결과를 얻기 위해 협조합시다' 하고 말할 수 있을 것입니다. 그러나 우리는 아직 이처럼 하지 않았습니다. 따라서 중국은 다음과 같이 말했습니다. '미국이 모든 거대 석유회사를 갖고 활동하고 있으니 우리는 우리 것을 신속히 손에 넣을 생각입니다.'"³¹

다시 말하지만 미국이 에너지 자원과 관련해 미중 협력이 보다 많이 필요하다고 요구한다면 중국은 의미 있는 반응을 거의 보이지 않을 것이다. 반대로 말을 적게 하는 반면 행동을 많이 한다는 지난 10년 동안의 중국의 각본을 본받을 수도 있을 것이다. 조지프 나이와 리처드 아미티지(Richard Armitage)가 주관한 미국의 소프트파워에 관한 2008년의 위원회에서는 합동과학기술발전본부를 설립하고 여기에 자금을 지원해주라고 차기 행정부에 요청했다. 합동과학기술발전본부의 목표는 선진국과 개발도상국들로 구성되어 있는 포괄적인 연합에서 에너지안보 정책에 대한 국제사회의 협조를 상호 조정하는 일이 될 수 있을 것이다. 다시 말하지만 해상 교통로와 주요 에너지 기반구조의 보호처럼 중국이 직접 관심을 보이는 사안

에 관한 문구를 포함하는 헌장의 근간이 출현할 수도 있을 것이다.[32]

물론 중국은 간단히 '노'라고 말할 수 있을 것이다. 그러나 '모임을 시작하고 중국의 참여를 기다린다'는 모델을 시도함으로써 미국은 잃는 것보다는 얻는 것이 많을 것이다. 중국의 참여와 무관하게 이 모델로 인해 미국의 명성과 브랜드가 높아질 것인데, 특히 개발도상국들에서 그러할 것이다.[33] 오랜 기간 미국은 중동 지역에서 군사적 일방주의를 추구했다. 이 점에서 보면 미국의 정책입안자나 관료, 외교관들은 국제사회 여론의 중심에 새롭게 합류한 데 따른 이점을 누리게 될 것이다. 최근 몇 년 동안 중국은 공동성명 또는 기념촬영의 형태로 조용히 국제사회에서 자신의 역량을 강화했다. 상대방의 의견을 존중하고 상대방을 배려한다는 사실을 소국들에게 보여주는 이러한 과정을 통해 중국은 엄청난 정치적 자산을 확보했다. 이와 같은 노력에서 성공하는 비법은 금융안정, 에너지 안보, 비확산, 기후변화 또는 만성적인 질병의 문제 등에 관한 주요 열강들의 고위급 담론에 자신이 포함되어야 한다는 중국의 강렬한 열망을 이용하는 것이다.

중국의 체면과 비난에 대한 두려움

한편 국제사회에서 고립되거나 미국과 대결하는 상황을 피하고자 노력하는 것과 마찬가지로 중국은 국제사회의 비난을 매우 두려워하고 있다.[34] 해외에서 볼 수 있는 중국의 다양한 모습에서 확인할 수 있듯이 이는 중국의 국내 사정과 관련이 있다. 다시 말하지만 이와 같은 측면에서 미국은 어느 정도 영향력을 행사할 수 있을 것이다. 이는 또한 보다 폭넓은 연합 세력 전반에 걸쳐 지지를 확보할 수 있는 미국의 능력에 달려 있을 것이다.

중국에서 발표한 작품을 통해 미국의 심리분석가인 그레고리 마브리데스(Gregory Mavrides)가 설명했듯이 서구인들은 '체면'이라는 중국의 개념을 이해하기가 쉽지 않다. 중국청년보(中國靑年報, 중국공산주의청년단 기관지_옮긴이)의 설문은 이것을 가장 잘 보여준다. 설문에 따르면 응답자의 75퍼센트가 실수는 가장 모욕적인 경험이라고 말했다. 서구의 정치에서는 상황에 따라서는 사과가 정치적인 승리를 의미할 수도 있다. 오바마 대통령이 선거유세 도중 여기자에게 '스위티(Sweety)'라고 불렀던 일을 사과하기 위해 음성메일을 남겼다는 유명한 일화도 있다. 겸손과 상대방에 대한 존경을 보여준 사례로 미국의 언론매체가 전면 보도했던 이 메시지에서 오바마는 "당연히 내게 문제가 있었다"라고 말했다.

중국의 경우는 그렇지 않다. 서구문화에서와 달리 중국에서는 잘못을 인정하지 않으려는 거짓은 부도덕한 거짓이 아니다. 체면 손상의 굴욕보다는 이와 같은 거짓이 보다 존중받을 뿐 아니라 합리적인 행동이라고 생각되기도 한다.[35] 이들 역학이 중국 문화의 일상적인 상호작용에서 중요한 역할을 한다. 또한 독재정치의 역학이 혼재되어 나타나는 국가적 수준에서 중요한 역할을 한다.

5장에서 살펴보았듯이 사회적 결속을 고려한 중국 정부의 정책은 지속적인 경제성장과 민족주의의 호소라는 두 가지다. 톈안먼사태 이후 중국 공산당은 학교와 언론매체를 통해 국가적 차원에서 애국심을 고취시켰는데, 효과가 있었다. 톈안먼사태 12주년을 기념하여 중국 학생들에 관해 〈뉴욕타임스〉가 수행한 연구에서는 이 점을 강조했다. 오늘날 중국 학생들에게는 이상주의를 거의 찾아볼 수 없다고 연구보고서는 말했다. 오히려 이들은 실용주의적인 성향을 보이고 있다. '자신에게 도움이 되는지 여부'에 따라 모든 것을 판단한다. 즉 학생들이 중국 정부의 모든 정책을 좋아하는 것이 아닐 수 있다. 그러나 오늘날 이들은 중국 정부에 대해 대단한 자긍심을 느끼고 있다. 많은 사람들에게 보다 훌륭한 삶을 누릴 수 있도록 해주었기 때문이다.[36]

따라서 시청자들의 국가적 자긍심에 호소하는 선정적인 이야기를 중국의 많은 언론매체들이 경쟁적으로 보도한다. 그 과정에서 중국에서는 수전 셔크가 '민족주의의 반향'이라고 지칭한 현상이 나타나고 있다. 상황이 그러하다 보니 중국 관리들은 중국에 대한 국제사회의 비난에 강력히 대응해야 한다는 압력을 받고 있다.[37] 2009년의 베이징 올림픽 성화는 주목할 만한 사례다. 당시 외국인 시위대들이 베이징 올림픽 성화 봉송을 국제적 차원에서 진행하는 것을 저지하려 한 것과 관련해 중국의 언론매체와 블로그 사이트들이 강한 분노를 표명했다.

이런 상황에서 중국 관리들을 괴롭히는 두려움은 다양하다. 첫째는 중국 인민들에게 자신들이 나약해 보일 수 있다는 두려움이다. 둘째는 이와 같은 인식으로 인해 관료들은 어느 누구의 승진도 보장되어 있지 않으며 정치적 상급자들과 옥신각신할 경우 좋지 못한 결과를 초래할 수 있는 암울한 관료정치에서 정적들이 자신들의 허점을 공격해올까 봐 우려하고 있다. 셋째는 대중의 분노가 시위로 전환되고, 시위가 정부 관료들을 겨냥한 불평불만으로 진화되는 상황을 두려워하고 있다. 마지막으로 아마도 가장 중요한 부분일 수도 있는데, 체면을 잃거나 나약해 보일 경우 티베트인, 위구르족 또는 타이완의 반중국 정서 정치인들 또는 중국 정부 내부의 적들이 대담한 행동을 취할 가능성을 두려워하고 있다.

아직 미국은 영향력이 있다

이와 같은 상황으로 인해 미국은 기회를 얻게 된다. 즉 중국공산당이 국제사회의 비난을 혐오한다는 사실을 이용할 수 있을 텐데 최근 몇 년과 비교해 보다 잘할 수 있을 것이다. 중국 국민들은 자국에 대한 미국의 비난을 극도의 오만으로 생각하는 등 미국을 부정적으로 인식하였다. 이와 같은 점에서 보면 중국 정부에 대한 백악관의 비난은 정치적으로 한계가 있다. 그러나 최근의 자료가 보여주듯이 중국 관리들은 국제사회의 여론에 입각한 폭넓고도 일관된 비난에 어찌할 바를 몰랐다. 티베트에 대한 중국의 전술, 수단에 대한 중국의 지원, 짐바브웨로 가는 무기 선적 등과 관련해 세계적으로 분노가 표출되자 중국은 마지못해 그리고 계산된 행위지만 국제사회의 압력에 굴복했으며 최소한이나마 정책을 바꾸었다. 중국 정부는 짐바브웨에 보내는 무기 선적을 포기했으며, 달라이 라마와의 회동에 동의했다. 또한 수단을 비난하는 몇 가지 제안을 수용했다.

이런 사건들을 통해 우리는 국제사회의 비난에 대한 중국의 두려움을 제한적이나마 이용할 수 있음을 알 수 있다. 그러나 중국 관리들에 대한 압력 행사는 국제사회의 다양한 여론을 효과적으로 동원할 수 있는 경우에만 가능해질 것이다. 이는 미국이 독자적으로 행동하지 않는 경우에만 효력이 있는 또 다른 사례다. 이런 점에서 보면 오늘날 중국공산당은 잘못된 이유로 티베트인들을 두려워하고 있다. 티베트인들과 이들의 지원 세력들의 진정한 위력은 중국 정부의 치안 전력에 도전할 수 있는 능력이 아니고 세계 언론매체의 전면에 게재되는 사건을 터뜨릴 수 있는 능력이다. 이처럼 사건을 터뜨릴 때마다 중국은 윤리나 개념, 거버넌스 측면에서 공개적으로 패배하게 된다. 중국은 강대국의 반열에 올라갈 수 있기를 열망하고 있다.

한편 중국 정부는 통치 차원에서 티베트인들을 겨냥해 폭력과 문화적 대학살에 호소하지 않을 수 없는 실정이다. 이는 주권과 분리주의 이상의 문제다. 이는 거버넌스 모델의 문제이자 이들 모델의 정당성의 문제다. 티베트를 겨냥한 공식적인 수사(修辭)를 살펴보면 중국공산당 지도자들의 압박감을 느낄 수 있다. 그들도 이와 같은 사실을 잘 파악하고 있다.

무력해 보일 수도 있지만 티베트인들은 많은 사람들이 갖고 싶어하는 그러한 부분을 실제로 즐기고 있다. 이른바 전략적으로 중요한 의미가 있는 영역에서 중국을 격파하는 능력을 즐기고 있다. 중국인들은 수도 라싸의 거리에서 티베트인들을 끌고 다닐 수 있을 것이다. 그러나 그럴 경우 중국은 '언덕 위의 큰집'에서 처신하는 방법을 터득하지 못한 막노동꾼처럼 국제사회 무대에서 끌려다니게 될 것이다.

자신이 만든 악령에 쫓기는 미국

미중관계에서 미국이 영향력이 있다면 이는 도처에서 여론을 수렴할 수 있는 능력 때문일 것이다. 이와 같은 점에서 보면 미국의 외교정책은 긴급한 수술이 요구된다. 지난 10년 동안 이라크와 아프가니스탄에서 미국이 자신이 만든 악령에 쫓기도록 내버려두는 등 중국은 매우 잘 처신했다.

중국은 손자(孫子)와 같은 군사전략가들의 이론을 오늘날의 상황에 적용하는 문제에 초점을 맞추고 있는 부서를 국방 기관에 설치했다. 특히 적이 자신을 기만하고 있을 때 이점을 도출하는 방식, 적의 잘못을 가장 잘 이용하기 위한 방식과 관련해 이들의 이론을 적용하기 위해서이다.[38] 부시(George W. Bush) 대통령이 두 차례의 재임기간에 한 일은 얼마 되지 않는 이곳 요원들에게 중국이 투자한 노력이 완벽하게 맞아 떨어진 경우다.

워싱턴의 국제전략문제연구소(CSIS)는 소프트파워를 전개하는 미국의 능력, 즉 여론형성 능력을 저해하는 요인을 열거했다. 기본적인 수준에서 보면 소련의 붕괴 이후 유일한 초강대국으로서 미국의 위상은 타의 추종을 불허했다. 결과적으로 세계인들은 아무런 구애없이 행동하는 듯 보이는 미국의 행위와 관련해 불신과 분노를 표명했다. 한편 세계화로 인해 많은 국가가 자국 경제와 관련해 고통스러운 구조조정을 했으며, 미국이 이와 같은 구조조정을 통한 경제적 통합의 주요 주창자로서 이득을 보았다며 힐난했다. 21세기로 접어들면서 미국은 국제사회에서 폭넓은 지지를 받고 있던 협정을 기피하거나 파기할 필요를 느꼈는데, 기후변화에 관한 교토의정서, 국제형사재판소, 대인지뢰전면금지조약, 미사일실험금지조약, 유엔아동권리협약이 그러했다. 결과적으로 미국은 무소불위의 오만과 힘을 과시한다고 인식되었다. 한편 이런 정서로 인해 이라크의 길거리에서 그리고 허리케인 카트리나의 잔해 속에서 미국의 무능력한 대처 행위를 보며 사람들은 곧바로 빈정거렸다.

케임브리지 대학교의 조지 조패(George Joffe)는 9·11 이후 미국이 경제, 정치, 외교 분야를 모두 안보적 시각에서 바라보았음을 주목했다. 결과적으로 안보 이외의 또 다른 해석이나 위기관리 관련 제안이 차단되었다.[39] 보다 제한적인 의미의 국익을 겨냥해 영향력을 행사하면서 이성보다는 감성을 우선시했으며, 지구적 차원에서 미국의 임무를 설파하면서 전통적인 유럽의 동맹국들을 소외시켰다.

또한 백악관은 구유럽과 신유럽(전자는 프랑스, 독일, 이탈리아 등 유럽연합 초기 회원국을 후자는 폴란드, 발트 3국 등 동유럽 붕괴 후 유럽연합 가입국_옮긴이)으로 유럽을 구분하여 유럽 국가들의 감정을 상하게 만들었다. 라틴아메리카를 대부분 간과하고 동남아시아를 경시하면서 새롭게 재부상하고 있던 러시아를 억압하려 했다. 국제전략문제연구소의 보고서는 다음과 같이 결론지었다. "미국이 중동 지역에 전념하자 중국은 미국이 남긴 공백으로 과감히 뛰어들었는데, 주로 경제적 이익을 추구하기 위함이었다. 그러나 이는 또한 지역 차원의 세력만이 아니고 글로벌 세력이 되겠다는 장기 전략 목표를 추구하기 위함이었을 것이다."[40]

마키아벨리는 사랑의 대상이 되기보다는 두려움의 대상이 되는 것이 보다 안전하다는 유명한 말을 했다. 정보화시대인 오늘날 미국은 양쪽 모두에 보다 정통해야 할 것이다.[41] 중국의 도전에 대항한 효과적인 지렛대와 상호협조의 근간은 서구사회의 소프트파워다. 결과적으로 미국과 중국은 소프트파워라는 거대한 영역에서 상호 격돌하고 있다. 미국의 소프트파워의 위력을 검증하는 최상의 영역은 개발도상국들에서 미국의 입지라는 부분일 것이다.

서구사회의 이익 측면에서 중국이 가장 심각한 위협이 되는 부분은 바로 여기다. 조지 메이슨 대학교의 힐턴 루트는 오늘날 세계적으로 경제발전의 절반 이상이 개발도상국들에서 진행되고 있다는 데 주목했다. 따라서 미국의 안보는 신흥 시장의 경제와 보다 좋은 관계를 설정하는 문제와 긴밀히 연계되어 있다.[42] 그러나 아프리카 문제 전문가인 제니퍼 쿡(Jennifer Cooke)이 상기시켰듯이 아프리카 지역 주민들이 사용하는 일용품을 놓고 벌어지는 경쟁에 중국뿐만 아니라 인도, 브라질, 러시아 그리고 남아프리카공화국까지 가세하고 있는 실정이다. 따라서 아프리카 대륙의 경우 선택 가능한 대안을 갖게 되었지만 미국의 영향력은 감소했다.[43] 지난 8년 동안 중국은 미국의 정책입안자들이 간과한 영역으로 진출했다. 이와 같은 방식으로 자신의 영향력을 강화했다.

아세안 지역포럼, 아세안 +3, 동아시아정상회의(EAS)를 포함한 많은 안보 및 정치 협약에 중국이 적극 개입하고 있는 동남아시아가 대표적인 경우다. 미국이 중동 지역에 발이 묶여 있는 동안 중국은 적도 이남 지역에서 시작해 도처에서 새로운 시장을 개척하고, 천연자원을 독식하며, 에너지 거래를 체결하고, 채무를 탕감해주며, 미국의 무관심으로 인해 생긴 공백을 메우는 등의 활동을 전개해왔다.

개발도상국에서의 경쟁: 지금 총독은 누구인가?

순수 금액을 기준으로 생각해보면 아직도 가난한 국가들을 가장 많이 원조하는 국가는 미국인데, 이는 어느 정도 곤혹스러운 현상이다.[44] 그러나 소프트파워 측면에서 중국은 개발도상국들과 일대 진전을 보이고 있는 듯하다. 앞서 언급한 퓨리서치센터의 연구에 따르면 많은 선진국 국민들은 중국 경제가 자국에 끼칠 부정적인 영향을 점차 우려하고 있다.

그러나 개발도상국들에서는 이야기가 매우 다르다. 중국은 아프리카와 라틴아메리카에 지대한 영향력을 미치고 있으며, 이것이 점차 증대되고 있다. 그 지역에서는 중국의 영향력을 매우 긍정적인 시각에서 바라보고 있다. 아프리카의 경우를 보면 중국을 우호적으로 바라보는 사람의 비율이 비판적으로 바라보는 비율의 2배 이상이다. 남아프리카공화국에서만 이들 비율이 비슷한 수준이다([표 7.2] 참조). 이와 같은 경향은 라틴아메리카의 대부분 지역에서 또한 매우 유사하다. 칠레 국민의 73퍼센트와 베네수엘라의 67퍼센트가 자국에 대한 중국의 영향력이 커짐으로써 삶의 질이 개선되었다고 말하고 있다.

이런 경향은 지구상 도처에서 지속되고 있다. 일반적으로 중국은 아시아 지역 전반에 걸쳐 긍정적인 평가를 받고 있다. 말레이시아 국민의 83퍼센트, 파키스탄 국민의 79퍼센트, 방글라데시 국민의 74퍼센트, 인도네시아 국민의 65퍼센트가 중국을 긍정적으로 평가하고 있다. 전통적으로 중국인을 불신과 우려의 눈으로 바라보던 대한민국 또한 설문자의 52퍼센트가 중국에 대해 우호적인 감정을 보이고 있다. 제3세계 지역에서 미국과 중국에 대한 인식 측면의 격차는 다음과 같이 간단히 요약된다. 중국은 올바른 신호를 전달해주고, 가난한 나라들이 원하는 부분을 제공한다는 측면에서 미국보다 앞서 있다.

존 알터먼(Jon Alterman)은 중동 지역에서의 이 역학을 다음과 같이 주목했다. "중동 지역에서 미국이 영향력을 확보할 수 있었던 것은 미국의 반식민지주의가 진지한 형태라는 지역 국가들의 믿음 때문이었다. 미국은 지역을 통제하는 총독이 아니고 기업인을 보냈으며, 이로 인해 지역에서 환영을 받았다." 학문적 행정적인 경험은 없었지만 미국의 기업인들은 아랍 지역에서 군림하지 않았으며, 그 결과 사랑을 받았다. "21세기 초반에는 중국이 이처럼 인식되고 있다."[45]

물론 수단, 미얀마, 짐바브웨, 베네수엘라, 이란과 같은 최악의 정권과

[표 7.2] 미국보다 중국의 영향에 보다 긍정적인 국가들

(단위: 퍼센트)

	중국의 영향력		미국의 영향력		'좋다'의 격차
	좋다	나쁘다	좋다	나쁘다	
아프리카					
케냐	91	6	74	16	+17
코트디부아르	90	6	80	12	+10
가나	90	5	79	13	+11
세네갈	86	6	56	23	+30
말리	84	7	63	25	+21
나이지리아	79	12	58	27	+21
탄자니아	78	13	36	52	+42
우간다	75	13	65	24	+10
에티오피아	61	33	34	54	+27
남아프리카공화국	49	32	55	24	-6
라틴아메리카					
베네수엘라	58	28	36	47	+22
칠레	55	20	28	46	+27
볼리비아	42	34	14	64	+28
페루	36	29	22	46	+14
브라질	26	54	20	60	+6
아르헨티나	21	51	5	80	+16
멕시코	20	63	22	60	-2

출처: Pew Research Center, "Global Unease with Major World Powers," 47, Nation Pew Global Attitudes Survey, Pew Global Attitude Projects, Washington, DC, June 27, 2007, 3, 39, http://pewglobal.org/reports/pdf/256.pdf.

관련해 미국이 중국과 경쟁할 수 있으리라고는 보이지 않는다. 그러나 제3세계 국가들 중에는 미국이 중국과의 경합을 목적으로 훌륭한 수단을 개발해 적용할 수 있는 국가가 많이 있다. 개발도상국에서 소프트파워는 제

로섬게임이 아니다. 미국과 중국은 많은 개발도상국들의 시장에서 상호 경쟁할 수 있는 입장이다.

결과적으로 이 장에서 필자는 대담한 제안을 하고자 한다. 즉 미국은 중국의 성공 사례에서 교훈을 얻어야 한다. 고전적인 실용주의자인 중국은 금융 및 거시경제 관리 측면에서 수년 동안 미국을 모방해왔다. 이제 미국은 비즈니스와 무역 분야에서 새로운 현실에 처해 있다. 일관성이 없다는 기자들의 비난에 케인스는 다음과 같이 말했다. "상황에 변화가 있는 경우 나는 마음을 바꿉니다. 이 경우 여러분은 무엇을 하지요?"[46] 개발도상국들에서 상황에 변화가 있었으며, 서구 국가와 비교해 중국이 보다 신속히 상황에 적응했다.

무상 원조, 채무변제, 세대에 걸친 장기 투자, 기반구조 구축 프로그램, 의료 및 인도적 지원, 문화 및 학문적인 교환프로그램 증대, 지역이 중요시 여기는 부분의 수용 등과 관련해 배워야 할 교훈이 많다. 여기서 미국은 자신의 목표뿐만 아니라 개발도상국들의 목표를 겨냥해 개발도상국들과 공조하기 위한 방법을 배울 수 있을 것이다. 예를 들면 아프리카에서 미국의 정책입안자들에게 가장 중요한 부분은 에너지와 안보, 이른바 유류 사업 계약과 테러다. 아프리카인들에게 가장 중요한 부분은 교통망과 발전소, 기술지원, 훈련, 고용, 국내총생산 증대, 학교 그리고 국가적 수준의 스포츠 시설이다. 아프리카는 미래지향적인 젊은이들에게 신분상승 기회를 준다는 점과 정부에 대한 국가적 자긍심 측면에서 축구와 같은 게임이 사회적 역할을 하는 지역이다. 말하자면 이곳 젊은이들은 축구를 가난에서 탈피하기 위한 방안으로 생각하고 있다. 중국의 관리들은 이와 같은 사실을 이해했다. 아프리카에 중국이 그처럼 많은 운동장을 건설해주고 있는 것은 이와 같은 이유 때문이다.

이와 같은 측면에서 보면 중국의 행동은 서구의 발언과 비교해 호소력이 있다. 최근 중국아프리카협력포럼(FOCAC) 정상회담에서 후진타오 주석이 선언한 내용을 살펴보자. 그 내용은 많은 비용이 소요되거나 부담이 되는 것이 아니었다. 미국은 이와 같은 접근 방안에서 교훈을 얻고 이와 같은 방안을 모방하며, 발전시킬 필요가 있다.

- 2009년까지 아프리카에 중국의 농업 전문가를 100명 파견한다.
- 10개의 농업 기술센터를 설치한다.
- 30개의 병원을 신설한다.
- 말라리아 처방약, 예방 및 치료 센터를 위해 4000만 달러를 지원한다.
- 300명의 평화봉사단을 파견한다.
- 아프리카의 시골에 100개의 학교를 신설한다.
- 1만 5000명의 아프리카 전문가를 양성한다.
- 아프리카 학생에 대한 중국 정부의 장학금을 매년 2000명에서 4000명으로 늘린다.[47]

구체적 대응 방안

서구 입장에서 상황을 낙관해야 할 이유가 있다. 개발도상국에서 중국의 인기가 상승하는 데는 극적인 측면이 있지만 중국의 명성에도 문제가 없지 않다. 3장에서 살펴보았듯이 세계적으로 중국의 자태가 다양한 것과 마찬가지로 중국에 대한 아프리카 지역의 반응에도 양면성이 있다.

경제학자인 벤 심펜도퍼(Ben Simpfendorfer)는 개발도상국에 대한 중국의 수출 규모가 '지난 5년 동안 1900억 달러에서 5700억 달러로 급증했다'는 사실을 강조하고 있다. 중국이 신흥 시장에서 시장점유율을 높임으로써 "인도와 시리아 등 많은 국가에서 공장이 문을 닫고, 국민들이 일자리를 잃었다." 또한 "수출지원금 …… 위안화 환율과 달러의 연동이 중국의 수출업자들에게만 도움이 되고 있다."[48]

일부 중국 회사들이 지역 주민을 고용하고, 훈련시키며, 기술 관련 지식과 공공재를 제공하고 있기는 하지만 일반적으로 이들은 외부 인력을 고용하며, 환경을 오염시키는 경향이 있다. 또한 상인들을 대거 데리고 오는 바람에 지역의 상인들이 일자리를 잃고 있다. 남아프리카공화국, 잠비아, 나이지리아, 앙골라, 가봉과 같은 국가에서 중국인들이 들어오는 것에 주민들이 반기를 들고 있다. 그 지역의 많은 사람들은 중국과의 관계가 엘리트들에게만 도움이 되며, 상인들을 곤혹스럽게 만들며, 일반 노동자들에게 많은 손해를 끼치고 있다고 생각할 수 있다. 이런 경향을 고려해보면 중국이 아프리카 지역에서 얼마나 장기간, 어떠한 조건에서 천연자원을 들여올 수 있을지 의문이다.

예를 들면 중국은 아세안과 강력한 관계를 구축했지만 동남아시아 지역 국가들은 미국이 적극 유혹하면 아직도 승산이 있다. 1997~1998년의 아시아 금융위기 당시 미국이 도움을 거부했다는 사실 때문에 그 지역 사람들은 자국의 이익이 위기에 처했을 때 미국의 지원을 받지 못할 수도 있다고 생각하고 있다. 그러나 아직도 미국은 동남아시아 지역에서 인기가 매우 높다. 이 지역 사람들은 미국을 지역의 안정을 보장해주는 국가로 생각

할 뿐만 아니라 경제적 자산의 원천으로 생각하고 있다.[49]

이들 모두는 중국의 소프트파워를 제한하는 요인들이다. 또한 미국의 소프트파워 복원을 가능케 하는 요인이기도 하다. 이와 같은 측면에서 다음과 같은 구체적인 노력을 강구해야 한다.

1. 중국아프리카협력포럼(FOCAC)의 미국 버전을 만들 수 있을 것이다. 아프리카 지도자들을 미국으로 초청하여 미국 국회의사당에서 칙사 대접을 해주고, 미국 건국의 아버지들에 관해 그리고 거버넌스 원칙에 관해 링컨이나 제퍼슨 기념관에서 잠시 대화를 나눌 수 있을 것이다. 백악관을 방문해 사진을 찍고 미국 대통령과 담소를 나누게 할 수 있을 것이다. 다음 번 회동일자를 잡고, 계약과 협정을 체결하고 언질을 줄 수 있을 것이다.

2. 문제의 해결안이 정부가 보다 많이 개입해야 하는 것이라면 문제가 잘못되었다는 인식이 미국에서 인기가 있는데, 특히 공화당 내부에서 그러한 실정이다. 그러나 지역의 전문가와 정책입안자로 근무했던 사람들과 협의한 결과에 근거해 조지프 나이와 아미티지는 높은 수준의 소프트파워 기구의 설립을 미국 정부에 요청했다. 이 기구의 목적은 개발정책을 고려한 전략적 틀을 발전시키고 관리하는 것이다. 이 기구에서는 포괄적인 전략적 목적을 위한 예산을 확보하기 위해 의회의 관련 위원회와 공조할 예정이었다. 정책 토론의 방향을 정립하기 위해 4개년국방검토보고서(QDR)와 유사한 4개년소프트파워검토보고서를 발간할 예정이었다.[50] 여기서의 요지는 중국처럼 다양한 개발 지원, 인도적 지원, 외교적 노력, 의료지원 및 교환교육을 뭉뚱그릴 수 있는 단일의 강력한

기관이 필요하다는 사실이다. 이는 이러한 노력이 국익을 촉진하는 포괄적인 전략으로 통합될 수 있도록 하기 위함이다.

3. 개발 담론 측면에서 보면 미국은 워싱턴 컨센서스에서 볼 수 있는 설교적인 색채를 배제해야 한다. 개발 담론에서는 새로운 개념을 수용해야 한다. 즉 지속적으로 경제를 성장시킬 수 있는 단일의 정책은 없으며, 경제성장 측면에서 성공을 거두었던 정부는 난관 속에서 규정이나 수출, 기술 혁신에 관한 정책을 달리하여 성공했다는 사실을 인정해야 할 것이다. 국가는 자국의 실정에 맞는 정책을 자유롭게 실험해볼 수 있어야 한다. 미국은 이와 같은 실험을 촉진하는 과정에서 세계적인 자금지원 기구들을 선도하고, 원조 기관들을 지원해야 할 것이다.[51]

4. 특정 유형의 농업지원금에 관한 절충안을 갖고 이와 같은 담론을 지원해야 할 것이다. 도하무역 논의가 지지부진하다는 사실이 정치적으로 중국에 도움이 되고 있다. 미국은 제3세계 국가의 시장에 자국의 농산물이 보다 잘 접근할 수 있게 되기 전까지는 면화나 여타 일용품에 대한 정부지원금의 문제를 다루고자 하지 않았다. 지구상에서 가장 방대한 개발 압력단체인 옥스캄(Oxcam)은 지역의 생산자들이 곧바로 일자리를 잃을 수 있는 불균형 협정을 성급히 체결하지 말라고 아프리카 국가들에 경고했다.[52] 따라서 미국의 제안에 대항해 투표하면서 인도와 더불어 중국은 개발도상국들을 변호하는 세력으로 자리 매김할 수 있었다. 중국의 논거는 개발도상국들의 농민들이 너무나 자주 선진국들의 불공정 경쟁에 시달렸다는 것이다. 일부 정부지원금을 줄이고, 미국, 유럽, 일본의 소비자들에게 보다 가난한 개발도상국들이 보다 쉽게 다가갈 수 있도록 하는 노력을 미국이 선도할 수 있다면 도하 논쟁에서 워싱턴의

정치적 자산은 크게 증진될 것이다. 이와 같은 측면에서 보면 농업과 관련한 선거구민들의 로비를 부담스러워 하는 정치가들이 의회에서 격렬히 저항하는 등 미국의 정책입안자들은 국내에서 곤혹을 치르게 될 것이다. 그러나 보다 폭넓은 전략적 관점에서 보다 많은 것을 얻고자 하는 경우 미국은 일부 양보할 필요가 있을 것이다.

본토에서 중국의 도전에 대처하기

따라서 해외 경쟁력 유지 차원에서 미국은 내부를 살펴야 한다. 필자는 이 책에서 중국의 국내정치와 국제무대에서의 모습의 관계를 설명하고자 했다. 마찬가지로 우리는 미국의 국내정치가 국제사회에서 미국의 세력에 영향을 주는 방식을 이해해야 한다. 지난 50여 년 동안 국제사회에서의 미국의 세력의 근간은 군사적 이점 외에 경제적 경쟁력, 높은 교육수준, 생산성과 창의성이었다.[53]

1959년에 고등학교를 졸업한 친구들과의 최근 모임에서 경제학자인 클라이드 프레스토비츠(Clyde Prestowitz)는 다음과 같이 말했다. "우리는 제2차 세계대전 이후의 최고 황금기, 역사상 최초로 대규모 시장이 형성되었던 시점에 엄청난 '규모의 경제'로 인해 미국의 기업과 노동력이 세계에서 가장 생산성이 높았던 시점에 학교를 졸업했습니다." 당시는 미국의 노동자들이 진정 '지구상의 어느 누구'와도 경쟁할 수 있었던 시절이었다고 그는 회고했다.[54]

정확히 40년 뒤, 겔브는 다른 모습을 그렸다. 전반적으로 악화일로에 있는 상황을 보다 잘 파악하려면 거시적인 시각을 견지해야 한다. 미국 연방 재정 적자는 의료 및 사회복지비용의 증대로 2조 달러로 치솟았다. 미국은 역사상 가장 부채가 많은 국가가 되었다. 미국의 거대 산업은 대부분 외국의 경쟁자들에게 넘어갔으며, 그러는 과정에서 미국의 독립심이 어느 정도 손상을 입었다. 미국의 체제는 세계화시대의 경쟁에 대비해 학생들을 제대로 준비시키지 못할 것으로 보인다. 이와 같은 체제에서 미국의 공립학교 학생들이 수학과 과학 분야에서 외국의 동년배들을 뒤쫓아 가기에 바쁜 실정이다. 미국의 성인 세대는 초등학교 수준의 독서 능력을 구비하고 있으며, 지리는 고사하고 역사에 관해 거의 모르고 있다. 이는 충격적인 사실이라며 겔브는 다음과 같이 말했다. "간단히 말해 이들은 제대로 교육받지 않았으며, 지구상에서 가장 막강한 민주주의의 수호자로서 적합하지 않습니다."[55]

중국, 인도, 브라질, 러시아 외에도 많은 국가들이 최근 부상하고 있다. 이는 세계화시대에 미국의 경쟁우위가 가만히 있어도 보장되는 것이 아니라는 사실을 암시한다. 미국의 경쟁우위를 당연한 현상으로 간주하면 안 된다. 프레스토비츠는 중국이 효과적인 산업정책을 운영하고 있지만 이것 이상으로 중요한 부분이 있다고 말했다. 미국이 고도로 훈련받은 산업인력을 양성하고, 학생들에게 과학 및 공학 분야를 교육하면서 그 분야에 관심을 갖도록 하거나 연구개발 노력을 높이는 전략이 없다는 사실이 보다 중요하다고 말했는데, 이는 올바른 지적이다.

수년 동안 미국은 시장 세력이 항상 자국에 유리한 방향으로 작동할 것이라고 가정했다. 이처럼 잘못된 가정에 근거하여 전략이 없는 것이 미국의 전략이라고 생각해왔다고 그는 말했다.[56] 따라서 의미 있는 변화를 초

래하기 위한 다양한 방법이 있을 수 있다. 여기서 몇몇 노력을 구체적으로 살펴볼 수 있을 것이다.[57]

1. 예를 들면 경기부양책과 은행의 구제금융 차원을 넘어서 미국은 저축을 통해 미국 연방재정이 보다 균형을 유지하도록 해야 한다. 여기서 미국은 국가적으로 높은 저축률을 유지했던 1945년 이후의 일본과 대한민국의 개발모델을 활용해야 한다.
2. 국내 기반구조, 연구개발, 고급인력, 그리고 첨단 및 공학 분야 학생들의 교육을 고려한 보다 많은 예산지원과 보다 방대한 개발계획이 요구된다.
3. 무역수지 적자를 줄이고 지구상 도처의 사건에서 받는 영향을 줄이고자 하는 경우 에너지 독립이 또한 중요한 의미가 있다. 미국의 일부 자동차회사가 파산한 최근 미국 의회는 연료 효율이 높은 자동차를 만들기 위한 자동화를 요구할 수 있는 절호의 기회를 맞이했다. 연료와 연구개발비를 대단히 많이 사용하는 미국 국방성은 새로운 연료와 관련해 해결안을 제공해줄 수 있는 독보적인 위치에 있다.
4. 분명히 미국은 중국 회사들이 누리는 수준의 제로금리 대부, 정부지원금, 세금감면에 대항해 경쟁할 수 없을 것이다. 그러나 중국과 여타 국가들이 사용하고 있는 것과 유사한 동기부여 방안과 세제혜택을 통해 미국에 대한 해외투자를 늘리는 등 미국의 경쟁자들에게서 교훈을 얻을 수 있을 것이다.

지구의 장기판

세부적인 노력 이외에 미국은 또한 거대한 지구의 장기판에서 중국에 대항하기 위한 방안을 강구해야 한다. 두 행정부에 걸쳐 미국은 이라크 문제에 온갖 노력을 기울였다. 이제 더 이상 머뭇거리고 있을 여유가 없다. 세계화로 인해 거의 순식간에 대서양에서 태평양으로 권력이동이 시작되었다. 〈이코노미스트〉의 편집장을 지낸 빌 에모트(Bill Emmott)에 따르면 아시아의 열강들이 동반 상승하고 있다고 한다. 경제통합으로 인해 도쿄에서 테헤란에 이르는 아시아 지역이 재화와 서비스 및 자본 측면에서 단일의 역동적인 시장이 되고 있다. 이처럼 거대한 지역에는 파키스탄과 인도, 인도와 중국, 중국과 일본 간에서 보듯이 갈등이 없지 않다. 그러나 아시아는 또한 21세기에 가장 극적인 경제발전을 이룰 것이다.[58] 분명히 말하지만 많은 사람들이 이처럼 생각하고 있다.

파키스탄의 대통령으로 재임 중이던 2003년 페르베즈 무샤라프(Pervez Musharraf)는 중국과의 양자관계를 공고히 하기 위해 중국을 방문했다. 자국에 대한 투자를 기대하며 중국의 기업가들에게 무샤라프는 다음과 같이 말했다. "과거는 유럽의 시대였습니다. 오늘날은 미국의 시대입니다. 미래는 아시아의 시대가 될 것입니다." 이와 같은 시대적 흐름의 선두 주자는 의심의 여지없이 중국이라며 그는 다음과 같이 첨언했다. "지난 20년 동안 중국이 거둔 경제적 기적은 파키스탄과 같은 개발도상국들에게 일종의 등대나 다름이 없습니다."[59]

인도와 일본

미국이 지구의 장기판에서 가장 먼저 강구해야 할 부분은 인도와의 관계를 보다 강화하는 일이다. 그 과정에서 미국은 인도가 미국과의 공식적인 동맹 체결을 꺼려한다는 사실을 염두에 두어야 한다.[60] 1장에서 논의했듯이 유럽연합 다음으로 인도의 가장 큰 교역상대국은 중국이다. 그러나 중국과의 경쟁이 심화되면서 최근 인도가 미국의 예비교섭에 보다 적극적인 반응을 보이고 있다.

중국과 인도는 우주에서 상호 경쟁하고 있다. 중국인이 세계를 산책한 2008년 9월 이후 1개월 뒤 인도는 지구궤도에 무인우주선을 쏘아 올렸다. 두 국가는 아프가니스탄에 경쟁적으로 투자하고 있다. 중국이 유정 프로젝트에 35억 달러를 투자한 직후인 2009년 8월 인도는 12억 달러의 투자를 약속했다. 2009년 2월에는 중국의 전함과 인도의 잠수함이 일촉즉발의 위기까지 갔다. 한편 중국은 과다르(Gwadar), 파키스탄, 스리랑카, 방글라데시에 자국의 핵잠수함 함대를 위한 해저시설 을 개발했다. 중국의 진주연전략(珍珠鏈戰略, 인도양에 있는 인도 주변 국가들을 경제적, 안보상 이유와 부상하고 있는 인도를 견제하기 위해 우방국으로 만들고자 하는 중국의 전략_옮긴이)에 대항해 인도는 몰디브에 해군기지 를 구축하고, 안다만 열도의 기지를 보강했다. 아프리카와 중국의 쌍방무역은 2000년 이후 10배 증가해, 2008년에 1007억 달러가 되었는데 아프리카와 인도의 무역은 같은 해 300억 달러였다.

2009년 가을, 중국은 2013~2014년의 심라협정(Simla accord) 당시 영국과 티베트가 동의한 맥마흔선(McMahon Line, 중국과 인도의 국경선)을 인정하지 않는다며 인도 동북부에 있는 아루나찰프라데시(Arunachal Pradesh) 주가 중국 영토라고 주장했다. 이와 같은 주장으로 인도와 중국 간의 긴장이 극에 달했다. 2009년 3월, 중국은 일부가 아루나찰프라데시 주에 배당될 예정이던 29억 달러에 달하는 아시아개발은행의 기반구조 개선 차관을 차단하려 했다. 또한 2009년의 선거 당시 인도 수상 싱(Singh)에게 아루나찰프라데시 주에서 유세하지 말라고 주장했으며, 그 해 11월에는 달라이 라마의 이 지역 방문을 반대한다는 공식 문서를 발송했다(인도 정부와 달라이 라마는 중국의 이와 같은 조치를 무시했다).

오바마 행정부는 이전의 행정부가 닦아 놓은 기반을 이용할 수 있는 입장이다. 냉전 기간의 대부분 미국과 인도는 긴장 상태를 유지했다. 2008년 부시 대통령 당시의 백악관은 양국 관계에서 새로운 전기를 마련해준 핵협상을 마무리 지었다. 새로운 협정으로 인해 30여 년에 걸친 인도와 미국의 핵물질 거래 동결이 해제되었으며, 인도의 민간 핵에너지 프로그램에 필요한 핵연료와 기술을 미국이 제공할 수 있게 되었다. 이는 전략적으로 미국에 바람직한 방향의 이동이라고 생각할 수 있으며 이와 같은 경향은 향후에도 지속되어야 한다. 이것이 중국의 세력 확장에 대한 인도의 우려를 완화할 수 있을 것이다. 또한 중국에 압력을 가함으로써 이것이 일본을 포함한 인도양 이외 지역 국가들과의 협조에 초석이 될 수도 있을 것이다.[61]

러시아

마찬가지로 중국의 도전에 대항하고자 한다면 미국은 소련과 협조해야 한다. 러시아 문제 전문가이자 닉슨센터 소장인 디미트리 시메스는 지금까지 미국은 소련 붕괴 이후의 러시아를 패배한 적군으로 취급하는 오류를 범했다고 말한다. 그는 미국 입장에서의 승리가 소련 입장에서 패배를 의미하는 것은 아니라고 경고한다. 미국과 러시아의 관계가 상당히 악화되었는데, 대체로 이는 소련 붕괴 이후 새로운 질서에서 러시아의 지도자들이 미국편이 되어야 한다는 미국의 오만한 태도 때문이다.[62] 이와 같은 사고방식에서는 근본 문제를 간과하고 있다. 즉 미국과 중국 간의 관계와 마찬가지로 미국과 러시아 역시 유럽과 아시아에서 영향력의 범주뿐만 아니라 주권과 같은 다양하고도 근본적인 사안과 관련해 상이한 이해관계를 갖고 있다는 사실을 간과하고 있다. 이런 차이는 전통적으로 러시아의 영향권에 있던 코소보를 부시 행정부가 '주권이 있는 독립국가'로 공식 인정하고, 나토의 국경을 동쪽으로 확대했으며, 폴란드와 체코에 미사일 방어체제를 설치하고자 함으로써 러시아를 격분케 했을 때 분명히 알 수 있었다.

중국 문제 전문가인 데이비드 샘보가 주장했듯이 미국은 자국에 대항해 유엔 안전보장이사회와 여타 기구를 종종 분열시키는 중국-러시아의 패권을 분쇄할 방안을 강구해야 한다.[63] 이것과 관련해서는 새로운 접근 방법이 요구된다. 대통령에 취임한 직후 오바마는 러시아와의 관계를 재설정할 것이라는 유명한 약속을 했다. 그러나 1990년대 당시 미국과 러시아의 관계를 특징지었던 일종의 화기애애한 대화로 간단히 되돌아갔는데, 이는 시대에 뒤처진 수법이다. 러시아의 현재 지도자들은 1990년 이후 10년에 걸친 미국과의 원만한 관계를 자신들이 무기력하여 서구에 교묘히 이용당한 부끄러운 기간이라고 생각하고 있다.[64] 미국 국무성 관리를 지낸 웨인 메리(E. Wayne Merry)는 단순한 관계 재설정의 차원을 넘어 '운영체제'를 전반적으로 바꿀 필요가 있다고 말한다.

미국은 러시아의 이익에 대한 의도적인 도전을 최소화해야 한다. 또한 나토의 확대나 조지아의 주권을 지지함으로써 러시아를 억누를 경우 러시아 또한 거의 즉각 반발할 것이라는 사실을 인지해야 한다. 러시아와 관련해 견지하고 있는 신자유주의적인 환상에서 깨어나야 한다. 이와 같은 환상은 이미 사실이 아니다. 중국을 길들이고자 노력하지 않을 것임과 마찬가지로 소련에 대해서도 그렇게 하지 않을 것이라는 사실을 인정해야 한다. 마지막으로 아프가니스탄에서의 상호협조와 중앙아시아에서의 러시아의 패권 인정과 관련해 말하면, 이는 주고받는 성격의 것임을 인지해야 한다.[65]

디미트리 시메스는 미국과 러시아의 관계는 "비확산과 테러에 관해 미국이 러시아에 협조를 구하는 한편, 러시아의 시각을 경멸어린 표정으로 무시하는"[66] 두 개의 평행선을 달릴 수 없다고 말하고 있다. 미국의 이익을 위해 어느 길을 택해야 할 것인지는 분명하다. 이처럼 분명한 길을 선택할 때만이 미국의 대중국 정책에 소련이 보다 많이 협조할 것이다.

체제 개혁

빌 에모트, 파리드 자카리아(Fareed Zakaria), 민신 페이(Minxin Pei)가 말했듯이 국제관계의 구조적 수준에서 시급한 또 다른 문제는 국제사회의 제도 개혁이다. 이와 같은 과정을 미국이 선도할 필요가 있다.

1945년에 했던 것처럼 미국은 국제사회의 구조개혁을 서둘러야 한다. 당시와 이번의 차이는 애처로울 정도로 시대에 뒤처진 부분을 개조하는 데 역점을 두어야 한다는 사실이다. 자카리아가 지적하듯이 유엔안전보장이사회는 제2차 세계대전의 승전국들이 주도해왔다. G8에는 오늘날 가장 급속히 발전하고 있는 3개 경제대국이 배제되어 있다. 국제통화기금은 항상 유럽이 그리고 세계은행은 항상 미국이 운영해왔다.[67]

미국은 중국뿐만 아니라 인도, 브라질, 일본, 러시아가 미국에 매우 중요한 의미가 있는 국가라는 사실을 인지해야 한다. G8, 유엔개발계획, 유엔무역개발협의회와 같은 몇몇 조직을 "바로잡거나 개혁해야 한다."[68] 그렇게 하면 미국을 시대에 뒤처진 서구 우위 콤플렉스에 빠져 완고하게 기득권을 주장하는 국가로 보고 있는 비서구 국가 내부의 불만을 일부 해소할 수 있을 것이다. 미국은 개혁 촉구에 단순 반응하는 것이 아니고 이들 개혁을 선도해야 한다. G8는 간단히 사라질 수 있다. 세계적 세력 판도의 변화를 반영하여 유엔안전보장이사회 상임이사국을 확대 개편해야 한다. 일본, 독일, 남아프리카공화국과 더불어 인도와 브라질을 여기에 포함해야 한다. 이런 노력을 통해 미국은 단순 반응하는 것이 아니고 구조개혁 담론을 선도하는 것으로 비쳐질 것이며, 개발도상국들의 시장과 공감할 수 있는 기회를 갖게 될 것이다.

미국인들은 세계화의 서막을 열었다. 이제 다음 단계로 세계화의 이야기에서 필수적인 부분으로 자신의 위상을 유지하기 위해 노력해야 할 것이다. 조지프 나이가 말했듯이 정코화시대에는 세력의 본질이 변했다. 승리란 단순한 군사적 성격이 아니며, 누구의 이야기가 상황을 주도하는지에 관한 것이기도 하다.[69]

중국이 가장 두려워하는 부분: 미국의 개념

중국 정부의 홍보수석인 리장춘은 21세기의 글로벌 정보공간이 개념과 영향력을 놓고 벌어지는 전략적인 투쟁의 주요 전장이 되었다고 주장했다. 정보화시대의 상호 대립되는 서구사회와 중국의 이야기로 인해 이 책을 시작하도록 만든 일화와 리장춘의 주장으로 되돌아가보자. 이 책 전반에 걸쳐 주장했듯이 지구적 차원의 정보공간은 중국이 팍스아메리카나에 전략적으로 가장 심각하게 도전하고 있는 부분이다. 그러나 이는 또한 미국이 중국에 가장 심각하게 도전하고 있는 부분이기도 하다.

2009년 6월 4일, 오바마 대통령은 카이로에서 연설을 했다. 이슬람세계에 대한 주요 연설을 할 것이라는 대통령 선거유세 당시의 약속을 지킨 것이다. 오바마의 연설로 인해 미국은 미국을 포함한 서구사회에서 심각하게 소외되어 있던 인류 20퍼센트에 달하는 이슬람 문화권에 다시금 소개되었다. 오바마의 연설은 국가와 시민 간의 거래의 기저와 서구사회 모델에 관한 신념의 기저를 이루고 있는 기본 원칙을 요약하고 있었다. 이 원칙은 부시 대통령 퇴임 이후의 미국의 성찰(省察)로 인해 어느 정도 가다듬어져 있었다.

> 미국은 모든 사람에게 가장 좋은 부분을 알고 있다고 가정하지 않습니다. (…) 그러나 저는 모든 인간은 다음과 같은 사항을 열망하고 있다고 굳게 믿고 있습니다. 자신의 신념을 표출할 수 있는 능력, 위정자의 통치 방식과 관련해 한마디 할 수 있는 능력, 법의 지배와 공정한 사법(私法, 공법에 대비되는 법의 한 영역_옮긴이)에 관한 확신, 투명한 정부, 국민의 것을 갈취하지 않는 정부, 원하는 대로 생활할 수 있는 자유 (…) 이와 같은 것을 달성하기 위한 첩경은 없습니다. 그러나 다음은 분명한 사실입니다. 이러한 권리를 보호해주는 정부가 결과적으로 보다 안정적이고 성공적이며 안전합니다. 어떤 개념을 억압한다고 그 개념이 사라지는 것은 아닙니다.[70]

이와 같은 간략한 발언을 통해 오바마는 20세기 당시 미국의 부상을 이끌어준 원칙들을 요약했다. 이 원칙들은 평화를 사랑하고 상대방의 관점을 존중하며 타협한다는 가정 아래 언론, 신념, 집회의 권리와 정치적 표현의 권리를 보장하기 위한 정부와 국민 간의 동의에 근거한 기본 합의로 볼 수 있었다. 이들은 또한 미국이 사용할 수 있는 강력한 정치적 무기인 반면 중국이 매우 두려워하는 부분이다.

이란 대통령 선거 이후의 폭력 행위는 이 모든 것을 보여주었다. 불안했던 처음 한 주간의 심사숙고 이후 오바마는 신중한 어조에서 탈피해 마틴 루터 킹(Martin Luther King Jr.) 박사가 말한 정의(正義)라는 용어를 이용하여 다음과 같이 말했다. "도덕적 세계의 호(弧)는 매우 길지만 결국 정의를 향해 굽어집니다."[71] 테헤란 거리의 시위대가 오바마의 말에 감명을 받았던 반면 중국의 지도자들은 가쁜 숨을 내쉬며 비굴한 표정을 지었다. 이들은 마무드 아마디네자드(Mahmoud Ahmadinejad)를 '이란 국민이 선택한 지도자'[72]로 지지해야 한다고 선언했다. 중국의 지도자들은 경제적 충격을 관리하는 방법을 터득했다. 마찬가지로 타이완해협을 놓고 오갔던 호전적인 발언을 타이완 지도자들과의 동반자관계 구축을 통해 관리할 수 있었다. 이런 충격과 문제 이상으로 이런 개념들은 중국의 지도자들이 가장 두려워하는 부분이다. 그것은 또한 미국의 산물이기도 하다. 향후 해야 할 일은 이런 개념들이 제3세계를 이탈하는 국가들에게 매력적으로 여겨지도록 만드는 일이다.

공자 대 토머스 제퍼슨: 마지막 생각

일본이 1930년대에 만주에서 선을 보였고 그 후 대한민국, 일본, 싱가포르가 갈고 닦은 아시아 모델에 근거하여 중국은 서구사회 개념의 중심을 이루고 있는 사회계약 원칙에 도전하는 형태의 거버넌스 원칙들을 수용했다. 중국공산당은 또한 공자의 문화에 기반을 두고 있으며, 수세대 동안 사회에 관한 자연적 질서를 반영하고 있다고 생각되어온 공식을 수용했다. 서구 분석가들은 이와 같은 사실을 무시하곤 했다. 많은 미국 사람들이 시민의 권리, '충직한 저항', 신념, 표현, 집회의 자유 등 서구의 개념이라고 소개할 수 있는 기본 골격을 중국의 사상에서 찾고자 노력했다. 그러나 그것을 발견하기는 결코 쉽지 않을 것이다.

서구의 통치자들에게는 국민들이 공공장소에서 정치적 표현, 집회 및 토론을 할 자유를 보장해줄 책임이 있었고, 국민들에게는 그런 권리를 행사할 의무가 있었다. 공자의 사회에서는 정확히 반대되는 현상이 일반적이었다. 거기서는 통치자에게 국민들을 보호하고 지원할 책임이 있었다면 국민들에게는 통치자에게 충성할 의무가 있었다.[73]

따라서 오늘날의 지구상에는 국제적인 문제와 관련해 엄청난 영향력이 있으며 세계경제의 근간을 이루고 있지만 서로 다른 가치관과 우선순위에 입각해 유엔, 국제통화기금, 개발도상국들과 같은 다양한 영역으로 자신의 가치관을 투사하고 '자신의 이야기가 승리할 수 있도록' 노력하고 있는 두 가지 정치체제가 있다. 이 대립하는 두 체제 간의 군사적 대재앙 또는 경제적 대결에 관한 인기 있는 풍자극은 장기적으로는 위협이 아니다. 대신 1945년 이후 서구의 우위를 상징해온 구조나 개념이 간단하고 조용히 타당성을 상실하고 있는데, 눈에 잘 뜨이지 않지만 이는 심각한 위협이다. 그리고 더 위험한 부분은 그 과정에서 미국의 적들이 사용하는 주요 무기가 미국이 만든 자본주의와 세계 시장이라는 사실일 것이다.

최근의 금융위기 이후 월가와 관련해 런던에서 떠돌던 농담이 있다. 1989년에는 자본주의가 중국을 구했다면 2009년에는 중국이 자본주의를 구했다는 말이다. 이 책에서 주장하고 있듯이 1989년부터 2009년의 기간 중국은 군사력 또는 외환보유고 때문이 아니고 개발경제학의 세계적 이동의 기폭제로서 미국에 심각한 도전을 제기할 정도로 성장했다. 한편 오늘날의 개발경제학은 시장 민주주의 모델에서 탈피해 서구 민주주의 가치관과 규범이 없이도 성장 가능한 새로운 유형의 자본주의를 겨냥해 이동하고 있다. 이와 같은 난관에 대처할 대전략은 없다.

미국은 이와 같은 도전의 실체를 심층 분석해야 한다. 주요 국가들과의 세력 연합과 제휴를 통해서만 중국의 행동에 영향을 줄 수 있을 것이다. 중국공산당을 겨냥해 미국은 국제사회의 비난에 대한 두려움과 국제사회에서 소외되는 현상에 대한 혐오감을 집단 차원에서 이용할 수 있을 것이다. 그런데 이는 다자적 동반관계를 구축할 수 있는 서구사회의 능력에 달려 있다.

전통적인 방식으로 군사력과 경제력의 규모를 비교 측정해보면 미국은 여전히 세계 1위다. 그러나 조지프 나이가 말했듯이 지금부터는 세계 1위의 의미가 "과거와 같지 않을 것이다."[74]

이는 미중관계가 정상적이라는 통념을 수용하는 경우 특히 사실일 것이다. 미중관계는 정상적이지 않다. 오늘날에는 세계경제의 발전으로 민주적 다원주의가 다양한 형태의 독재정부에 대항해 싸우는 형국이 되었다.

이와 같은 시대에 오바마 행정부가 중국의 경제발전 모델의 매력과 전략적 의미를 전혀 모르는 듯 보이는 이유에 대해 의문을 제기할 수 있을 것이다. 중국과의 통상 및 교역 관리와 군사적 균형 관리라는 단기적인 문제로 인해, 개념을 놓고 벌어질 다가올 전투를 관리한다는 중기적인 문제가 애매해졌다. 중국의 경제발전 모델이 보다 많은 국가에 호소력이 있다는 사실로 인해 서구사회가 위축되고 있다. 또한 정부와 사회에 관한 서구의 개념이 점차 매력을 상실하고 있다.

어떠한 발전상보다도 이것이 21세기에 미국인과 서구인들의 삶의 질에 보다 큰 영향을 줄 것이다. 브렌트 스코크로프트는 세계가 더 이상 미국의 주도대로 움직이지는 않지만 미국의 리더십 없이는 "많은 것을 달성할 수 없다"라고 말한다. 이는 결코 형식적인 말이 아니다. 미국이 서구적 가치관의 우위를 천명하고 유지하기 위해 세계적인 투쟁을 전개해야 한다는 사실을 오바마 행정부뿐만 아니라 이후의 행정부는 강력하고도 거부할 수 없는 명령으로 간주해야 할 것이다.

감사의 글

미묘한 미중관계와 중국에 대한 나의 관심을 자극한 사람은 여기서 일일이 거론할 수 없을 정도로 많다. 내가 닉슨 대통령의 젊은 참모로 백악관에서 근무할 당시 닉슨–키신저 팀은 마오쩌둥 휘하의 중국과 관계를 시작했다. 이것을 보며 미국인들이 엄청난 충격을 받았다. 몇 년 뒤 뉴욕과 영국의 케임브리지에서 키신저 국무장관이, 그리고 키신저와 중국을 방문했던 미국 국가안보보좌관인 로버트 맥팔레인(Robert McFarlande) 공군대령이 미중관계의 실상에 관해 많은 것을 알려주었다. 맥팔레인은 인민대회당 지하에서 아무르 강을 사이에 두고 중국과 대적했던 소련군 사단들의 부대 규모, 무장 및 능력에 관한 상세 사항을 포함한 특급비밀과 관련해 중국 측과 논의했다. 이를 근거로 새로운 미중관계가 정립되었다. 호의와 예리한 통찰력 그리고 중국의 부상과 이것이 미국에 주는 의미에 관한 균형 잡힌 시각과 관련해 키신저 박사와 맥팔레인에게 감사드린다.

미중관계라는 어려운 주제에 관해 책을 저술했으며 나의 친구이기도 한 제임스 릴리 대사에게 특별한 감사를 드린다. 중국의 미묘한 부분, 중국인의 의식구조와 관련해 릴리만큼 잘 알고 있는 사람을 오늘날 워싱턴에서는 찾기 쉽지 않다.

책의 집필을 격려하고, 오늘날 중국의 불가사의한 부분과 그것이 세계문제에 끼치는 영향과 관련해 많은 시간 토의해준 퇴역 미국 공군대장이자 국가안보보좌관을 지낸 브렌트 스코크로프트, 영국 비밀정보국 MI-6의 국장을 지냈으며 케임브리지 대학교 펨브룩 칼리지 학장인 리처드 디어러브, 국가안보보좌관을 지낸 리처드 앨런, 영국 우스터셔 주의 피터 로저스, 미국 국무성 차관을 지낸 윌리엄 슈나이더, 조지 카버 박사, 미국 국방부장관을 지낸 제임스 슐레진저, 미국 퇴역 해군대장 제임스 스타크, 미국 세계정치대학 경제학 교수인 노먼 베일리, 러시아 문제 전문가이자 닉슨센터 소장인 디미트리 시메스, 닉슨센터의 중국 문제 전문가인 드루 톰슨, 제리 리치, 조지 조페 교수, 영국 왕립국방학교의 제임스 메이올, 예일 대학교 출판부의 윌리엄 프룩트, 퇴역 미국 해군대장 로널드 크리스텐슨, 로버트 코스타, 데이브 키네, 작고한 피터 로드먼, 중국 대사인 리우 샤오밍, 션 케네디, 이탈리아 대사관의 마시모 암브로세티, 미국 외교정책위원회의 위원장인 허먼 펄시너, 케임브리지 대학교의 암리타 날리카 박사, 국제통상 전문가인 클라이드 프레스토비츠, 미국 해군장관을 지낸 존 레먼, 미국 국방성에서 미국의 국방개혁을 선도하는 앤드루 마셜에게 감사를 드린다.

또한 뉴 아메리카 재단의 스티븐 클레먼스, 윈스턴 로드 대사, 미국기업연구소의 니콜라스 에버스타트, 조지워싱턴 대학교의 해리 하딩 교수, 에드워드 팀펄레이크, 버드 콜, 미국평화연구소 소장 리처드 솔로몬, 스티븐

크레머, 공화국위원회(The Committee for the Republic)의 존 헨리, 대서양위원회(The Atlantic Council)의 할란 울먼 박사에게 감사를 드린다. 또한 골드먼삭스 고문이자 중국 칭화대 겸임 교수인 조슈아 라모가 1990년대에 개념화한 '베이징 컨센서스'라는 용어의 어원을 추적하는 과정에서 도움을 준 케임브리지 대학교의 동료인 올라프 코리 박사에게 감사를 드린다.

워싱턴 주재 중국 대사관의 참사관인 루안과 부대사인 시에를 포함한 임직원, 중국 외무부장관, 중국 국방대학교 소속의 해군제독 예, 중국 군사과학원의 임직원들에게 특별한 감사를 드린다.

수년 동안 친구로 지내온 커틴 윈저는 매번 격려를 아끼지 않았다. 윈저, 기부재단의 요원들, 케임브리지 대학교 대서양연구프로그램의 도움이 없었더라면 이 책의 저술은 불가능했을 것이다. 케임브리지 대학교 모들린 칼리지의 학장과 동료 교수들은 새로운 중국에 관해 어느 정도 균형 감각을 유지한 상태에서 학문적으로 심취할 수 있도록 해주었다. 케임브리지 대학교 석좌교수들과의 놀라울 정도로 재미있는가 하면 종종 도전적이던 식사 도중의 대화는 나의 케임브리지 생활에서 가장 중요한 부분이었다. 모두에게 감사를 드린다. 케임브리지 대학교의 태럭 바카위 박사, 케이토 연구소의 테드 갤런, 케임브리지 대학교의 필립 토울 박사, 워싱턴 타임스의 벤 티레, 아메리칸 스펙테이터의 앨 레그너리, 베이식 북스(Basic Books)의 편집장인 팀 설리번, 그리고 로버트 딘은 이 책의 초고를 수차례 읽고는 귀중한 조언을 해주었다.

무엇보다도 조엘 로저스 박사에게 심심한 감사를 표한다. 로저스 박사의 놀라운 연구, 분석, 저술 그리고 지혜로운 조언이 없었더라면 이 책의 저술은 불가능했을 것이다.

주

들어가며

1 Jane Macartney, "World Agenda: Tentative Steps Towards a New Beginning for US–China Relations," *Times* (London), February 19, 2009.
2 "Clinton Urges Stronger China Ties," *BBC News*, February 21, 2009.
3 "China, US Pledge Cooperation to Tackle Global Challenges," *China Fadio* 86, January 14, 2009.
4 이 개념은 조엘 로저스와 함께 개발하였다.
5 Edmund Conway, "WEF 2009: China Warns over Protectionism," *Daily Telegraph*, January 29, 2009.
6 David Charter, Rory Watson, and Philip Webster, "President Obama to Water Down 'Buy American' Plan After EU Trade War Threat," *Times* (London), February 4, 2009.
7 Reuters, "Global Crisis Brings Threat of Protectionism," March 27, 2009.
8 Keith Bradsher, "As China Stirs Economy, Some See Protectionism," *International Herald Tribune*, June 23, 2009.
9 Guy Dinmore and Marco Pasqua, "G20 Communiqué Steers Clear of Protectionism," *Financial Times*, March 29, 2009.
10 Charlemagne, "The Left's Resignation Note," *Economist*, December 11, 2008; Anthony Faiola and Ariana Eunjung Cha, "Downturn Choking Global Commerce; Chinese Exports Fall Furthest in 7 Years," *Washington Post*, December 11, 2008.

11 Willy Lam, "Beijing's Glorification of the China Model Could Blunt Its Enthusiasm for Reforms," *China Brief* (published by Jamestown Foundation, Washington, DC), July 11, 2008.
12 Ibid.
13 David Frum, "The Coming Chinese Slowdown," *National Post* (Toronto), August 9, 2008; Reuters, "End of the Chinese Miracle?" July 23, 2008.
14 "China Tops World with 80% Foreign Trade Dependence: Expert," *People's Daily Online*, September 12, 2005.
15 "Economist: China to Post 8% GDP Growth This Year," *China Daily*, February 22, 2009.
16 "Chinese Imports to Get Forex Fund Boost," *China Daily*, February 19, 2009.
17 Jason Subler, "China Protests Shift with Economic Growth," *Reuters*, June 4, 2009.
18 "Suspended Animation: The New Middle Classes in Emerging Markets," *Economist*, February 12, 2009.
19 Simon Romero and Alexei Barrionuevo, "Deals Help China Expand Sway in Latin America," *New York Times*, April 15, 2009.
20 Kishore Mahbubani, "Lessons for the West from Asian Capitalism," *Financial Times*, March 18, 2009.

CHAPTER 01 중국과 세계적인 권력이동

1 450억 위안은 선언 당시 대략 68억 달러에 해당하였다. "Beijing in 45B Yuan Global Media Drive," *South China Morning Post*, January 12, 2009.
2 "Big Offers for English Speakers in Media Jobs," *South China Morning Post*, January 11, 2009.
3 Willy Lam, "Chinese State Media Goes Global: A Great Leap Outward for Chinese Soft Power?" *China Brief* (Jamestown Foundation)9, no.2 (Jauary 22, 2009). 또한 다음을 참조하시오. Willy Lam, "Beijing's Glorification of the China Model Could Blunt Its Enthusiasm for Reforms," *China Brief* (Jamestown Foundation) 8, no. 21 (November 18, 2008)(where in the Chinese newspaper articles from *People's Daily*, October 17, 2008; *Xinhua*, September 8, 2008 and Xinhua, December 28, 2008, are cited).
4 Lam, "Chinese State Media Goes Global"; Lam, "Beijing's Glorification"; People's Daily, October 17, 2008; *Xinhua*, September 8, 2008; *Xinhua*, December 28, 2008; Timothy Garton Ash, "China, Russia and the New World Disorder: Is Authoritarian Capitalism a Stable, Durable Model? That Is Among the Greatest Questions of Our Time," *Los Angeles Times*, September 11, 2008.
5 Li Chang-Chun, interview by author, Cambridge University, December 2008; see also

Peter Ford, "Beijing Launching a 'Chinese CNN' to Burnish image Abroad," *Christian Science Monitor*, February 5, 2009.

6 U.S. Department of Defense, "Annual Report to Congress: Military Power of the People's Republic of China, 2009," Office of the Secretary of Defense, March 2009, 1, www.defenselink.mil/pubs/pdfs/ China_Military_ Power_Report_2009.pdf.

7 Ibid., vii, 1, 31, 35.

8 Andrew Ericson and Michael Chase, "Information Technology and China's Naval Modernization," *Joint Force Quarterly* (3rd quarter 2008):25.

9 U.S. Department of Defense, "Annual Report to Congress," vii, 33.

10 "Tracking GhostNet: Investigating a Cyber Espionage Network," *Information Warfare Monitor*, March 29, 2009, 5-6, 47.

11 Ibid., 11.

12 2008년 버지니아 주의 맥린(McLean)에 있는 정보 및 우주과학 관련 저명 국방 계약업체인 국제응용과학주식회사(The Science Applications International Corporation)의 컴퓨터가 매일 3500회 사이버 공격을 받았다. 이들 공격은 중국에 의한 것이었다(이곳의 중역을 역임한 사람과 저자의 2009년 7월 인터뷰. 인적사항 밝히지 않음).

13 "Tracking GhostNet," 11-12.

14 U.S. Department of Defense, "The Budget for Fiscal Year 2009," U.S. Department of Defense, 45,www.gpoaccess.gov/usbudget/fy09/pdf/ budget/defense.pdf.

15 2008년 중국 국방대학교에서 양리와 저자의 인터뷰임. 양리는 국방대학교 총장이다.

16 Shirk, *China: Fragile Superpower* (New York: Oxford University Press, 2008), 194.

17 David Sanger, *The Inheritance: The World Obama Confronts and the Challenges to American Power*(New York: Harmony, 2009), 379.

18 "U.S., Chinese Military Officials to Meet Next Week," *Reuters*, June 19, 2009.

19 Robert Kaplan, "Indian Ocean Rivalry," *Foreign Affairs Quarterly*, March-April 2009.

20 2009년 10월 14일부터 29일까지 아루나찰프라데시, 잠무, 카시미르 주 그리고 달라이 라마의 방문에 관해 힌두 및 데칸 연대기에 게재된 다수의 글을 참조하시오. 또한 다음을 참조하시오. Edward Wong, "China and India Dispute Enclave on Edge of Tibet," *New York Times*, September 4, 2009.

21 "Mainland Endures Position as Taiwan's Largest Trading Partner," *People's Daily Online*, March 3, 2008.

22 Brent Scowcroft, interview by author, Washington, DC, April 11, 2008.

23 Shirk, *China: Fragile Superpower*, 211.

24 People's Republic of China Embassy in the United States of America, "Joint Communique of the People's Republic of China and the United States of America," August 17, 1982, www.china-embassy.org/eng/ zmgx/zywj/t3658.htm.

25 Shih-chung Liw, "U.S. Inauguration Inspires, Worries Taiwan," report, Brookings Institution, Washington, DC, February 24, 2009.

26 People's Republic of China Information Office of the State Council, "China's National Defense in 2008," January 2009, Beijing, quoted in "White Lies: Defence White Paper in China," *Economist*, January 22, 2009.
27 Will Hutton, *The Writing on the Wall: China and the West in the 21st Century* (New York: Little Brown, 2007), 22; John Wiedemer, Robert Wiedemer, Chindy Spitzer, and Eric Janszen, *America's Bubble Economy: Profit When It Pops* (New York: Wiley, 2006), 48–49.
28 Shirk, *China: Fragile Superpower*, 27.
29 Owen F. Humpage and Michael Shenk, "Chinese Inflation and the Renminbi" *Journal of the Federal Reserve Bank of Cleveland*, February 7, 2008.
30 Ibid.
31 Peter Foster, "Chinese Premier Wen Jiabao Worried About US Debt," *Daily Telegraph*, March 13, 2009.
32 Zhou Xiaochuan, "Reform the International Monetary System," March 23, 2009, People's Bank of China, Speeches Web page, www.pbc.gov.cn/english/detail.asp?col=6500&id=178.
33 Brad Setser, "The PBoC's Call for a New Global Currency, the SDR, the US and the IMF," editorial blog, March 29, 2009, Council on Foreign Relations blog archive, http://blogs.cfr.org/setser/2009/03/29/ the-pbocs-call-for-a-new-global-currency-the-sdr-the-us-and-the-imf/.
34 Barrett Sheridan, "The Short, Wondrous Life of the International Reserve Currency," *Newsweek*, March 30, 2009.
35 Arvind Subramanian, "Is China Having It Both Ways?" *Wall Street Journal*, March 25, 2009.
36 Sheridan, "The Short, Wondrous Life."
37 James Mayall, interview by author and Joel Rogers, Sydney Sussex College, Cambridge, April 23, 2008.
38 Richard Spencer, "Hillary Clinton: Chinese Human Rights Secondary to Economic Survival," *Daily Telegraph*, February 21, 2009.
39 Jayshree Bajoria, "Cooperating with China," Council on Foreign Relations, *Daily Analysis*, February 20, 2009.
40 U.S. Congress, "Testimony of Clyde Prestowitz Before the 2005 Report to Congress of the U.S.–China Economic and Security Review Commission," 109th Congress, 1st sess., November 2005, Law Library Archives, U.S. Library of Congress, Washington, DC.
41 Naazneen Barma, Ely Ratner, and Steven Weber, "A World Without the West," *The National Interest 90* (July–August 2007).
42 Kishore Mahbubani, "Lessons for the West from Asian Capitalism," *Financial Times*, March 18, 2009; see also Barma, Ratner, and Weber, "A World Without the West."

43 U.S. Congress, "Testimony of Clyde Prestowitz," 229; Zakki P. Hakim, "China, ASEAN to Begin FTA Despite Business Anxieties," *Jakarta Post*, July 18, 2005.
44 Michael Hudson, "Washington Is Unable to Call All the Shots," *Financial Times*, June 15, 2009.
45 Dmitry Medvedev, address to St. Petersburg International Economic Forum's Plenary Session, St. Petersburg, June 5, 2009, www. cdi.org/russia/johnson/2009−106−8.cfm.
46 Ibid.
47 Fareed Zakaria, "The Rise of the Rest," *Newsweek*, May 12, 2008.
48 Goldman Sachs Economic Research Group, "BRICs and Beyond," July 2007, 153, available at www2.goldmansachs.com/ideas/brics/ BRICs−and−Beyond.html.
49 Barma, Ratner and Weber, "A World Without the West."
50 Ely Ratner, "A World Without the West," *TPM Café*, June 25, 2007.
51 Rowan Callick, "The China Model," *The American*, November/December 2007.
52 Peter Rogers, unpublished typescript in correspondence with Joel Rogers, Cambridge, Semtember 2008.
53 Daniel Altman, "With Interest: 'China Model' Is Tough to Copy," *International Herald Tribune*, July 30, 2005.
54 Chun−chieh Huang and John B. Henderson, eds., *Notions of Time in Chinese Historical Thinking* (Hong Kong: Hong Kong Chinese University Press, 2006), 223.
55 Francis Fukuyama, "The Fall of America, Inc.; Along with Some of Wall Street's Most Storied Firms, a Certain Vision of Capitalism Has Collapsed. How We Restore Faith in Our Brand," *Newsweek*, October 4, 2008.
56 Joseph Nye, "Barack Obama and Soft Power," Huffington Post, June 12, 2008; Joseph Nye, *Soft Power: The Means to Success in World Politics* (New York: Public Affairs, 2004), 5−6.
57 Yoosum Koh, "The Sources and Character of American Power in the American System," paper delivered at the Centre of International Studies, Cambridge, 2008.
58 Zakaria, "The Rise of the Rest."
59 Fukuyama, "The Fall of America, Inc."
60 "When Fortune Frowned," *Economist*, October 9, 2008.
61 Peter Goodman, "Lessons the Teacher Forgot," *New York Times*, May 16, 2009.
62 Michael Elliott, "Shifting on Its Pivot," *Time*, June 17, 2009.
63 Michelle Bachelet, "Ending the Washington Consensus," *Newsweek*, April 25, 2009.
64 Hilton Root, *The Alliance Curse: How America Lost the Third World* (Washington,DC: Brookings Institution Press, 2008).
65 Ibid., 10−11.
66 Ibid., 8−9.
67 "Ahmadinejad: 9·11 Suspect Event," *BBC News*, April 16, 2008; Anna Langenbach,

Lars Olberg, and Jean DuPreez, "The New IAEA Resolution: A Milestone in the Iran—IAEA Saga," editorial, Center for Nonproliferation Studies, November 2005; Matthew Lee, "China Blocks New Iran Sanctions Talk," Associated Press, October 16, 2008; Shirley Kan, "China and Proliferation of Weapons of Mass Destrucion and Missiles: Policy Issues," Congressional Research Service, January 7, 2009; Jashua Gleis, "Chinese, Russian Stall Tactics on Iran," *Boston Globe*, August 9, 2008; James Phillips and Peter Brookes, "Iran's Friends Fend Off Action at the U.N. Security Council: Here's Why," *Heritage Foundation Lectures* 1071(May 11, 2006).

68 For the China effect in Angola, see Indira Campos and Alex Vines, "Angola and China: A Pragmatic Partnership," paper presented at the conference for the Center for Strategic and International Studies (CSIS), Prospects for Improving U.S.—China—Africa Cooperation, Chatham House, London, March 2008; "All the Presidents' Men," *Global Witness Report*, March 2002; Ian Taylor, "China and Africa: The Real Barriers to Win—Win," *Foreign Policy in Focus*, March 9, 2007; UN Office for the Coordination of Humanitarian Affairs, "Angola: China Entrenches Position in Booming Economy," report, April 17, 2006, www.irinnews.org/report.aspx?reportid=58756. For Cambodia, see Yan Xuetong, quoted in Paul Marks, "China's Cambodia Strategy," *Parameters Journal 30* (2000): 94. For Burma, see "No Progress in Burma, Says Group," BBC News, September 26, 2008; Mathea Palco, *Burma: Time for Change* (Washington, DC: Brookings Institution, 2004), 11; "China Grants Loan, Debt Relief to Burma," *VOA News*, November 24, 2006; Daniel Byman and Roger Cliff, *China's Arms Sales: Motivations and Implications*(Santa Monica, CA: Rand Corporation, 1999), 19—21; Myanmar Central Statistics Organization, Ministry of National Planning and Economic Development, "Foreign Investment of Permitted Enterprises by Country of Origin," www.csostat.gov.mm/S25MA0202.asp.

69 Charlene Barshefsky and James T. Hill, chairs, "US—Latin America Relations a New Direction for a New Reality," Task Force report no. 60, Council on Foreign Relations, May 2008, 9; Richard Lapper, "U.S.—Venezuelan Relations: Preparing for Another Term with Chavez," editorial, Council on Foreign Relations December 1, 2006; "Chavez: China to Become Top Oil Client," *South Atlantic News Agency*, March 26, 2006.

70 C.J. Chivers, "China Backs Uzbek, Splitting with U.S. on Crackdown," *New York Times*, May 25, 2005; Lionel Beehner, "Severing of U.S.—Uzbek Ties Over Counterterrorism," editorial, Council on Foreign Relations, September 30, 2005; Ariel Cohen, "The Dragon Looks West: China and the Shanghai Cooperation Organization," *Heritage Foundation Lectures 961*(August 3, 2006).

71 "China Still Striving for 'Market Economy' Status from EU," *Electric Commerce News*, May 22, 2009; "China Still Striving for Market Economy Status from EU," *China View*,

May 21, 2009.
72 Chris Alden, Dan Large, and Ricardo Soares de Oliveira, "China Returns to Africa: Anatomy of an Expansive Engagement," *Real Instituto Elcano*, December 11, 2008.
73 Nicholas D. Kristof, "Rebranding the U.S. with Obama," *New York Times*, October 22, 2008.
74 "Obama Poised to Rebrand America, Experts Say," *CNN.com*, November 20, 2008.
75 Australia did suffer some minor bombing and naval bombardment during World War Ⅱ.
76 Bernard Kouchner, quoted in Michael Elliott, "America: The Lost Leader," *Time*, October 23, 2008.
77 U.S. National Intelligence Council, "Global Trends 2025: A Transformed World," United States National Intelligence Council, November 2008, vi–xii, www.dni.gov/nic/NIC_2025_project.html; Clyde Prestowitz, *Three Billion New Capitalists: The Great Shift of Wealth and Power to the East* (New York: Basic Books, 2005), 20–21.
78 "Rising in the East," *Economist*, December 30, 2008.
79 Ibid.; Organization for Economic Cooperation and Development, "Science, Technology and Industry Outlook 2008," executive summary, Organisation for Economic Co-operation and Development, Paris, 2008, 1–5.
80 Kelly M. Teal, "Report: Internet Traffic Flows Beyond U.S. Shores: Change Part of Web's Natural Evolution, Analysts Say," *VON.com*, December 12, 2008.
81 Bobbie Johnson, "US Role as Internet Hub Starts to Slip: An Internet Traffic Boom in Africa and Asia has Reduced US Dominance over Web Capacity," *Guardian*, December 8, 2008.
82 James Mann, *The Chinese Fantasy : How Aour Leaders Explain Away Chinese Repression* (New York, Viking, 2007), 24
83 Wayne M. Morrison, "Chinese's Economic Condition," Congressional Research Service, March 5, 2009; 2.
84 Naaznteen Barma, Fly Ratner, and Steven Weber, "Chinese Ways," *Foreign Affairs*, May–June 2008.
85 Letter C. Thurow, *The Future of Capitalism: How Today's Economic Forces Shape Tomorrow's World* (New York: Penguin, 1997), 1–10.

CHAPTER 02 워싱턴 컨센서스의 부상과 몰락

1 Todd G. Buchholz, *New Ideas from Dead Economists: An Introduction to Modern Economic Thought* (New York: Plume, 1999), 207; Robert Reich, "John Maynard Keynes," *Time*, March 29,1999.
2 Donald Edward Moggridge, *An Economist's Biography* (New York : Routledge, 1995), 214.

3 John Maynard Keynes, *The Economic Consequences of the Peace* (Whitefish, MT : Kessinger, 2005).
4 미국과 영국의 지도를 받고 있는 브레턴우즈 체제로 인해 2개의 국제 금융기관이 설립되었다. 이들 중 첫째는 국제부흥개발은행(나중에 세계은행으로 개칭)이다. 이곳의 임무는 국가 경제개발을 위한 차관을 제공해주는 것이다. 두 번째는 1930년대 당시에 볼 수 있었던 경쟁적인 화폐의 평가절하를 막기 위해 창설된 국제금융기금(IMF)이다. 개개 국가의 화폐가치가 미국의 달러와 그리고 달러가 금과 연동되어 있다는 점에서 국가들이 화폐가치를 평가 절하함에 따라 무역이 지장을 받았으며 금융체제가 악화되었다.
5 Roger Backhouse, *A History of Economics* (New York : Penguin, 2002), 302.
6 Dudley Dillard, *The Economics of John Maynard Keynes: The Theory of a Monetary Economy* (Whitefish, MT: Kessinger,2005), 310−312.
7 Backhouse, *History of Economics*, 294−295.
8 Robert A. Solo, *Opportunity Knocks: American Economic Policy After Gorbachev* (Armonk, NY: M.E. Sharpe, 1991), 15−16; Backhouse, History of Economics, 295.
9 Edward Nelson and Anna J. Schwartz, "The Impact of Milton Friedman on Modern Monetary Economics: Setting the Record Straight on Paul Krugman's 'Who Was Milton Friedman?'" working paper W13546, National Bureau of Economic Research, St. Louis, January 9, 2009.
10 Milton Friedman, "Nobel Lecture: Inflation and Unemployment," *Journal of Political Economy 85*, no. 3 (June 1977): 451−472.
11 Milton Friedman, "Government Revenue from Inflation," *Journal of Political Economy 79*, no. 4 (July−August 1971): 846−856.
12 Milton Friedman, Price Theory (New Brunswick, NJ: Transaction Publishing, 2007), 227; Angus Maddison, *The World Economy: A Millennial Perspective* (Paris : OECD Publishing, 2001), 130−131.
13 Jim Granato, *The Role of Policymakers in Business Cycle Fluctuations* (New York: Cambridge University Press, 2006), 92−93; Niall Fergusson, "Friedman Is Dead, Monetarism Is Dead, but What About Inflation?" *Daily Telegraph*, November 19, 2006.
14 Jamie Peck and Henry Wai−Chung Yeung, *Remaking the Global Economy: Economic-geographical Perspectives* (Thousand Oaks, CA: SAGE, 2003), 170−173.
15 Adam Smith, *The Wealth of Nations*, book 4, (1937), 423.
16 Ibid.
17 Wesley McDonald and Russell Kirk, *The Age of Ideology* (Columbia: University of Missouri Press, 2004), 23−24.
18 Alfred Regnery, *Upstream: The Ascendance of American Conservatism* (New york: Threshold Editions, 2008), 308.
19 "Obituary: Paul Weyrich," *Daily Telegraph*, January 6, 2009.
20 Niall Fergusson, *The Ascent of Money: A Financial History of the World Bank Structural Ad-

justment Policy, "Public Eye 18, no.2 (Summer 2004).
21 Ibid., 308–309.
22 Soren Ambrose, "The Roots of Corporate Globalization in IMF/World Bank Structural Adjustment Policies," *Public Eye 18*, no.2 (Summer 2004).
23 Philip Coggan, *The Money Machine: How the City Works* (New York: Penguin, 2002), 8.
24 Joseph Stiglitz, quoted in Teddy Chestnut and Anita Joseph, "The IMF and the Washington Consensus: A Misunderstood and Poorly Implemented Development Strategy," research paper, Council on Hemispheric Affairs, Washington, DC, July 17, 2005.
25 Joseph Stiglitz, interview, *Guardian*, August 11, 2008.
26 Joseph Stiglitz, quoted in Elisa Van Waeyenberge, "From Washington to Post–Washington Consensus: Illusions of Development," in *The New Development Economics: After the Washington Consensus, ed. K. S. Jomo and Ben Fine* (New Dehli: Tulika Books, 2005), 32.
27 David Loyn, "Mozambique's Lost Cashew Nut Industry," *BBC News*, September 4, 2003.
28 George Caffentzis and Silvia Federici, "A Brief History of Resistance to Structural Adjustment," in *Democratizing the Global Economy: The Battle Against the IMF and World Bank*, ed. Kevin Danaher (Monroe, ME: Common Courage Press, 2001); John Walton and David Seddon, *Free Markets and Food Riots: The Politics of Global Adjustment* (Oxford : Blackwell Publishers, 1994); Jessica Woodroffe and Mark Ellis–Jones, "States of Unrest: Resistance to IMF Policies in Poor Countries," *World Development Movement Report*, September 200.
29 Woodroffe and Ellis–Jones, "States of Unrest"; see also the following press releases from the International Monetary Fund: "IMF Approves US $7.2 Billion Three–Year Stand–By Credit for Argentina," March 10, 2000; "Argentina Memorandum of Economic Policies," February 14, 2000; "IMF Approves Three–Year Arrangement Under the ESAF for Bolivia," September 18, 1998; "IMF Approves Second Annual PRGF Loan for Bolivia," February 7, 2000; "IMF and IDA Support US$1.3 Billion Debt Service Relief Eligibility for Bolivia Under Enhanced HIPC," February 8, 2000; "IMF Completes First Review of Zambia Under PRGF–Supported Programme and Approves US$13.2 Million Disbursement," July 27, 2000. See also "Argentina Leader Gets Tough on Unions," *Financial Times*, January 20, 2000; "IMF Reforms Have Brought Poverty," *Zambia Post*, February 9, 2000; "IMF Faces New Round of Protests," One World News Service, April 26, 2000; "Letter from Zambia," *The Nation*, February 14, 2000.
30 Fareed Zakaria, "The Rise of the Rest," *Newsweek*, May 12, 2008.
31 Ibid.
32 Clyde Prestowitz, *Three Billion New Capitalists: The Great Shift of Wealth and Power to the East* (New york: Basic Books,2005), 2.

33 Waeyenberge, "From Washington to Post-Washington Consensus," 29.
34 Randall Peerenboom, *China Modernizes: Threat to the West or Model for the Rest?* (New York: Oxford University Press, 2007), 12.
35 Meles Zenawi, quoted in Akwe AMosu, "China in Africa: It's (Still) the Governance, Stupid," *Foreign Policy in Focus*, March 9, 2007.
36 Prestowitz, *Three Billion New Capitalists*, 3, 32; U.S. Congress, "Testimony of Clyde Prestowitz before the 2005 Report to Congress of the U.S.-China Economic and Security Review Commission," 109th Congress, 1st sess., November 2005, law Library Archives, U.S. Library of Congress, Washington, DC.
37 Coggan, *The money Machine*, 3.
38 Will Hutton, *The Writing on the Wall: China and the West in the 21st Century* (Boston: Little Brown, 2007), 19.
39 Coggan, *The Money Machine*, 6.
40 Manfred Steger, *Globalization: A Very Short Introduction* (New York: Oxford University Press, 2003), 40-41.
41 Francis Fukuyama, "The End of History?" *National Interest* (summer 1989): 3-18.
42 Joel Rogers, "The Myth of Neoconservative Triumph in US Foreign Policy Debate After 9·11," doctoral thesis, Magdalene College, Cambridge, June 2007.
43 Fukuyama, "End of History?"
44 Michael Mandlebaum, quoted in Patricia Cohen, "Patricia Cohen: Does Capitalism Lead to Democracy, and How?" *International Herald Tribune*, June 13, 2007.
45 Michael Ross, "Does Oil Hinder Democracy?" *World Politics*, April 2007, 325-361.
46 Ibid., 332.
47 Ibid., 333.
48 Kiren Aziz Chaudhry, "Economic Liberalization and Lineages of the Rentier State," *Comparative Politics 27*, no.1 (October 1994): 8-11.
49 Fukuyama, "End of History?"
50 Timothy Garton Ash, "China, Russia and the New World Disorder: Is Authoritarian Capitalism a Stable, Durable Model? That Is Among the Greatest Questions of our Time," *Los Angeles Times*, September 11, 2008.
51 Robert Kagan, "End of Dreams, Return of History," *Policy Review*, July 19, 2007.
52 Richard N. Haass, "The Age of Nonpolarity; What Will Follow U.S. Dominance?" *Foreign Affairs*, May/June 2008. Mr. Haass has, inexplicably, failed to include India in this list.
53 Garton Ash, "China, Russia and the New World Disorder."

CHAPTER 03 중국 효과

1 "China to Boost Ties with Chad, Says Senior Chinese Official," *People's Daily Online*, October 24, 2008; "End to World Bank's Chad Oil Deal," *BBC News*, December 10, 2008.
2 Joshua Kurlantzick, "How China Is Changing Global Diplomacy," *New Republic*, June 27, 2005.
3 Declan Walsh, "Angolan Elite Accused of Squandering Oil Billions," *Independent*, August 23, 2002.
4 "Obituary: Omar Bongo, 1935-2009," *The Week*, June 20, 2009, 38.
5 Robert Kagan, *The Return of History and the End of Dreams* (New York: Knopf, 2008), 69.
6 James Mann, *The China Fantasy: How Our Leaders Explain Away Chinese Repression* (New York: Viking, 2007), 24.
7 Kurlantzick, "How China Is Changing Global Diplomacy."
8 C.J. Chivers, "China Backs Uzbek, Splitting With U.S. on Crackdown," *New York Times*, May 25, 2005.
9 Lionel Beehner, "Severing of U.S.-Uzbek Ties Over Counterterrorism," editorial, Council on Foreign Relations, September 30, 2005.
10 Ariel Cohen, "The Dragon Looks West: China and the Shanghai Cooperation Organization," *Heritage Foundation Lectures 961* (August 3, 2006).
11 Indira Campos and Alex Vines, "Angola and China: A Pragmatic Partnership," paper presented at the conference (Prospects for Improving U.S.-China-Africa Cooperation) for the Center for Strategic and International Studies(CSIS), Chatham House, London, March 2008; "All the Presidents' Men," *Global Witness Report*, March 2002.
12 Ian Taylor, "China and Africa: The Real Barriers to Win-Win," *Foreign Policy in Focus*, March 9, 2007.
13 UN Office for the Coordination of Humanitarian Affairs, "Angola: China Entrenches Position in Booming Economy," UN Office for the Coordination of Humanitarian Affairs, April 17, 2006.
14 UN Refugee Agency, "Freedom in the World 2008-Central African Republic," Report for the United Nations Refugee Agency, "Freedom in the World 2008-Central African Republic," Report for the United Nations Refugee Agency, July 2, 2008; "Political Scene: International Relation to the Government Is Mixed," *Economist Intelligence Unit*, May 6, 2003.
15 "China a Reliable Friend to central African Republic," *People's Daily Online*, January 6, 2007.
16 "Cambodia to lose Much of Foreign Aid over Poor Governance," *Asian Political News*, December 13, 2004.
17 Yan Xuetong, quoted in Paul Marks, "China's Cambodia Strategy," *Parameters Journal 30*

(2000): 94.

18 Joshua Kurlantzick, "This Year's Model," National Newspaper, December 5, 2008; see also Joshua Kurlantzick, *Charm Offensive: How China's Soft Power Is Transforming the World* (New Haven, CT: Yale University Press, 2007), 172.
19 예를 들면 다음을 참조하시오. Barbara Slavin, "Powell Accuses Sudan of Genocide," *USA Today*, August 10, 2004; Nicholas D. Kristof, "The Secret Genocide Archive," *New York Times*, February 23, 2005; Alex do Waal, "Darfur's Deep Grievances Defy All Hopes for an Easy Solution," *Guardian*, July 25, 2004; "Dozens Killed in Sudan Attack," *BBC News*, May 24, 2004.
20 Lee Feinstein, "China and Sudan," *America Abroad*, April 24, 2007; Cheryl Igiri and Princeton N. Lyman, "Giveing Meaning to 'Never Again': Seeking an Effective Response to the Darfur Crisis and Beyond," Council on Foreign Relations Special Report, no.5, September 2004, 15-17.
21 Helene Cooper, "Darfur Collides with Olympics, and China Yields," *New York Times*, April 13, 2007.
22 Carin Zissis and Preeti Bhattacharji, "Olympic Pressure on China," *Washington Post*, March 11, 2008.
23 Hilary Andersson, "China Is Fuelling War in Darfur," *BBC News*, July 13, 2008.
24 Condoleezza Rice, quoted in David I. Steinberg, "Outposts of Tyranny: Burma," *Washington Post*, April 22, 2005.
25 James Bone and David Robertson, "West Suffers Historic Defeat as China and Russia Veto Zimbabwe Sanctions," *Times* (London), July 12, 2008.
26 Abraham McLaughlin, "A Rising China Counters US Clout in Africa," Christian Science Monitor, March 30, 2005; Michael Wines, "Zimbabwe's Future: Made in China," *International Herald Tribune*, July 25, 2005.
27 "No Progress in Burma, Says Group," *BBC News*, September 26, 2008.
28 Mathea Falco, *Burma: Time for Change*(Washington, DC: Brookings Institution, 2004), 11; "China Grants Loan, Debt Relief to Burma," *VOA News*, November 24, 2006; Daniel Byman and Roger Cliff, *China's Arms Sales: Motivations and Implications* (Santa Monica, CA: Rand Corporation, 1999), 19-21; Myanmar Central Statistics Organization Ministry of National Planning and Economic Development, "Foreign Investment of Permitted Enterprises by Country of Origin," table, www.csostat.gov.mm/S25MA0202.asp.
29 Simon Romero, "Chávez Wins Referendum to End Term Limits," *International Herald Tribune*, February 16, 2009.
30 Hugo Chávez, quoted in Diana Markosian, "Chavez Reaffirms Russia Alliance During Visit," *CNN.com*, September 26, 2008.
31 Charlene Barshefsky and James T. Hill, eds., "US-Latin America Relations: A New

Direction for a New Reality," Council on Foreign Relations, May 2008, 9.
32 Richard Lapper, "U.S.−Venezuelan Relations: Preparing for Another Term with Chavez," editorial, Council on Foreign Relations, December 1, 2006.
33 "Chavez: China to Become Top Oil Client," *South Atlantic News Agency*, March 26, 2006.
34 "Ahmadinejad: 9·11 Suspect Event," *BBC News*, April 16, 2008.
35 Anna Langenbach, Lars Olberg, and Jean DuPreez, "The New IAEA Resolution: A Milestone in the Iran−IAEA Saga," editorial, Center for Nonproliferation Studies, Monterey, CA, November 2005.
36 Matthew Lee, "China Blocks New Iran Sanctions Talks," *Associated Press*, October 16, 2008.
37 Shirley Kan, "China and Proliferation of Weapons of Mass Destruction and Missiles: Policy Issues," Congressional Research Service, January 7, 2009.
38 Ibid.
39 Joshua Gleis, "Chinese, Russian Stall Tactics on Iran," *Boston Globe*, August 9, 2008.
40 James Phillips and Peter Brookes, "Iran's Friends Fend Off Action at the U.N. Security Council: Here's Why," *Heritage Foundation Lectures* (1071): May 11, 2006.
41 Friedrich Wu, "China Inc International," *International Economy 3* (2005): 26−27.
42 Deborah Brautigam and Adama Gaye, "Is Chinese Investment Good for Africa?" *Online Debate*, Council on Foreign Relations, February 20, 2007,www.cfr.org/publication/12622/is_chinese_investment_good_for_ africa.html.
43 Ibid.
44 Henning Melber, "The (Not So) New Kid on the Block: China and the Scramble for Africa's Resources, an Introductory Review," *Current African Issues 33* (2007): 6.
45 Ibid., 9.
46 "China's Callous Diplomacy," editorial, *International Herald Tribune*, February 19, 2007.
47 Chris Alden, *China in Africa: Partner, Competitor or Hegemon?* (London: Zed Books, 2007), 126,127.
48 Yoweri Kaguta museveni, quoted in Lindsey Hilsum, "Africa's Chinese Love Affair," *Channel 4 News*, November 3, 2006, www.channel4.com /news/articles/politics/international_politics/africas%20chinese%20love%20affair/171520.

CHAPTER 04 국가 주도형 자본주의의 경쟁 이점

1 Abdoulaye Wade, "Time for the West to Practise What It Preaches," *Financial Times*, January 24, 2008.
2 U.S. Congressional Research Service, *China's Foreign Policy and "Soft Power" in South Amer-*

ica, Asia, and Africa, (Washington, DC: U.S. Government Printing Office, 2008), 117.
3 Joshua Kurlantzick, *Charm Offensive: How China's Soft Power Is Transforming the World* (New Haven, CT: Yale University Press, 2007), 49, 96.
4 Gregory Chin, quoted in Simon Romero and Alexei Barrionuevo, "Deals Help China Expand Sway in Latin America," *New York Times*, April 15, 2009. Chin is a political scientist at York University in Toronto.
5 Daniel P. Erikson, "The New Challenge: China and the Western Hemisphere," testimony before the U.S. House Committee on Foreign Affairs, Subcommittee on the Western Hemisphere, June 11, 2008, Law Library Archives, U.S. Library of Congress, Washington, DC.
6 Peter Rodman, interview by author, Brookings Institute, Washington, DC, March 27, 2008.
7 Kurlantzick, *Charm Offensive*, 92.
8 Thomas Lum, Wayne M. Morrrison, and Bruce Vaughn, "China's 'Soft Power' in Southeast Asia," Congressional Research Service, January 4, 2008, 16.
9 "China to Promote Cooperation with Ethiopia," *ChinaGov.cn*, November 28, 2005, www.china.org.cn/english/international/150186.htm; "China, Guinea Vow to Further Parliamentary Exchange," *ChinaGov.cn*, July 14, 2008, http://lr.china−embassy.org/eng/xnyfgk/t474657.htm; "China, Gabon Vow to Boost Cooperation," *ChinaGov.cn*, February 3, 2004, www.china.org.cn/english/international/86105.htm; "Hu Jintao Holds Talks with Guinea Bissau Counterpart Vieira," ChinaGov.cn, January 16, 2006, www.fmprc.gov.cn/zflt/eng/zxxx/t231176.htm; "China, Namibia Reaffirm Mutual Support over Sovereignty, Territorial Integrity," *ChinaGov.cn*, February 7, 2007, www.china.org.cn/english/international/199180.htm.
10 "African Union Adhere to Principled Positions About Tibet Issue" *ChinaTibet News*, November 17, 2008.
11 Reuters, "Malawi Ends Ties with Taiwan in Favour of China," *Reuters*, January 14, 2008; "Malawi Agonizes over Whether to Ditch Friend Taiwan in Favor of China," *International Herald Tribune*, January 1, 2008.
12 Caitlin Fitzsimmons, "A Troubled Frontier," *South China Morning Post*, January 17, 2008.
13 Deith Bradsher, "Chad, Dumping Taiwan, Forges Link to China," *International Herald Tribune*, August 8, 2006.
14 Forum on China−Africa Cooperation, "African Countries Supporting China on the Adoption of the Anti−Secession Law," Forum on China−Africa Cooperation, Ministry of Foreign Affairs, People's Republic of China, March 22, 2005, www.focac.org/eng/zt/asl/t188411.htm.
15 Chris Alden, Dan Large, and Ricardo Soares de Oliveira, "China Returns to Africa:

Anatomy of an Expansive Engagement," *Real Instituto Elcano*, December 11, 2008.
16 Associated Press, "China Thanks Africans for Defeating Taiwan's Bid to Join UN," Associated Press, September 28, 2007.
17 Embassy of the People's Republic of China in the Republic of South Africa, "Joint Communiqué, the Third Session of the Bi–National Commission of the People's Republic of China and the Republic of South Africa, "Beijing, September 27, 2007, www.chinese–embassy.org.za/eng/znjl/t367303.htm.
18 Joshua Kurlantzick, "How China Is Changing Global Diplomacy," *New Republic*, June 27, 2005; U.S. Congressional Research Service, *China's Foreign Policy*, 20.
19 Forum on China–Africa Cooperation, "Beijing Action Plan," Forum on China–Africa Cooperation, Ministry of Foreign Affairs, People's Republic of China, www.focac.org/eng/zxxx/t280369.htm; David Council, December 21, 2006.
20 Chris Alden, "Emerging Countries as New ODA Players in LDCs: The Case of China and Africa," *Gouvernance Mondiale 1* (2007):5.
21 Associated Press, "China Faces Charges of Colonialism in Africa," Associated Press, January 28, 2007; "South African Trade with Asia," South Africa Government Online, February 25, 2008, www.southafrica.info/business/trade/relations/trade_asia.htm.
22 Desmond Tutu, quoted in Celia W. Dugger, "South Africa Bars Dalai Lama From a Peace Conference, *New York Times*, March 23, 2009, www.nytimes.com/2009/03/24/world/africa/24safrica.html.
23 "Dalai Lama Ban Halts Conference," *BBC News*, March 24, 2009; "South Africa Bans Dalai Lama Trip," *BBC News*, March 23, 2009.
24 Richard Gowan and Franziska Brantner, "A Global Force for Human Rights? An Audit of European Power at the UN," policy paper, European Council on Foreign Relations, September 2008, 1–2, 24–25.
25 Bureau of International Organization Affairs, "Voting Practices in the United Nations, 2006," Bureau of International Organization Affairs, U.S. Department of State, April 2, 2007, 3.
26 Gowan and Brantner, "A Global Force for Human Rights?" 28.
27 Ibid.
28 U.S. House of Representatives, "China's Influence in Africa," hearing before the Subcommittee on Africa, Global Human Rights and International Operations of the Committee on International Relations, U.S. house of Representatives, 109th Congr., 1st sess., July 28, 2005, 3.
29 "Testimony of Carolyn Bartholomew, Commissioner U.S. China Economic and Security Review, Commission Hearing on China's Influence in Africa," U.S. House of Representatives, Committee on International Relations, Subcommittee on Africa, Global Human Rights and International Operations, Congressional Research Service, U.S. Li-

brary of Congress, April 2008, U.S. Government Printing Office.
30 For more in-depth analysis of Western antidumping policies toward Asia, see Jørgen Ulff-Møller Nielsen and Aleksander Rutkowski, "The EU Anti-Dumping Policy Towards Russia and China: Product Quality and the Choice of an Analogue Country," *World Economy* 28, no. 1 (January 2005): 103–136.
31 "China Still Striving for 'Market Economy' Status from EU," *Electric Commerce News*, May 22, 2009; "China Still Striving for Market Economy Status from EU," *China View*, May 21, 2009.
32 Shixue Jiang, "The Panda Hugs the Tucano: China's Relations with Brazil," *China Brief* 9, no.10 (2009), Jamestown Foundation.
33 Eugene Tang, "Venezuela, China to Build Refineries, Boost Sales," *Bloomberg*, May 12, 2009.
34 Tamara Trinh, Silja Voss, and Steffen Dyck, "China's Commodity Hunger: Implications for Africa and Latin America," *Deutsche Bank Research Brief*, June 13, 2006, 9–10.
35 "Clinton Fears China, Iran's Gains in Latin America," *ABC (Australian Broadcasting Corporation) News*, May 2, 2009.
36 Keith Bradsher, "China's Shift on Food Was Key to Trade Impasse," *International Herald Tribune*, July 30, 2008.
37 U.S. Congressional Research Service, *China's Foreign Policy*; Kurlantzick, "How China Is Changing Global Diplomacy."
38 Ian Bremmer, "State Capitalism Comes of Age," *Foreign Affairs*, May/June 2009, 42.
39 "State Capitalism," *Financial Times*, January 24, 2008.
40 Jeffrey Garten, "The Unsettling Zeitgeist of State Capitalism," *Financial Times*, January 14, 2008.
41 Bremmer, "State Capitalism Comes of Age," 42–45.
42 Ibid.; Endiama-Empresa Nacional de Diamantes de Angola (National Diamond Company of Angola), Web page, www.endiama.co.ao/default.php; Az r Enerji, "Energy of All Azerbaijan," Web page, www.azerenerji.com; Kazatomprom (state-owned nuclear holding company in Kazakhstan), Web page, www.kazatomprom.kz/;Transationale, "Office Ch?rifien des Phosphates," information page, www.transationale.org/companies/office_cherifien_des_phosphates.php; Huawei, Web page, www.huawei.com; Lenovo, Web page, www.lenovo.com;Sinopec, Web page, www.sinopec.com.cn; San Miguel Corporation, Web page, www.sanmiguel.com.ph; Novolipetsk Steel, Web page, www.nlmksteel.com.
43 Bremmer, "State Capitalism Comes of Age," 44.
44 Martin Wolf, "The Brave New World of State Capitalism," *Financial Times*, October 17, 2007.
45 Gerard Lyons, "State Capitalism: The Rise of Sovereign Wealth Funds," *Standard Char-*

tered Global Research Paper, October 15, 2007.

46 Edwin Truman, "Sovereign Wealth Funds: The Need for Greater Transparency and Accountability," *Peterson Institute for International Economics*, August 2007.

47 Peter Foster, "Chinese Ordered to Smoke More to Boost Economy," *Daily Telegraph*, May 4, 2009.

48 "Gazprom's Lesson," *Wall Street Journal*, January 6, 2009.

49 Ibid.

50 Martin A. Weiss, "Sovereign Wealth Funds: Background and Policy Issues for Congress," *Congressional Research Service*, September 3, 2008.

51 Joshua Aizenman, "Sovereign Wealth Funds: Stumbling Blocks of Stepping Stones to Financial Globalization?" Economic Research and Data Brief, Federal Reserve Bank of San Francisco, December 14, 2007; "Capital Markets," *Economist*, January 17, 2008.

52 Marko Maslakovic, "Sovereign Wealth Funds 2009," research paper, *International Financial Services London*, March 2009, 2.

53 Robert Kagan, "The Return of History and the End of Dreams," transcript from Chatham House, London, May 21, 2008.

54 중심 세력이란 용어는 테드 갤런 박사와의 대화 도중 등장하였다.

55 Jocelyn Ford, "Vietnam Eyes China's Model," *Marketplace Morning Report*, American Public Media, October 24, 2005.

56 Alan Makovsky, "Syria Under Bashar al-Asad: The Domestic Scene and the 'Chinese Model' of Reform," *Policy Watch* 512, Washington Institute for Near East Policy; Daniel Altman, "With Interest: 'China Model' Is Tough to Copy," *International Herald Tribune*, July 30, 2005.

57 Andrew Higgins, "Iran Studies China Model: To Craft Economic Map," *Wall Street Journal*, May 18, 2007.

58 Ibid.

59 Ibid.; Afshin Molavi, "Buying Time in Tehran—Iran and the China Model," *Foreign Affairs*, November/December 2004.

60 Quoted in Kurlantzick, *Charm Offensive*, 133.

61 Anonymous source (executive assistant to the foreign minister of Mongolia), interview with author, Washington, DC, April 2006.

62 William Ratliff, quoted in Rowan Callick, "The China Model," *The American*, November/December 2007.

63 Kurlantzick, *Charm Offensive*, 130–135.

64 Ibid.

65 Alden, "Emerging Countries as New ODA Players," 35.

66 Cornell Institute for Social and Economic Research, "Latinobarometro 2002," translated questionnaire, 2002, CISER Date Archive, Cornell Institute for Social and Eco-

nomic Research, Cornell University, Ithaca, NY.
67 "World Poll Finds Global Leadership Vacuum," World Public Opinion poll of twenty nations, WorldPublicOpinion.org (PIPA), www.worldpublicopinion.org/pipa/pdf/jun08/WPO_Leaders_Jun08_packet.pdf.
68 *Richard Holbrook*, quoted in Jonathan Tepperman, "Time of the Tough Guys," *Newsweek*, June 23, 2008.
69 Tepperman, "Time of the Tough Guys."
70 Michael Shifter, "The US and Latin America Through the Lens of Empire," *Current History* 2 (2004): 61–67.
71 Chan Heng Chee, quoted in Randall Peerenboom, *China Modernizes: Threat to the West or Model for the Rest?* (New York: Oxford University Press, 2007), 244.
72 Lee Kuan Yew, quoted in Sholto Byrnes, "The Price of Freedom," *Guardian*, July 17, 2008.
73 Peerenboom, *China Modernizes*, 248.

CHAPTER 05 통하지 않는 필연성의 신화

1 Robert Zoellick, "Whither China? From Membership to Responsibility," remarks to the National Committee on U.S.–China Relations, New York City, Septmeber 21, 2005, www.ncuscr.org/files/2005Gala_RobertZoellick_ Whither_China1.pdf.
2 James Mann, *The China Fantasy: How Our Leaders Explain Away Chinese Repression*(New York: Viking, 2007),2.
3 Bill Clinton, quoted in Alison Mitchell, "Clinton Launches Effort to Renew China Trade Ties," *New York Times*, May 20, 1997.
4 Bill Clinton, remarks on China, Paul H. Nitze School of Advanced International Studies, Washington, DC, March 8, 2000; "Bush's China Trip to Boost U.S.–China Ties," *People's Daily Online*, February 20, 2002.
5 Thomas J. Christensen, Deputy Assistant Secretary of State for East Asian and Pacific Affairs, "China's Role in the World: Is China a Responsible Stakeholder?" statement before the U.S.–China Economic and Security Review Commission, August 3, 2006.
6 Bates Gill, "China Becoming a Responsible Stakeholder," Carneigie Endowment, August 2006, www.carnegieendowment.org/files/ Bates_paper.pdf.
7 Richard N. Haass, "China: Don't Isolate, Integrate," *Newsweek*, November 29, 2008.
8 James Mann, "The Three Futures of China," *Los Angeles Times*, February 25, 2007.
9 Will Hutton, *The Writing on the Wall: China and the West in the 21st Century* (Boston: Little Brown, 2007), 8.
10 Minxin Pei, *China's Trapped Transition: The Limits of Developmental Autocracy* (Boston: Little

Brown, 2007), 8.

11 STRATFOR Global Intelligence, "China's Obsession with the Zoellick Speech," STRATFOR Global Intelligence, Austin, November 9, 2005.

12 Ariana Eunjung Cha, "China Passes Germany With 3rd-Highest GDP," *Washington Post*, January 15, 2009.

13 David Sanger, *The Inheritance: The World Obama Confronts and the Challenges to American Power* (New York: Harmony, 2009), 353.

14 Joseph Fewsmith, *China since Tiananmen: The Politics of Transition* (New York: Cambridge University Press, 2001), 22–24.

15 Chen Feng, "Order and Stability in Social Transition: Neoconservative Political Thought in Post-China," *China Quarterly* 1997, 151, 593–613; June M. Grasso, Jay Corrin, and Michael Kort, *Modernization and Revolution in China: From the Opium Wars to World Power* (Armonk, NY: M.E. Sharpe, 2004), 265–267.

16 Ian Buruma, "What Beijing Can Learn from Moscow," *New York Times*, September 2, 2001.

17 David Shambaugh, *China's Communist Party: Atrophy and Adaptation* (Berkeley: University of California Press, 2008), 3–5, 43, 49.

18 Ibid., 2–3, 64, 65.

19 Zheng Bijian, "Peacefully Rising China, Firm Defender of World Peace," speech given at the East Asia Cooperation and U.S.-China Relations Conference, George Washington University, Beijing, November 2, 2003.

20 Joshua Kurlantzick, *Charm Offensive: How China's Soft Power Is Transforming the World* (New Haven, CT: Yale University Press, 2007), 37.

21 Li Jingjie, "The Historical Lessons of the Failure of the CPSU," *Sulian yu Dong-Ou Wenti* (1992): 19–25.

22 "It doesn't matter whether the cat is black or white," Deng famously announced, "as long as it catches mice." Quoted in Qin Xiaoying, "Black and White Cats? We Also Need Green Ones," *China Daily*, March 10, 2006.

23 Sanger, *The Inheritance*, 390.

24 Bruce J. Dickson, "Populist Authoritariansim: The Future of the Chinese Communist Party," paper presented at the Conference on Chinese Leadership, Politics, and Policy, Carnegie Endowment for International Peace, Washington, DC, November 2, 2005.

25 J. Stapleton Roy, quoted in Nigel Ash, "The Great Leap-Frog Forward," *CEO Magazine*, September 1, 2005.

26 For specific discussion of capitalism without democracy in Chinese thought, see Kellee S. Tsai, *Capitalism Without Democracy: The Private Sector in Contemporary China* (Ithaca, NY: Cornell University, 2007).

27 Wen Jiabao, "Number of Issues Regarding the Historical Tasks in the Initial Stage of

Socialism and China's Foreign Policy," *Xinhua*, February 26, 2007.
28 "Differences Stressed Between China's NPC and Western Systems," *Xinhua*, March 9, 2009.
29 Sanger, *The Inheritance*, 372.
30 Michael Wines, "Civic-Minded Chinese Find a Voice Online," *New York Times*, June 17, 2009.
31 Sharon La Franiere, "Tiananmen Now Seems Distant to China's Students," *New York Times*, May 21, 2009.
32 Jiang Pei, interview with author, Beijing Hotel, September 14, 2007.
33 Edward Wong, "China Disables Some Google Functions," *New York Times*, June 19, 2009; Andrew Jacobs, "China Requires Censorship Software on New PCs," *New York Times*, June 8, 2009.
34 Susan Shirk, *China: Fragile Superpower* (New York: Oxford University Press, 2008), 4.
35 Peter Hays Gries, *China's New Nationalism: Pride, Politics, and Diplomacy* (Berkeley: University of California Press, July 2005), 18–19.
36 William Mellor and Allen T. Cheng, "To Get Rich Is Glorious and Risky: Capitalism Spawns Multimillionaires, but Some Disappear," *International Herald Tribune*, May 23, 2006.
37 These ideas were developed in conjunction with Joel Rogers.
38 Shirk, *China: Fragile Superpower*, 62, 63.
39 Ibid., 64.
40 Paul Mooney, "Internet Fans Flames of Chinese Nationalism: Beijing Faces Dilemma as Anti-Japanese Campaign in Cyberspace Hits the Streets," *YaleGlobal*, April 4, 2005.
41 Duncan Hewitt, *Getting Rich First: Life in a Changing China* (New York: Chatto & Windus, 2007), 153–182.
42 Michael Wines, "A Dirty Pun Tweaks China's online Censors," *New York Times*, March 10, 2009.
43 Lio Dong (Counselor), interview by author, Washington Embassy of the Peoples Republic of China, Cosmos Club, March 28, 2007.
44 Hewitt, *Getting Rich First*, 10.
45 Ibid., 6–9.
46 Ibid., 45.
47 Anne Lonsdale, interview by author, Magdalene College, Cambridge, August 2005.
48 Preeti Bhattacharji, "Religion in China," editorial, Council on Foreign Relations, May 16, 2008.
49 Brian Grim, "Religion in China on the Eve of the 2008 Beijing Olympics," Pew Forum on Religion & Public Life, May 7, 2008; William Safire, "Will They Provoke Splittism?" *International Herald Tribune*, April 27, 2008.
50 Hewitt, *Getting Rich First*, 274.

51 Andrew Scheineson, "China's Internal Migrants," editorial, Council on Foreign Relations, May 14, 2009; U.S. Congressional–Executive Commission on China, "China's Household Registration System: Sustained Reform Needed to Protect China's Rural Migrants," October 7, 2005, Law Library Archives, U.S. Library of Congress, Washington, DC.

52 "China's Household Registration (*Hukou*) System: Discrimination and Reform," Staff Roundtable of the Congressional–Executive Commission on China, June 22, 2005, Washington, DC; Fei–Ling Wang, *Organizing Through Division and Exclusion* (Stanford, CA: Stanford University Press, 2005); Kam Wing Chan and Li Zhang, "The Hukou system and Rural–Urban Migration in China: Processes and Changes," *China Quarterly* 160 (1999): 818–822; Li Zhang, "Spatiality and Urban Citizenship in Late Socialist China," *Public Culture* (2002): 311–315.

53 Hewitt, *Getting Rich First*, 285.

54 U.S. Congressional–Executive Commission on China, "Ministry of Public Security Reports Rise in Public Order Disturbances in 2005," January 19, 2006, www.cecc.gov/pages/virtualAcad/index.phpd?showsingle =37602.

55 Zhao Ziyang, quoted in Pei, *Chinas Trapped Transition*, 8.

56 BBC, "Chinese Crime 'Godmother' Jailed," *One-Minute World News*, BBC, November 3, 2009, available at http://news.bbc.co.uk/2/hi/ 8339773.stm.

57 Hu Angang, ed., *China: Fighting Against Corruption* (Hangzhou Zhejiang Renmin Chubanshe, 2001), 61; Minxin Pei, "Will China Become Another Indonesia?" *Foreign Policy*, 116 (Fall 1999): 99.

58 Pei, *China's Trapped Transition*, 12–13.

59 Jonathan Watts, "Pollution Killing River They Said Was Too Big to Poison," *Guardian*, June 6, 2006.

60 Elizabeth Economy, "The Great Leap Backward?" *Foreign Affairs*, September/October 2007, 46.

61 Julianne Smith and Jesse Kaplan, "The Faulty Narrative: Fact, Fiction and China's Efforts to Combat Climate Change," in *China's Soft Power in Africa: Chinese Soft Power and Its Implications for the United States: Competition and Cooperation in the Developing World*, ed. Carola McGiffert (Washington, DC: Center for Strategic and International Studies, 2009), 102.

62 Keith Bradsher, "China Outpaces U.S. in Cleaner Coal–Fired Plants," *International Herald Tribune*, May 10, 2009.

63 Joseph Kahn and Jim Yardley, "As China Roars, Pollution Reaches Deadly Extremes," *New York Times*, August 26, 2007; Jim Bai and Chen Aizhu, "China's Energy Efficiency Drive Loses Pace in H1," *Reuters*, August 7, 2008.

64 Bradsher, "China Outpaces U.S. in Cleaner Coal–Fired Plants."

65 Howard French, "Far from Beijing's Reach, Officials Bend the Rules," *New York Times*,

November 24, 2007.
66 Keith Bradsher, "Choking on Growth: Trucks at Heart of China's Diesel Problems," *International Herald Tribune*, December 8, 2007.
67 Sanger, *The Inheritance*, 345-355.

CHAPTER 06 미국의 문제

1 U.S. Senate, "Statement of Senator Hillary Rodham Clinton Nominee for Secretary of State," Senate Foreign Relations Committee, January 13, 2009, www.america.gov/st/texttrans-english/2009/January/ 20090113174107eaifas0.6630213.
2 James Schlesinger, interview by author, Washington, DC, March 27, 2008.
3 International Security Advisory Board, "China's Strategic Modernisation," report, International Security Advisory Board Task Force, reproduced by the Federation of American Scientists, Washington, DC, March 14, 2009, 3, 7, 8.
4 Bill Gertz, "China Report Urges Missile Shield, Urges Development of Counter-Weapons," *Washington Times*, October 1, 2008.
5 Bill Gertz, "The China Threat," *China Confidential*, June 22, 2007; Bill Gertz, *The China Threat: How the People's Republic Targets America* (Washington, DC: Regnery Publishing, 2000).
6 Edward Timperlake, interview by author, Washington, DC, March 17, 2008.
7 Gary Schmitt and Dan Blumenthal, "Wishful Thinking in Our Time," *Weekly Standard*, August 8, 2005.
8 John J. Tkacik, Jr., "Panda Hedging: Pentagon Report Urges New Strategy for China," editorial, Heritage Foundation, Washington, DC, May 24, 2006.
9 Michael Ledeen, quoted in John B. Judis, "The China Hawks," *American Prospect*, November 30, 2002.
10 Arthur Waldron, "The Pentagon's Latest China Report," Looking Forward, International Assessment and Strategy Center, Alexandria, VA, May 24, 2006.
11 Robert D. Kaplan, "How We Would Fight China," *Atlantic Monthly*, June 2005.
12 Neil King, Jr., "Secret Weapon; Inside Pentagon, a Scholar Shapes Views of China," *Wall Street Journal*, September 8, 2005; Soyoung Ho, "Panda Slugger: The Dubious Scholarship of Michael Pillsbury, the China Hawk with Rumsfeld's Ear," *Washington Monthly*, July-August 2006.
13 U.S. Department of Defense, Quadrennial Defense Review Report, February 6, 2006, www.defenselink.mil/qdr/report/Report20060203.pdf; Taiwan Relations Act, P.L. 98-6 of April 10, 1979, Section 2(b)(6).
14 Ivan Eland, "Is Chinese Military Modernization a Threat to the United States?" *Cato*

Policy Analysis, January 23, 2003.

15 Qin Gang, quoted in Cui Xiaohuo, "Pentagon Report Grossly Distorts Facts," *China Daily*, March 27, 2009.

16 Office of the Secretary of Defense, "Annual Report to Congress: Military Power of the People's Republic of China: 2008," 5, www.defenselink.mil/pubs/pdfs/China_Military_Power_Report_2009.pdf.

17 Ibid.

18 Ibid.

19 Charles Freeman, interview with author, Center of the International Studies, Washington, DC, March 9, 2008.

20 "Lawmakers Seek Review of Bid for Unocal," *CNN Money*, June 25, 2005.

21 Joe Barton, quoted in "Republicans Urge White House to Review CNOOC's Unocal Bid," *Wall Street Journal*, June 29, 2005.

22 U.S. House of Representatives, "Expressing the Sense of the House of Representatives That a Chinese State—Owned Energy Company Exercising Control of Critical United States Energy Infrastructure and Energy Production Capacity Could Take Action That Would Threaten to Impair the National Security of the United States," Resolution 344, sponsored by Richard W. Pombo, Law Library Archives, U.S. Library of Congress, Washington, DC.

23 U.S. House of Representatives, "Submitted Testimony of Frank J. Gaffney, Jr., President and C.E.O., Center for Security Policy, 'CNOOCered: The Adverse National Security Implications of the Proposed Acquisition of Unocal by the China National Offshore Oil Corporation,'" House Armed Services Committee, July 13, 2005, Law Library Archives, U.S. Library of Congress, Washington, DC.

24 James Woolsey, quoted in "Security Shakeup," *Lou Dobbs Tonight*, CNN Transcripts, July 13, 2005.

25 John J. Tkacik Jr., "Say No to CNOOC's Bid for Unocal," *Briefing*, Heritage Foundation Press, Washington, DC, June 29, 2005.

26 William Reinsch, quoted in "Who's Afraid of China Inc.?" *New York Times*, July 24, 2005.

27 "The Dragon Tucks In," *Economist*, June 30, 2005.

28 "Unocal Corporation's Oil and Gas," Congressional Research Service, Report for Congress, RS22182, July 1, 2005.

29 Gary Schmitt, interview by author's research assistant, Washington, DC, March 14, 2008.

30 Robert Zoellick, quoted in "What China Knows That We Don't: The Case for a New Strategy of Containment," *Weekly Standard*, January 20, 1997.

31 Patrick J. Buchanan, *Where the Right Went Wrong: How Neoconservatives Subverted the Reagan*

Revolution and Hijacked the Bush Presidency (New York: Macmillan, 2005), 129.

32 John B. Henery, interview by author, Washington, DC, March 19, 2008.
33 Naazneen Barma, Ely Ratner, and Steven Weber, "A World Without the West," *The National Interest* 90 (July-August 2007): 2.
34 대영제국이 패권을 유지하고 있을 때 빌헬름 독일의 부상 외에도 중국 제국에 대한 칭기스 칸의 도전, 1206년 이후부터 바이칼 호수 이남 부족들의 통일, 합스부르크 당시의 유럽에서 프로이센의 부상이 있다.
35 이들 논거를 간략히 요약한 사례로 다음을 보시오. Daniel Ikenson, "China: Mega-Threat or Quiet Dragon," *Cato Trade Policy Analysis*, March 6, 2006.
36 Bill Richardson, AFL-CIO Democratic Presidential Forum, Chicago, Augusts 7, 2007.
37 Charles E. Schumer and Lindsey O. Graham, "Play by the Rules," *Wall Street Journal*, September 25, 2006.
38 Doug Palmer, "Business Groups Scold Congress on 'Buy American,'" *Reuters*, February 16, 2009.
39 Burton Malkiel, "The President Should Veto 'Buy American' If He Doesn't Want to Be Remembered Like Herbert Hoover," *Wall Street Journal*, February 5, 2009.
40 "Greenspan Warns Against Anti-China Protectionism," *Fox News*, June 23, 2005.
41 Craig K. Elwell and Marc Labonte, eds., "Is China a Threat to the U.S. Economy?" Congressional Research Service, January 23, 2007, 28-31; U.S.-China Economic and Security Review Commission, "2005 Report to Congress," 109th Congr., 1st sess., November 2005, Law Library, U.S. Library of Congress, Washington, DC, 25-69.
42 Kate Bronfenbrenner and Stephanie Luce, "The Changing Nature of Corporate Global Restructuring: The Impact of Production Shifts on Jobs in the U.S., China, and Around the Globe," report submitted to U.S.-China Economic and Security Review Commission, October 14, 2004, 24-25.
43 Ibid.
44 James Fallows, "China's Way Forward," *Atlantic Monthly*, April 2009.
45 미중무역위원회(U.S.-China Business Council) 소속의 2명의 관리가 필자의 보조원과의 인터뷰(익명을 요구), Washington, DC, April 18, 2008.
46 Bill Clinton, quoted in James Mann, *The China Fantasy: How Our Lesders Explain Away Chinese Repression* (New York: Viking, 2007), 3.
47 George W. Bush, "A Distinctly American Internationalism," speech, Ronald Reagan Presidential Library, Simi Valley, CA, November 19, 1999.
48 George W. Bush, quoted in Ying Ma, "China's Stubborn Anti-democracy," *Policy Review* 141 (February-March 2007).
49 Mike Huckabee, "Is China a Threat to the U.S.?" *Procon.org*, January 10, 2008.
50 Philip I. Levy, "Economic Integration and Incipient Democracy," working paper 142,

American Enterprise Institute, Washington, DC, March 26, 2008, 15, 23.
51 James Mann, "The Three Futures of China," *Los Angeles Times*, February 25, 2007.
52 James Fallows, "China's Way Forward," *Atlantic Monthly*, April 2009.
53 Charles Dickens, *American Notes* (New York: Penguin Books, 2000); James Bryce, *The American Commonwealth* (Indianapolis: Liberty Fund, 1995); Wyndham Lewis, *America and Cosmic Man* (London: Nicholson & Watson, 1948); Herbert Croly, *The Promise of American Life* (New York: Capricorn Books, 1964); Waldo Frank, *The Re-Discovery of America* (New York: Charles Scribner's Sons, 1929); Dennis Brogan, *The American Character* (New York: Knopf, 1944); André Siegfried, *America Comes of Age*, trans. H. H. Hemming and Doris Hemming (London: Jonathan Cape, 1927); Thorstein Veblen, *Absentee Ownership and Business Enterprise in Recent Times* (New York: B. W. Huebsch, 1923).
54 Alexis de Tocqueville, Democracy in America (New York: Barnes & Noble, 2003).
55 Jed Babbin and Edward Timperlake, *Showdown: Why China Wants War with the United States* (Washington, DC: Regnery Publishing, 2006); Frank J. Gaffney and colleagues, *War Footing: 10 Steps America Must Take to Prevail in the War for the Free World* (Annapolis, MD: Naval Institute Press, 2006); Richard Bernstein and Ross H. Munro, *The Coming Conflict with China* (New York: Vintage, 1998); Steven W. Mosher, *Hegemon: China's Plan to Dominate Asia and the World* (San Francisco: Encounter Books, 2000).
56 William J. Baumol, Robert E. Litan, and Carl J. Schramm, *Good Capitalism, Bad Capitalism, and the Economics of Growth and Prosperity* (New Haven, CT: Yale University Press, 2007), 130.
57 John Micklethwait, and Adrian Wooldridge, *The Right Nation: Why America Is Different* (New York: Penguin Books, 2004), chapter 13.
58 Ning Song, "The Framing of China's Bird Flu Epidemic by U.S. Newspapers Influential in China: How the *New York Times* and the *Washington Post* Linked the Image of the Nations to the Handling of the Disease," master's thesis, Georgia State University, Atlanta, 2007, 14.
59 Robert Kaplan, "Foreign Policy: Munich Versus Vietnam," *Atlantic Monthly*, May 4, 2007.
60 "The 44th President; Renewing America," *Economist*, January 15, 2009.
61 Ibid.

CHAPTER 07 결론

1 Winston Lord, interview by author, Washington, DC, March 26, 2008.
2 James Fallows, *Postcards from Tomorrow Square: Reports from China* (New York: Vantage Books, 2009), xiv.

3 James R. Lilley, interview by author, Washington, DC, April 2009.
4 Cyrus Chu and Ronald Lee, "Famine, Revolt and the Dynastic Cycle: Population Dynamics in Historic China," *Journal of Population Economics* (November 1994): 351–378.
5 Will Hutton, *The Writing on the Wall: China and the West in the 21st Century* (Boston: Little Brown, 2007), 44–45.
6 George Walden, *China: A Wolf in the World?* (London: Gibson Square, 2008), 257.
7 Joseph Stiglitz, "The Post–Washington–Consensus," *Policy Innovations*, August 22, 2005.
8 Ibid.
9 Ian Bremmer, "State Capitalism Comes of Age: The End of Free Markets?" *Foreign Affairs*, May–June 2009, 44–45.
10 Pew Research Center, "Global Unease with Major World Powers," 47 Nation Pew Global Attitudes Survey, Pew Global Attitudes Project, Washington, DC, June 27, 2007, 25.
11 Roger Cohen, "America Agonistas," *International Herald Tribune*, April 1, 2009.
12 Bremmer, "State Capitalism Comes of Age," 49.
13 Joshua Cooper Ramo, "The Beijing Consensus," *Foreign Policy Centre*, Spring 2004.
14 Naazneen Barma, Ely Ratner, and Steven Weber, "Chinese Ways," *Foreign Affairs*, May–June 2008.
15 Julian Borger, "David Maliband: China Ready to Join US as World Power," *Guardian*, May 17, 2009.
16 Elizabeth Economy and Adam Segal, "The G2 Mirage: Why the United States and China Are Not Ready to Upgrade Ties," *Foreign Affairs*, May–June 2009, 19–20.
17 Robert A. Pape, "Empire Falls," *National Interest*, January 22, 2009.
18 George Friedman, *The Next Hundred Years: A Forecast for the 21st Century* (New York: Doubleday, 2009), 5.
19 Leslie Gelb, *Power Rules: How Common Sense Can Rescue American Foreign Policy* (New York: Harper Collins, 2009), xiv – xv.
20 Central Intelligence Agency, "United States Economy," CIA World Factbook, May 31, 2009; Central Intelligence Agency, "Country Comparisons: Military Expenditures," CIA World Factbook, May 31, 2009.
21 Gelb, *Power Rules*, xv.
22 Ibid., 75–81.
23 Ibid., xv, 4–5, 81.
24 Ibid., 83–85.
25 Joseph Nye, The Paradox of American Power: Why the World's Only Superpower Can't Go It Alone (New York: Oxford University Press, 2002), xiii.
26 Ibid., introduction.
27 Economy and Segal, "The G2 Mirage," 20.

28 James Hohmann, "Scowcroft Urges US—China Cooperation," *Standford (CA) Daily*, June 2, 2006.
29 Economy and Segal, "The G2 Mirage," 20.
30 Richard L. Armitage and Joseph S. Nye, Jr., chairs, *Commission on Smart Power: A Smarter, More Secure America* (Washington, DC: Center for Strategic and International Studies, 2007), 35.
31 Brent Scowcroft, interview by author, Washington, DC, April 12, 2008.
32 Armitage and Nye, *Commission on Smart Power*, 59.
33 Sanger, *The Inheritance*, 357.
34 Stefan Staehle, "How to Integrate China into the Global Aid Regime: Lessons from Beijing's Behaviour: In International Regimes," PowerPoint presentation, Interdisciplinary Centre of East Asian Studies, Goethe University, Frankfurt/Main, December 15, 2007.
35 Gregory Mavrides, "Keeping Face in China: Understanding the Effects of Mianzi and Guanxi in Day—to—Day Chinese Life," *Foreign Teacher's Guide to Living and Teaching in China*, 2005, www.transitionsabroad.com/listings/living/articles/keeping_face_in_china.shtml.
36 Sharon La Frniere, "Tiananmen Now Seems Distant to China's Students," *New York Times*, May 21, 2009.
37 Susan Shirk, *China: Fragile Superpower* (New York: Oxford University Press, 2007), 85.
38 펜타곤의 고위급 관리와 필자의 인터뷰, April 2009.
39 조지 조페와 필자의 인터뷰, April 2009.
40 Armitage and Nye, *Commission on Smart Power*, 20—23.
41 Ibid..
42 Hilton Root, *The Alliance Curse: How America Lost the Third World* (Washington, DC: Brookings Institution Press, 2008), 203.43.
43 Jennifer Cooke, "China's Soft Power in Africa," in China's Soft Power in Africa: Chinese Soft Power and Its Implications for the United States: Competition and Cooperation in the Developing World, ed. Carola McGiffert (Washington, DC: Center for Strategic and International Studies, 2009), 39.
44 Thomas Lum, ed., "Comparing Global Influence: China's and U.S. Diplomacy, Foreign Aid, Trade, and Investment in the Developing World," Congressional Research Service, August 15, 2008, 164; Organisation for Economic Co—Operation and Development, Geograpghical Distribution of Financial Flows to Aid Recipients (Paris: OECD Publishing, March 2007), 260.
45 Jon B. Alterman, "China's Soft Power in the Middle East," in China's Soft Power in Africa: Chinese Soft Power and Its Implications for the United States: Competition and Cooperation in the Developing World, ed. Carola McGiffert (Washington, DC:

Center for Strategic and International Studies, 2009), 70.
46 John Maynard Keynes, quoted in Alfred L. Malabre, Lost Prophets: An Insider's History of the Modern Economists (Boston: Harvard Business Press, 1994), 220.
47 Cooke, "China's Soft Power in Africa," 33.
48 Ben Simpfendorfer, "Beijing's Marshall Plan," *International Herald Tribune*, November 4, 2009, 6.
49 Derek Mitchell and Brian Harding, "China and South East Asia," in China's Soft Power in Africa: Chinese Soft Power and Its implications for the United States: Competition and Cooperation in the Developing World, ed. Carola McGiffert (Washington, DC: Center for Strategic and International Studies, 2009), 86-89.53
50 Armitage and Nye, Commission on Smart Power, 66-67.
51 Barcelona Forum, "The Barcelona Development Agenda," Barcelona Forum, September 24, 2004, www.barcelona2004.org/www. barcelona2004.org/esp/banco_del_conocimiento/docs/CO_47_EN.pdf.
52 Ravi Kanth Devarakonda, "Cotton Subsidies Remain Big Hurdle in WTO Doha Round," *Inter Press Service*, October 20, 2008.
53 Leslie Gelb, "Necessary, Choice and Common Sense: A Policy for a Bewildering World," *Foreign Affairs*, May-June 2009, 58.
54 Clyde Prestowitz, *Three Billion New Capitalists: The Great Shift of Wealth and Power toe the East* (New York: Basic Book, 2005), 195.
55 Gelb, "Necessary, Choice and Common Sense," 58.
56 Clyde Prestowitz, "China's Industrial Policy and Its Impact on U.S. Companies, Workers and the American Economy," testimony before the U.S.=China Economic and Security Review Commission, Washington, DC, March 14, 2009.
57 Clyde Prestowit와 저자의 인터뷰, Washington, DC, April 18, 2008.; Prestowitz, *Three Billion New Capitalists*, 257-269; Prestowitz, "China's Industrial Policy."
58 Bill Emmott, *Rivals: How The Power Struggle Between China, India and Japan Will Shape Our Next Decade* (London: Allen Lane, 2008), 284.
59 "No Pakistan-China Nuclear Deal," *BBC News*, November 5, 2003.
60 Emmott, Rivals, 2-4, 290.
61 Ibid., 290-291, 306.
62 Dimitri K. Simes, "Losing Russia: The Costs of Renewed Confrontation," *Foreign Affairs*, November-December 2007.
63 David Shambaugh, "When Giants Meet," *International Herald Tribune*, June 15, 2009.
64 E. Wayne Merry, "A 'Reset' Is Not Enough," *New York Times*, May 22, 2009.
65 Ibid.
66 Dimitri K. Simes, "Russia's Playing Ball-Will We?" *Los Angeles Times*, March 22, 2007.
67 Fareed Zakaria, "The Rise of the Rest," *Newsweek*, May 12, 2008.

68 Emmott, *Rivals*, 294–296.
69 Joseph Nye, "Our Impoverished Discourse," Hiffington Post, November 1, 2006.
70 Barack Obama: "on an New Beginning," remarks at Cairo University, Egypt, June 4, 2009. www.whitehouse.gov/the_press_office/ Remarks–by–the–President–at–Cairo–University–6–04–09/
71 Helene Cooper, "Obama Says 'Justice' Is Needed for Iranians," *International Herald Tribune*, June 20, 2009.
72 Kathleen E. McLaughlin, "Iran Election: The View from Beijing," *Global Post*, June 17, 2009.
73 Jiuyoung Song, "Late Chosun Philosophies and Human Rights: A North Korean Interpretation," Second Polis Annual Conference, Cambridge, England, May 28, 2009, 1–3.
74 Nye, *The Paradox of American Power*, 171.

KI신서 3702

베이징 컨센서스

1판 1쇄 인쇄 2011년 12월 9일
1판 1쇄 발행 2011년 12월 16일

지은이 스테판 할퍼 **옮긴이** 권영근
펴낸이 김영곤 **펴낸곳** (주)북이십일 21세기북스
부사장 임병주 **기획1실장** 김성수 **기획** 심지혜 양으녕
PB사업부문장 정성진 **편집2팀장** 박정혜
책임편집 최진 **본문디자인** 박현정 정란 **해외기획** 김준수 조민정
마케팅영업본부장 최창규 **마케팅** 김현섭 김현유 강서영 **영업** 이경희 정병철
출판등록 2000년 5월 6일 제10-1965호
주소 (우 413-756) 경기도 파주시 문발동 파주출판단지 518-3
대표전화 031-955-2100 **팩스** 031-955-2151 **이메일** book21@book21.co.kr
홈페이지 www.book21.com **블로그** b.book21.com **트위터** @21cbook

ISBN 978-89-509-3458-3 03320
값은 뒤표지에 있습니다.

이 책 내용의 일부 또는 전부를 재사용하려면 반드시 (주)북이십일의 동의를 얻어야 합니다.
잘못 만들어진 책은 구입하신 서점에서 교환해 드립니다.